The
Young Economists
Book Series

青年经济学者文库

# 内部控制缺陷与内部控制评价

著

林野萌

厦门大学出版社 国家一级出版社
XIAMEN UNIVERSITY PRESS 全国百佳图书出版单位

图书在版编目(CIP)数据

内部控制缺陷与内部控制评价/林野萌著.—厦门:厦门大学出版社,2016.12
(青年经济学者文库)
ISBN 978-7-5615-6218-5

Ⅰ.①内…　Ⅱ.①林…　Ⅲ.①企业内部管理-研究　Ⅳ.①F272.3

中国版本图书馆 CIP 数据核字(2016)第 228927 号

| | |
|---|---|
| 出 版 人 | 蒋东明 |
| 责任编辑 | 陈丽贞 |
| 美术编辑 | 洪祖洵 |
| 装帧设计 | 季凯闻 |
| 电脑制作 | 长　雨 |
| 责任印制 | 朱　楷 |

出版发行　厦门大学出版社

| | |
|---|---|
| 社　　　址 | 厦门市软件园二期望海路 39 路 |
| 邮政编码 | 361008 |
| 总 编 办 | 0592-2182177　0592-2181406(传真) |
| 营销中心 | 0592-2184358　0592-2181365 |
| 网　　址 | http://www.xmupress.com |
| 邮　　箱 | xmupress@126.com |
| 印　　刷 | 厦门集大印刷厂 |

开本　787mm×1092mm　1/16
印张　13.25
插页　1
字数　231 千字
版次　2016 年 12 月第 1 版
印次　2016 年 12 月第 1 次印刷
定价　48.00 元

本书如有印装质量问题请直接寄承印厂调换

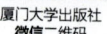
厦门大学出版社
微信二维码

厦门大学出版社
微博二维码

# 序

  林野萌博士的著作探讨了存在内部控制缺陷公司的共性，对内部控制缺陷对上市公司债务资本成本及市场价值的影响进行了分析，并对如何通过完善内部控制评价体系，更准确高效地挖掘内部控制缺陷进行了初步的探讨。

  企业内部控制最早起源于美国，其对于保证会计信息的真实性和可靠性，保护投资者的合法权益和资本市场的有效运营起到了重要作用。但同时特大舞弊案件的频繁发生，使股东和其他利益相关者也意识到，存在缺陷的内部控制制度，不仅不能最大限度地帮助企业规避有限理性和机会主义倾向，还可能会导致管理者麻痹大意，给企业带来致命的打击。因此，内部控制制度是否存在缺陷已成为影响投资者最终决策的重要因素之一，将对其投资预期和投资策略产生深远影响。J. S. Hammersley 等(2008)认为投资者情绪会受上市公司内部控制缺陷的负面影响，并会因此做出消极反应。21世纪初，内部控制在我国得到了迅猛发展，2006年《上海证券交易所上市公司内部控制指引》及《深圳证券交易所上市公司内部控制指引》先后出台，2012年上市公司被要求在出具年度财务报告的同时，应披露内部控制自我评价报告及会计师事务所对其审计后出具的内部控制审计报告。这标志着我国内部控制信息披露已进入了强制披露阶段，这也为进一步深入研究内部控制提供了条件与基础。

  本书的创新之处在于：

(1)分析了影响企业内部控制缺陷形成的财务与非财务因子,并在基于对其分类及权重排序的基础上,研究了这些类别因素与企业内部控制缺陷之间的关系,可使企业能更全面有效地构建内部控制缺陷识别系统。

(2)在了解我国上市公司的内部控制现状后,对内部控制缺陷对上市公司市场价值的影响程度进行分析,以便了解如果上市公司存在内部控制缺陷,是否会损害其市场信誉,降低其市场价值,并进一步对存在内部控制缺陷的公司出具的内部控制自评报告及审计报告是否可以提升其市场价值进行了分析,使对内部控制缺陷后果的分析更加深入。

(3)对内部控制缺陷对上市公司债务资本成本的影响程度进行分析,以了解存在内部控制缺陷是否会调高上市公司的债务资本成本。也对存在内部控制缺陷的公司出具的内部控制自评报告及审计报告与其债务资本成本之间进行了相关性分析,以明确此种行为能否挽回其市场信誉,降低其债务资本成本。通过分析结果,还可以知悉债权人与股权投资者对内部控制信息的不同态度。

(4)通过两种路径对企业内部控制评价体系进行构建,以专家打分、调查问卷的结果作为事实基础,兼顾了财务专家、投资者、债权人、审计机构及其他利益相关者的综合意见,提取了内部控制评价需注意的关键因子,并进行权重打分及排序,有助于企业进行内部控制自我评价体系的构建及提高外部审计师内部控制评价报告的审计效率和质量。

林野萌博士的结论说明,内部控制信息应作为强制披露内容,否则,中小企业为了降低成本,会选择不披露该信息。我国上市公司内部控制体系仍处于完善的过程中,独立董事及审计委员会的作用还有待加强,其专业水平和独立性程度还需进一步提高。如果上市公司处于利润率低,甚至亏损,或者刚经历兼并重组,或频繁更换会计师事务所等时,应格外注意其内部控制质量,因为这类公司往往具有较多的内部控制缺陷。而经常进行外贸交易的企业由于受不同国家内部控制相关法律法规的约束,其内部控制体系建设通常较好。

存在内部控制缺陷的公司,其市场价值低于、债务资本成本高于不存在内部控制缺陷的公司。这也直接体现出建设并完善内部控制系统的重要性。由于中小股东的信息不对称程度较债权人高,因此出具内部控制评价报告对提升公司市场价值的促进作用不明显,但对降低债务资本成本的作用明显。同理,出具审计报告会继续显著降低企业的债务资本成本,但不会提升企业的市场价值。

企业应构建客观、符合自身特点的内部控制评价体系。这对于提高其内部控制缺陷自查水平、辅助注册会计师提高其内部控制审计效率、节省审计费用等都有帮助。

林野萌博士指出了存在内部控制缺陷公司的共性特征,便于审计人员更好地挖掘内部控制缺陷的公司,验证了公司存在内部控制缺陷及出具内部控制自我评价报告和内部控制审计报告的经济后果,使上市公司明确了内部控制缺陷及改正的重要性,构建了内部控制评价体系,为上市公司自评及审计人员评价内部控制提供了依据。

本书是作者在其博士论文基础上进一步完善的成果。林博士在其博士论文撰写期间,也经历了多次修改,其中既有成果被肯定时的欢欣,也有写作遇到困难时的苦恼,不管怎样,这些磨炼都将成为她在今后学术生涯中的宝贵财富。作为林野萌博士的导师,我很高兴地看到她为本书出版所付出的努力,于是欣然提笔作序。本书的出版是她的一个新的起点,希望她以此为契机,努力钻研,在今后的研究中取得更有价值的成果。

韩传模

2016年7月于天财园

# 前　言

2008年1月,法国兴业银行因其内部一名交易员违规买卖欧洲股指期货损失了71.4亿美元,这个数字远远超过了1995年的巴林银行倒闭案。法国银行委员在当年7月以法国兴业银行存在严重内部控制缺陷为由,对其开出了约400万欧元的罚单。国际金融研究公司高级分析师Axel Pierron认为:"尽管银行采取了详尽的风险管理措施以规避风险,但其内部对风险控制流程较为熟悉的员工是有机会绕开这些程序以掩盖已造成的损失的。"在该丑闻发生后,尽管该行董事会成员起草了一份长达69页的报告,反思了法国兴业银行内部管理存在的问题,但其股票价格仍在复牌后暴跌6%以上,而其股价自2008年以来已累计下挫20%。可见,内部控制缺陷将给企业带来无可挽回的损失。

自21世纪初以来,我国政府已逐步进行内部控制法律法规的制定工作。2001年6月,财政部首先颁布了《内部会计控制规范——基本规范(试行)》,2010年4月财政部等五部委又联合发布了《企业内部控制应用指引》、《企业内部控制评价指引》和《企业内部控制审计指引》。目前,内部控制在我国上市公司中已得到广泛的应用和发展,相比较COSO(The Committee of Sponsoring Organization of the Treadway Commission,全美反舞弊财务报告委员会下属的发起人委员会)界定的内部控制目标而言,我国内部控制融合了自己的特色,如保障资产安全,促进企业战略目标实现等。但同时,也面临着诸多问题,如内部控制信息披露缺少实质内容,内部控制评价缺少标准与工具等,这些都会造成内部控制缺陷。外部约束机制的不断推出与内部控制建设的尴尬现状使我们认识到,理论体系的缺失以及与制度环境的不适应会影响内部控制作用的发挥,甚至会引发严重后果。鉴于此,本书对内部控制缺陷以及影响和减少内部控制缺陷的方法,即内部控制评价进行了研究。

  本书以内部控制缺陷及内部控制评价为主线,共分为八章。第一章导论,主要描述了文章的研究背景、意义、内容及方法,并对文章涉及的关键概念及其外延进行了界定,提出了研究问题。第二章文献综述,对内部控制、内部控制缺陷及内部控制评价涉及的相关文献,从多角度进行了综述,进一步深化了文章的研究内容。第三章主要回顾了中美两国内部控制缺陷治理及内部控制评价法律法规的修订历程,找出我国内部控制缺陷治理及评价制度仍需完善的地方,指出改进方向。第四章主要对内部控制缺陷的诱因进行分析,以使上市公司能更有针对性地控制风险,并能使审计师了解企业内部控制最薄弱的地方,从而更有重点、更有效率地对内部控制进行审计,节约审计成本。第五章、第六章主要对内部控制缺陷对市场价值及债务资本成本的影响进行了实证检验,并将存在内部控制缺陷的上市公司分为出具内部控制自评报告组和未出具报告组,以检测出具内部控制自评报告是否会对上市公司市场价值及债务资本成本产生影响。这两章还将出具内部控制自评报告的公司按是否同时出具内部控制审计报告分为两个样本组,以检测出具审计报告是否会进一步减少内部控制缺陷对企业市场价值及债务资本成本的影响。第七章提出了改进内部控制系统、减少内部控制缺陷的方法,即构建健全合理的内部控制评价体系,以及时发现内部控制缺陷并进行修正,该章还用两种方法并从两种视角对内部控制评价体系进行了构建,以期能为企业构建评价系统提供依据及借鉴。第八章是全书研究成果的总结,提出不足及未来研究方向。

  本书的结论是:公司治理结构不完善,关键财务比率失常,近期内经历兼并重组、更换事务所,有过多的子公司,对外贸易频繁等都会成为内部控制缺陷的诱因。因此，应建立良好的独立董事制度和审计委员会制度，制定合理的激励政策，并建立持续的知识评估机制，加强对其的后续教育。要关注企业财务数据所揭示的风险，尤其是利润数据、资本结构数据、偿债能力数据及流动资金比率等数据。重视兼并重组中的内部控制风险，鼓励企业海外上市，减少无故更换事务所的频率。

内部控制缺陷的存在会降低上市公司市场价值，增加其债务资本成本。对于存在内部控制缺陷的公司来说，披露内控自评报告和内控审计报告对其市场价值的提升作用并不明显，但可以显著降低其债务资本成本。这是因为小部分自评报告和审计报告存在失真现象，而债权人比中小股东信息对称程度高，其更容易辨别内部控制信息的真伪，因此披露内部控制信息更容易对债务成本产生影响。本书认为应进一步规范内部控制信息披露制度，要求强制披露内部控制信息，建立责任追究机制，并特别强调董事长、总经理和财务总监的相应责任，包括刑事责任和民事责任，加大违法违规成本；应积极建立注册会计师信息系统及诚信档案，以减少注册会计师的违规行为；还应尽快出台《内部控制工具指引》，并对内部控制信息披露的具体内容进行详细规范，培养内部控制系统测评的专业人才，使我国的内部控制评价信息更具真实性、规范性与决策参考性。

企业应构建内部控制评价系统，并对其不断测评与完善。内部控制评价是对内部控制系统进行监控与改进的重要手段，相当于在内部控制的基础上对企业运营程序的二次监督，因此具有极其重要的意义，可以防止企业出现重大内部控制缺陷、漏洞，帮助企业不断提高内部控制水平，从而使企业整体经营水平得到较大的提高。企业管理层和外部审计人员要重视内部控制评价结果并加以运用，以减少监控、审计成本，提高管理、审计的效率。

林野萌

2016 年 7 月于天财园

# 目 录

**第一章 绪论** ……………………………………………………………（1）
 第一节 研究背景 ………………………………………………（1）
 第二节 研究意义 ………………………………………………（3）
 第三节 研究内容与方法 ………………………………………（5）
 第四节 概念界定 ………………………………………………（8）
 第五节 本书的创新点 …………………………………………（27）
 第六节 本章小结 ………………………………………………（27）

**第二章 文献综述** ………………………………………………………（29）
 第一节 内部控制缺陷的特征 …………………………………（29）
 第二节 内部控制缺陷对公司市场价值的影响 ………………（37）
 第三节 内部控制缺陷对债务资本成本的影响 ………………（38）
 第四节 内部控制评价文献综述 ………………………………（40）
 第五节 本章小结 ………………………………………………（47）

**第三章 内部控制缺陷及评价的理论基础和制度背景** ………………（48）
 第一节 内部控制缺陷治理及评价的相关理论 ………………（48）
 第二节 内部控制缺陷治理及内部控制评价制度的演进 ……（53）
 第三节 不足与反思 ……………………………………………（69）
 第四节 本章小结 ………………………………………………（76）

**第四章　内部控制缺陷诱因研究** (78)
　第一节　理论分析及假设提出 (79)
　第二节　因子分析结果及假设的提出 (85)
　第三节　研究设计与样本选择 (88)
　第四节　实证检验结果 (90)
　第五节　本章小结 (98)

**第五章　上市公司内部控制缺陷对其市场价值的影响** (99)
　第一节　理论分析及假设提出 (100)
　第二节　研究设计与样本选择 (103)
　第三节　实证检验结果 (107)
　第四节　稳健性检验 (117)
　第五节　本章小结 (118)

**第六章　内部控制缺陷对债务资本成本的影响** (119)
　第一节　理论分析及假设提出 (120)
　第二节　研究设计与样本选择 (123)
　第三节　实证检验结果 (126)
　第四节　稳健性检验 (132)
　第五节　本章小结 (133)

**第七章　内部控制有效性评价体系构建研究** (134)
　第一节　内部控制评价体系概述 (134)
　第二节　企业内部控制评价系统的构建 (139)
　第三节　本章小结 (163)

**第八章　研究结论与政策建议** (165)
　第一节　研究结论 (165)
　第二节　政策建议 (170)
　第三节　研究不足与展望 (180)
　第四节　本章小结 (183)

**参考文献** (185)

**后记** (200)

# 绪 论

## 第一节 研究背景

内部控制最早起源于美国,1929年其股市崩盘,国民对资本市场的信心急剧下降,这促使美国政府及相关部门开始探寻能有效地规范企业经营流程,使企业对外披露信息更真实可靠的方法。内部控制就是在这样的背景下被人们逐渐重视起来,而使其得到快速发展的真正催化剂则是21世纪初的安然公司破产案。

安然公司于1985年由两家天然气公司合并而成,曾是一家世界最大的能源类公司,拥有雇员约21 000名,资产额达620亿美元。2000年,其披露的年收入更是高达1 010亿美元。公司曾连续六年被《财富》杂志评选为"美国最具创新精神公司",在"美国500强"排名中名列第七,公司营运业务覆盖全球40个国家和地区。2001年10月,安然公司在季度财务报告中宣称,其亏损额总计达6.18亿美元,同时曝出的还有其多年来精心策划的财务造假丑闻。媒体和广大投资者发现安然公司存在着大量虚构利润及不合法的关联交易,他们对其真实的财务状况质疑,并对其股票进行抛售。2001年12月,安然公司向美国法院提请破产保护。2002年1月,由于其股价在30个交易日中均低于1美元,因此被纽约证券交易所停牌,正式退市。

安然事件极大地打击了投资者的信心,引起美国政府的高度重视。美国民众要求其出台有力措施,打击公司造假行为,《萨班斯法案》就是在这样的背景下出台的。从安然公司申请破产保护到《萨班斯法案》正式生效,仅用了7个月的时间。《萨班斯法案》明确了公司管理层责任,改进了公司治理结构,强化了审计师的独立性及监督功能,并要求其客观地披露公司内部控制缺陷。内部控制对公司经营的影响首次被管理当局、社会各界所广泛重视。吴水澎、陈汉文、邵贤弟(2000)认为,企业经营失败、会计信息失真及不守法经营在很大程度上都可归结为企业内部控制的缺失或无效[1],因此有必要对内部控制缺陷进行深入的研究。

无独有偶,2011年,日本最大的相机生产企业奥林巴斯的前高层与外部财务顾问,因涉嫌高达17亿美元的会计信息造假及瞒报13亿美元的亏损,违反了《日本金融商品交易法》,最终遭到逮捕。因涉及金额规模巨大,其成为日本历史上最大的财务丑闻。这家有着92年历史的企业,由于会计舞弊的曝光,股票大跌近30%,给股东造成了巨额损失。随即其被48家股东告上法庭,要求支付约合2.405亿美元的诉讼赔偿。

在外国成熟资本市场会计丑闻频频曝光的同时,近年来,我国巨额会计舞弊案件也频频发生。2012年,绿大地造假案件在昆明人民法院开庭审理。作为创业板第一支造假发行的股票,2004年至2009年间,云南绿大地生物科技股份有限公司(以下简称"绿大地")在不具备IPO上市条件的情况下,通过伪造合同、发票、工商登记资料等手段,注册和购买共计35家关联公司,虚构交易业务,虚增资产及收入近3亿元。上市后,绿大地继续伪造合同,使资金在绿大地及其关联公司间循环。2009年下半年,绿大地出现财务困难,为实现自救,决定增发股票。为了实现增发,绿大地用600多万元购买广南林地使用权,并用一系列造假手段,将其虚增至1亿元。绿大地的频频造假,最终导致证监会稽查组的进驻调查。2009年度绿大地业绩在公司高管与证监会的博弈中五次大幅变动,由预增过亿元利润到最终报出1.5亿元巨亏,其管理层也遭到了法律的制裁。

而万福生科的财务舞弊案件也是近年来影响较大的创业板案件之一。万福生科是湖南一家从事稻米深加工的公司,成立于2003年,2011年在创业板上市。2012年,其因涉嫌财务舞弊被证监会立案调查,此时距其上市还不足

---

[1] 吴水澎,陈汉文,邵贤弟.企业内部控制理论的发展与启示[J].会计研究,2000(5):2-8.

一年。2013年,其发布自查公告称,2008年至2011年,其虚增营业收入7.4亿元,虚增净利润1.6亿元,其真实盈利比报出利润缩水近90%,属于财务严重造假。在其自查公告报出后,创业板股指一度大幅下跌。

接二连三的会计舞弊丑闻,使广大投资者对上市公司真实运营信息的需求越来越强烈,而完善的内部控制建设及外部审计监督无疑是会计信息可靠性的重要保证。事实表明,内部控制信息在投资者的最终决策中所受的重视程度呈上升态势,其投资预期和投资策略已经开始受到内部控制系统完善程度的影响。J. S. Hammersley等(2008)就曾指出,上市公司内部控制缺陷的严重性会加大投资者在资本市场上的负面情绪,使其做出消极反应。

那么,目前我国上市公司内部控制存在哪些缺陷?这些缺陷出现的原因是什么?如何使上市公司更有效率地挖掘其内部控制缺陷?如果上市公司披露其内部控制存在缺陷,那么是否会对其市场价值及债务资本成本产生影响?如何评价上市公司内部控制系统的有效性,以帮助投资者对上市公司进行更好的了解?这些都是需要进一步探讨的问题。

## 第二节 研究意义

内部控制系统为会计信息的真实性提供合理保证,对保护利益相关者的合法权益、维护资本市场的有效运营及提高企业抗风险能力起到重要作用,"是公司的长寿基因"[1],对其进行研究,能促进我国上市公司按照法律法规要求进行经营管理及信息披露,能有效提高会计信息的真实性。因此,本书的研究具有理论及现实意义。

**一、理论意义**

李心合指出,由于内部控制是一个整体系统,因此管理者们才会对内部控制要素进行划分,而这种划分是对内部控制系统进行分割的过程。因此,不同视角下的内部控制,其定义、目标、主客体及控制方法均有不同。笔者在文献梳理的过程中发现,对于内部控制,很多学者从不同角度对其进行了深度剖

---

[1] 杨雄胜.内部控制的性质与目标——来自演化经济学的观点[J].会计研究,2006(11):45-52.

析，但对于内部控制缺陷及内部控制评价，却鲜有学者对其进行多方位研究，这使得内部控制缺陷及评价的概念一直停留在官方定义的层面上。本书从经济学、心理学、会计学等多视角对内部控制、内部控制缺陷及内部控制评价等概念进行剖析，有助于对该组概念进行全面理解，形成有关内部控制的完整框架，使企业能更好地对其内部控制存在的问题进行自我审视及改进。此外，本书对中美两国内部控制治理的法律法规发展历程进行了阐述，并详细分析了我国制度的欠缺之处，以为我国继续完善内部控制治理相关法律建设提供参考。对于内部控制评价，笔者发现，学者们往往倾向于通过案例分析来取得一个制度化的流程，并且正在努力探索内部控制评价的指数体系建设。良好的评价及反馈体系能帮助公司分析其仍然存在的不足，对已有的内部控制系统进行有效改进。因此，建立健全内部控制评价体系就成为企业持续改进内部控制系统、完善管理流程、提高管理水平的有效途径。本书对内部控制评价体系的构建也进行了理论上的梳理。

**二、现实意义**

1. 良好的内部控制对提高企业的经营效率、效果，保障资产安全有重要意义，因此，企业管理者有责任设计、实施和改进内部控制系统。对内部控制缺陷诱因进行分析，可以帮助企业在进行内部控制制度设计时有的放矢，更高效、准确地对内部控制系统的运行情况做出分析，同时也可以减少审计师的测试工作，使其能准确地了解被审计单位的主要风险点，节约审计成本，提高审计效益，在当今审计市场激烈的竞争环境下，这是很有益处的。

2. 内部控制信息披露虽然能使公司管理者解除受托责任，但内部控制缺陷的披露同时还会引起投资者和债权人的相应反应。杨清香等（2012）采用事件研究法，对内部控制信息披露时的股票价格进行考察。她们认为，我国投资者对内部控制信息披露的市场反应从总体上看是强烈的。但是内部控制缺陷信息披露的影响绝不止股票价格一个方面。如 S. M. El-Gazzar 等（2011）就认为，内部控制缺陷信息的披露会对上市公司的贷款利率产生影响，而 J. Choi（2010）则认为，内部控制缺陷的披露将导致上市公司审计费用的变化。因此，对内部控制缺陷披露中相关影响的重要方面，如公司市场价值及债务资本成本等进行研究，能对上市公司起到警示作用，具有现实意义。而对内部控制评价报告和审计报告是否能提高存在内部控制缺陷的公司的市场价值，降低其资本成本进行研究，可以敦促上市公司尽快完善内部控制信息披露制度，出具更加真实有效的内部控制报告，以使投资者和债权人能更好地了解公司经营情况,做出正确判断。本书的研究扩展了内部控制缺陷研究的深度和广度,并能体现债权人及股东对内部控制缺陷公司出具自评报告和审计报告的不同态度。

3.内部控制自我评价,作为对内部控制系统进行再控制的手段,可以对内部控制进行全面、系统的监督。目前,虽然我国大部分上市公司都已建立了内部控制系统,但其自评报告的内容、评价结果及审计意见却都不同程度地显现出重形式、轻实质的特点。薄弱的内部控制自我评价系统影响了评价结果的可靠性,使投资者难以对公司内部控制的有效性进行分析评定。本书的研究对内部控制评价的指标体系进行了初步构建,可以为企业进行内部控制系统评分提供更为统一的标准,也便于投资者对公司进行比较选择。

## 第三节 研究内容与方法

### 一、研究内容

本书分八章,每章内容如下:

第一章,本章是绪论。绪论部分是对本书的整体概括,主要介绍本书的研究背景、研究意义、研究内容与研究方法,是本书的浓缩与概括,用来提出问题、引出下文。此外,本章还对本书的核心词汇进行界定,如对内部控制缺陷这一概念,从经济学、公司治理、会计学、审计学、监管者、心理学等视角进行整合,并对内部控制缺陷评定主客体,评定目标、标准、方法及过程进行描述,以对全书的关键词汇进行辨析。

第二章,本章对国内外内部控制缺陷与披露后果的相关文献进行综述。在内部控制缺陷主题下,本章从内部控制缺陷公司所具有的共性公司特征、会计盈余特征、IT系统特征、公司治理结构特征及其与审计师之间的关系等方面进行了综述。此外,本章还从内部控制缺陷对上市公司市场价值及债务资本成本方面的影响进行了相关文献的总结,以把握已有的研究成果,总结经验,找出不足,为后续研究打好理论基础。

第三章,本章对中美内部控制缺陷治理的发展历程进行研究。由于美国是内部控制最早产生的国家,且相关法律法规较为完善,因此,对其内部控制缺陷治理历程进行研究,对我国内部控制缺陷的整改、规避与相关准则的制定有促进作用。而我国内部控制建设虽然起步较晚,但在21世纪发展速度也明显加快,对我国已有的内部控制缺陷治理法律法规进行梳理,对把握未来我国内部控制完善的趋势与方向是有益处的。此外,本章还总结了我国内部控制缺陷挖掘方面存在的问题,借鉴美国立法经验提出了解决对策,并对内部控制的相关理论,如投资者保护理论、信息不对称理论、信号传递理论及委托代理理论进行了简要概述。

第四章,在本章中,作者利用2008—2011年四年间在沪市连续上市公司的数据,以820家披露了内部控制相关信息的公司为样本,对影响企业内部控制缺陷的因子进行了研究,以期能使企业更有效率地完善内部控制体系,同时,该成果亦能为审计师查找公司内部控制缺陷提供参考,使其能提高内部控制审计效率。这一章在实质上是基础理论的延伸,是用实证的方法探讨内部控制影响因子的理论问题。

第五章,本章主要对存在内部控制缺陷是否会影响上市公司市场价值进行探讨。良好的内部控制系统可以有效地对上市公司资产的安全性、财务报告的真实完整性以及经营的合法合规性提供保证,因此,当上市公司存在内部控制缺陷时,笔者认为投资者会对该公司整体信息的真实性产生怀疑,最终导致该公司的市场价值下降。为验证本书假设,仍利用2008—2011年沪市上市公司数据对其进行实证分析。此外,笔者认为,虽然部分上市公司存在内部控制缺陷,但如果其出具内部控制自评报告,则投资者对其的不信任程度会有所降低,因此本书会将存在内部控制缺陷的上市公司以是否出具内部控制自评报告为特征分为两组,对其进行回归检验。而对于出具了内部控制自评报告的公司,笔者认为可以将其按自评报告是否经由审计师审计并出具内部控制审计报告进行再划分,以检验出具审计报告是否会改善其市场价值。

第六章,本章和第五章的思路一致,主要检验上市公司内部控制缺陷和其债务资本成本的关系。一般情况下,如果上市公司存在内部控制缺陷,笔者认为银行或其他金融机构会怀疑该公司财务报告的真实性,进而调低其信用评级,并提高对其的贷款利率。但也可看到,真实的信贷关系还会受到很多其他因素的影响。因此,本书将考察内部控制缺陷和上市公司债务资本成本之间的关系,并进一步考察存在内部控制缺陷的公司如果出具内部控制评价报告及审计报告,是否会改善其市场价值。

第七章,本章主要用多种方法对内部控制评价体系进行构建。作为对内部控制系统有效性的确认过程,内部控制评价能够帮助企业管理者及时发现内部控制系统漏洞,对内部控制系统进行修复,提高企业经营管理水平,并有助于审计人员根据内部控制评价结果有针对性地对企业经营流程进行测评,从而节约审计成本,提高审计效率。因此,科学构建内部控制体系的重要性就凸显出来。本书拟对内部控制评价系统进行构建,以供企业和审计师在进行内部控制有效性测评时参考。

第八章,本章是全书的总结。首先,本章概括了全书得出的主要结论,并就在写作过程中发现的问题提出政策性建议。其次,总结了书中存在的不足及缺陷,并提出了未来应改进和完善的方向。本书研究思路如图1-1所示。

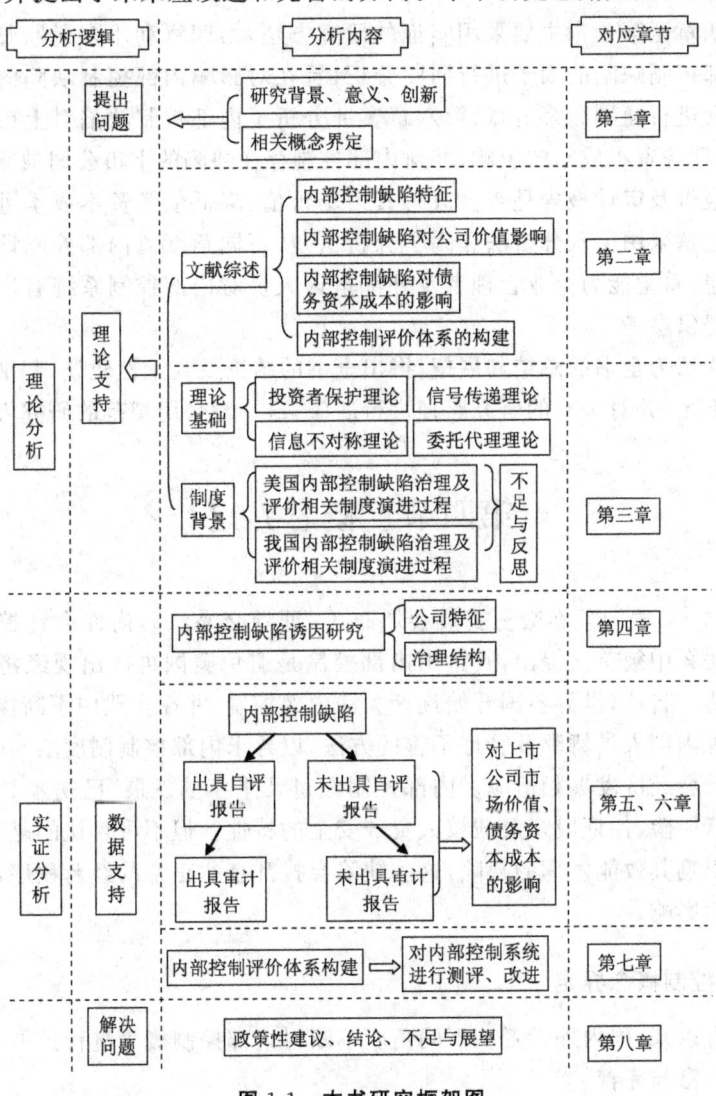

图1-1 本书研究框架图

## 二、研究方法

本书前三章主要采用规范的研究方法,在这三章中主要探讨了和内部控制缺陷有关的基础理论及概念,并对中美两国内部控制缺陷治理的发展史进行了比较,对相关文献进行了概括、总结,旨在对全书的理论基础进行全面梳理。

第四章至第七章主要采用实证的研究方法,第四章利用多元回归模型对影响内部控制缺陷的因子进行回归分析,旨在对影响内部控制缺陷的主观和客观因素进行甄别。第五章、第六章实证分析了内部控制缺陷对上市公司市场价值、债务资本成本的影响,并对内部控制存在缺陷的上市公司披露内部控制评价报告及审计报告是否会改善其市场价值、降低债务资本成本进行了研究。第七章采用层次分析法和因子分析法,从不同角度对内部控制评价体系进行构建,希望能为企业管理者及外部审计人员对内部控制系统有用性进行测评时提供参考。

第八章为全书的总结和展望,得出全书的结论及政策性建议,归纳全书写作中的不足,并对未来的研究路径进行展望,这一章采用规范的研究方法。

# 第四节 概念界定

1934年,美国证券交易委员会颁布了《证券交易法》,内部会计控制的概念在该法案中被首次提出,其指出内部控制是避免美国再次出现经济崩溃的重要措施。自此,世界各国开始逐渐关注内部控制,并在实践中不断探求避免企业出现内部人员舞弊及管理不善的方法,以寻求内部控制制度的与时俱进,使之与社会经济发展相适应。内部控制经过几十年的发展,已初步具备降低企业经营风险、保证股东及债权人资产安全的特性。但不可否认的是,其还存在一些影响其效能发挥的缺陷,这些缺陷会扰乱企业正常的经营秩序,给企业带来负面影响。

## 一、内部控制概念界定

一直以来,国内外学者从不同角度不断对内部控制概念进行扩展,使该概念不断丰富与完善。

(一)会计学、审计学视角下的内部控制

1936年,美国会计师协会提出:审计师在制定审计程序时,应检查企业的内部控制和牵制。该协会还从会计学、审计学的视角将内部控制定义为"保护公司现金和其他资产、检查簿记事务的准确性,而在公司内部采用的手段和方法"。自此,会计行业成为完善、推广内部控制的基本力量。2001年6月,我国财政部颁布了《内部会计控制规范——基本规范(试行)》和《内部会计控制规范——货币资金(试行)》,将内部会计控制定义为"单位为了提高会计信息质量,保护资产的安全、完整,确保有关法律法规和规章制度的贯彻执行等而制定和实施的一系列控制方法、措施和程序";2003年6月,中国内部审计准则委员会发布了《内部审计具体准则第5号——内部控制审计》和《内部审计具体准则第16号——内部控制中的风险管理》,至此,我国基本完成了从会计学和审计学视角对内部控制进行规范的进程。会计学、审计学视角下的内部控制,强调会计信息对企业的重要作用,要求保证会计数据的准确性和可靠性,保护资产安全,防范财务风险。因此,内部控制被定义为强化会计制度,以合理设置会计机构岗位、划分员工职责、防止财务舞弊、提高会计信息质量的过程。

(二)内部控制的官方定义

COSO委员会在1992年对内部控制的定义为:"公司内部控制伴随着组织的形成而产生,是由公司董事会、经理层以及其他员工实施的,旨在为实现经营活动的效率和效果、财务报告的可靠、相关法律法规的遵循等目标而提供合理保证的过程,其整体框架包括控制环境、控制程序、风险评估、信息与沟通、监督机制。"

随后,该委员会在2004年9月又发布了《企业风险管理综合框架》,指出:"企业风险管理是企业的董事会、管理层和其他人员共同参与的一个过程,应用于企业的战略制定和企业的各个部门和各项经营活动,用于确认可能影响企业的潜在事件并在其风险偏好范围内管理风险,从而为企业目标的实现提供合理的保证。"同时,该委员会认为内部控制是风险管理的一部分,含有内部控制概念的风险管理框架比之前更为有力。

2006年,我国上海证券交易所在其发布的《上市公司内部控制指引》中对内部控制定义如下:内部控制是指上市公司(以下简称"公司")为了保证公司战略目标的实现,而对公司战略制定和经营活动中存在的风险予以管理的相关制度安排。同年,深圳证券交易所也在其发布的《上市公司内部控制指引》中规定:本指引所称内部控制是指上市公司(以下简称"公司")董事会、监事会、高级管理人员及其他有关人员为实现下列目标而提供合理保证的过程：(1)遵守国家法律、法规、规章及其他相关规定；(2)提高公司经营的效益及效率；(3)保障公司资产的安全；(4)确保公司信息披露的真实、准确、完整和公平。

2008年6月，财政部等五部委发布了《企业内部控制基本规范》，其对内部控制给出的定义如下：本规范所称内部控制，是由企业董事会、监事会、经理层和全体员工实施的、旨在实现控制目标的过程。内部控制的目标是合理保证企业经营管理合法合规、资产安全、财务报告及相关信息真实完整，提高经营效率和效果，促进企业实现发展战略。

（三）法家思想

我国法家思想的创始人可追溯到春秋时的子产，在战国前期由李悝、商鞅、慎到、申不害等发扬光大，到战国末期的韩非子时达到鼎盛。其思想有很多与现代管理理念相通的地方，如慎到指出："一兔走，百人追之。积兔于市，过而不顾。非不欲兔，分定不可争也。"意思是说，一只兔子跑，会有很多人去追，但集市上的兔子很多，人们却看也不看。并非因为他不想要兔子，而是因为所有权已经确定，不能再争夺了。这体现了产权理论的雏形。而对于内部控制，法家思想也给了我们有益的启发。法家思想的精髓是"法""术""势"，按照现代内部控制思想即为内部控制的"原则""方法""机构设置"。可以看出，我国法家较早地阐述了其内部控制思想。其中《管子》认为，其商人通贾，倍道兼行，夜以继日，千里而不远者，利在前也。说明人都有趋利避害的本能，这和西方学者的"经济人"假设不谋而合。由于每个人都是有自利倾向的，因此，韩非子主张"官有一人，勿令通言，则万物皆尽""循名而责实"，意思是官员应负责自己的工作，不能与其他官员串通，这在某种程度上体现了不相容职位相分离的理念。此外，韩非子还提出"循名而定是非，因参验而审言辞"，这是内部控制评价思想的最初体现。对于不遵守规定的人，他提出："布帛寻常，庸人不释；铄金百溢，盗跖不掇。不必害，则不释寻常；必害手，则不掇百溢。"说明要设定奖惩措施，加大违规成本。

（四）观点小结

李心合指出，由于内部控制是一个整体系统，所以管理者们才会对内部控制要素进行划分，而这种划分是对内部控制系统进行分割的过程。因此，不同视角下的内部控制，其定义、目标、主客体及控制方法均有不同。

总的来说，内部控制是一种约束机制，这种约束可以减少企业内部管理者及员工犯错误的概率，并且可以使企业的生产经营更加合规，这种对企业发展所起的积极作用可以通过对岗位的设置及激励惩罚机制予以强化。因此,内部控制是一种可以弥补企业契约漏洞的制度,这种制度可以减少企业内部的交易成本,减少企业外部的违约成本,从而使企业的运行状态达到最优。

## 二、内部控制缺陷概念界定

根据COSO委员会的定义,内部控制缺陷是"那些被察觉到的、潜在的或已经实际发生的缺点,但也可能是通过强化了的措施可以给组织带来目标实现的更大可能性"。根据该定义,内部控制缺陷主要是一些无法被纠正的企业生产经营过程中的计划执行偏差,这种偏差会导致企业无法达到既定目标。在对以往文献的梳理中笔者发现,尚未有学者从多角度对内部控制缺陷进行界定,因此,以下试图从经济学、公司治理、监管规范、心理学等角度对内部控制缺陷进行研究。

### (一)经济学角度

将经济学的观点同内部控制相关理论结合,能提供给我们崭新的视角,使我们可以更深刻地从本质上认识内部控制缺陷,从而可以从根源上对其进行抑制,并使治理方法得到创新和发展。

#### 1.制度经济学角度

制度主义经济学家康芒斯认为,人类的经济活动可以分为生产活动和交易活动两类。其中交易活动是所有权转移的过程,分三个类型,即"买卖的、管理的和限额的交易"[①]。交易活动的三种职能相互依存,共同构成企业整体组织。"从经济观点来说,管理的交易是一种以生产财富为目的的交易。其一般原则是效率。"从本质上说,内部控制属于制度主义经济学中"管理的交易"这一范畴,其具体工作包括制度的制定、监管决策的执行、对部门绩效的度量等。因此,从制度经济学"管理的交易"这一角度看,内部控制缺陷是在建立、维持、改变一个组织设计过程中的程序遗漏。

#### 2.契约经济学角度

新制度经济学家诺斯认为:"代理问题在等级组织中是普遍存在的。在复杂的社会,一个强制性第三方的存在是必不可少的。一个现代高收入社会如处于无政府状态,就不会创造生产率。第三方的有效实施只是在创立了一套

---

① 康芒斯.制度经济学[M].于树生,译.北京:商务印书馆,1962:54.

规则后才能实现,它们又使各种非正式的制约变得有效。"①这很好地解释了内部控制机制存在的必然性。正因为企业本质上是一种契约关系,而且并不完善,因此要建立内部控制机制,这种机制可以减少交易费用,即可以减少企业内部用于管理的操作费用。因此,以契约经济学的视角看,内部控制缺陷是一系列制度安排不善的地方,其会遏制企业在被控制的状态下高效率、持续快速发展,无法不断完善原先的制度,不能降低交易费用。

3. 信息经济学角度

信息不对称是信息经济学最主要的论点之一,也是委托代理理论产生的前提条件。"隐藏信息"和"隐藏行动"会带来"逆向选择"和"道德风险"问题(Myerson,1991)。而内部控制制度在一定程度上解决了这个问题。其中,"逆向选择"是管理者创建内部控制制度的动力,而"道德风险"则是所有者规避经营风险的要求。企业的所有者与管理者之间存在着受托责任关系,如果公司内部信息沟通不畅,一旦经营出现问题,所有者不能辨别问题产生的原因,则会认为管理者是借助自己职务的特殊优势进行"信息"和"行为"的隐藏,进而更换管理者,久而久之,激进有才华的管理者将被平庸自保的管理者取代,从而产生逆向选择的问题。而内部控制制度对"信息与沟通"有着严格的要求,当企业管理信息能在管理者和所有者之间及时充分地传递时,"私人信息"即成为"公共物品",因此也就不会出现管理者的"柠檬市场"②了。"道德风险"一直是困扰所有者的问题,在选择管理者后,管理者可以利用私人信息或私下采取自利行为,从而做出有损所有者利益的事情。内部控制制度能"使行为人追求个人利益的行为,正好与企业实现集体价值最大化的目标相吻合"(Hurwiez),但内部控制缺陷却不能使企业建立良好的内控环境和积极向上的企业文化,无法使企业利益目标和职工利益目标具有较高的一致性。存在缺陷的内部控制不能很好地对企业内部控制的完善性、健全性进行监督检查,进而避免"道德风险"的产生。因此,从信息经济学角度看,内部控制是因信息不对称而产生的,而内部控制缺陷会导致无法有效解决这一问题,是不能有效避免"逆向选择"和"道德风险"的一种制度安排缺陷。

---

① 道格拉斯·C.诺斯.制度、制度变迁与经济绩效[M].刘守英,译.上海:上海三联书店,1994:47.

② 柠檬市场也称阿克洛夫模型。它是指信息不对称的市场,即在市场中,产品的卖方对产品的质量拥有比买方更多的信息。在极端情况下,市场会止步萎缩和不存在,这就是信息经济学中的逆向选择。

4. 博弈论的角度

一项制度的制定总是各利益集合体相互博弈的结果。可以将所有的利益相关者视为博弈活动的参与人。在执行制度的过程中,在给定的信息集下,各参与方,如政府、企业、审计人员均会从自身的利益出发,采取对其有利的博弈战略。但是,由于信息的不对称性,参与人选择行动的多元性,使具体的控制行为成为一个战略空间,每个人都会选择自己的占优战略,而最终的结果只能是一个混合战略的纳什均衡。从现有的内部控制体系看,从 COSO 报告到《萨班斯法案》,再到《最终规则:管理层的财务报告内部控制报告和交易法案定期报告中披露的确认》《管理层的财务报告内部控制报告指引》《与财务报表审计相结合的财务报告审计》等一系列法规准则的修订,都是在考虑到政治经济体制的差异、资本市场健全程度、风险管理偏好的不同的前提下,在博弈中不断寻求最优解的过程。因此,从博弈论的角度看,内部控制制度的制定是企业内部各经济主体间的一项博弈过程。而内部控制缺陷则是无法使博弈达到最优解的过程障碍。

(二)公司治理角度

亚当·斯密曾在其著作《国富论》中指出,"那些运作他人资金的经营者,是不会对那些资金像自己所有的资金一样精心照顾的"。而对于企业而言,作为一个封闭组织,在其运动的过程中,有效能量总是会不断减少,而无效的能量则会逐渐增加,这是一个不可逆的过程,管理熵的观点称之为管理效率递减。在这种情况下,企业有责任建立一套制度以解决股东和经营者利益目标不一致及管理涣散的矛盾。公司治理机制正是在这样的背景下产生的。它是一种对公司进行管理和控制的制度设计,通过对所有者、经营者及利益相关者的权利、责任进行安排,建立起保证公司运营决策科学有效的激励兼容机制,以达到使资本供给者对资本经营者进行监督的目的,从而维护股东、债权人等的合法权益,实现公司价值最大化。

公司治理机制分为外部治理机制和内部治理机制,其中内部治理机制主要包括股权结构、管理报酬、机构设计等,这也是内部控制的主要作用点,而内部控制缺陷则是企业在进行组织规划和职责划分、防止舞弊过程中的管理漏洞,它会阻碍企业提高经营效率,从而降低企业经营效果。

(三)监管规范角度

COSO 委员会最早对内部控制缺陷进行了明确定义。如前所述,COSO 委员会认为,内部控制缺陷是"那些被察觉到的、潜在的或已经实际发生的缺点,但也可能是通过强化了的措施可以给组织带来目标实现的更大可能性"。

美国公众公司会计监督委员(PCAOB)在其颁布的第 2 号审计准则中则指出，"当内部控制体系出现设计或者运行缺陷而导致公司管理层和员工不能在正常情况下及时地发现并阻止财务错报时，便产生内部控制缺陷，无论它是无意还是故意造成的"。而在其颁布的第 5 号审计准则中，其将内部控制缺陷分为"设计缺陷"及"运行缺陷"两类。设计缺陷主要是指企业没有相应的内部控制系统或虽然有内部控制系统，但设计得并不合理。运行缺陷主要是指虽然内部控制制度设计良好，但却并没有得到执行，或者虽然得到了执行，但执行者却并没有得到必要的授权，或该授权给了没有专业胜任能力的执行者，其不能按照内部控制的设计意图有效执行内部控制程序。而按照内部控制缺陷是否重大和广泛程度，可以将其分为缺陷、重要缺陷及重大缺陷三类。

在我国的《内部控制评价指引》中，内部控制缺陷按类型被分为设计缺陷和运行缺陷两类，其定义与美国相似。① 按照对整体目标实现的影响是否严重，内部控制缺陷被分为一般缺陷、重要缺陷及重大缺陷三类。《中国注册会计师审计准则》则从审计的角度对内部控制缺陷进行了定义。②

可以看到，我国内部控制缺陷定义与美国基本相同。内部控制缺陷被定义为影响会计制度实施及会计机构岗位合理设置、造成财务舞弊、降低会计信息质量的错漏。由于内部控制是一个过程，是动态的、变化的，因此，应在企业的生产经营过程中不断对其可能出现和已经出现的缺陷进行预防、修正及完善。

（四）心理学角度

在西方管理心理学研究中，有四种基本人性假设，即"经济人"、"社会人"、"自我实现人"和"复杂人"假设。这四种人性假设从理性和非理性的角度对人的需求动机进行了探讨，也能很好地解释内部控制缺陷的产生与发展。

1."经济人"假设

亚当·斯密在《国富论》中对理性经济人这样进行诠释，"我们每天所需的

---

① 我国内部控制评价指引认为，设计缺陷是指缺少为实现控制目标所必需的控制，或现存控制设计不适当，即使正常运行也难以实现控制目标；运行缺陷是指现存设计完好的控制没有按设计意图运行，或执行者没有获得必要授权或缺乏胜任能力以有效地实施控制。

② 《中国注册会计师审计准则》认为，内部控制缺陷是指：①某项控制的设计、实施或运行不能及时防止或发现并纠正财务报表错报；②缺少用以及时防止或发现并纠正财务报表错报的必要控制。该准则同时指出："内部控制重要缺陷，是指注册会计师根据职业判断，认为足够重要从而值得治理层关注的内部控制一个缺陷或多个缺陷的组合。"

食物和饮料,并非来自屠户、酿酒家和面包师的恩惠,而是出于其自利的打算。我们不说唤起他们利他心的话,而说唤起他们利己心的话,我们不说我们自己需要,而说对他们有好处"。理性经济人是西方经济学家进行经济分析的前提假设,其假定社会主体中的参与者在进行经济决策时的根本出发点都是为了自身利益最大化。基于这个假设,在企业中,股东追求企业价值最大化,管理者追求目标决策最优化,员工追求效用最大化,每个人都会为自身的利益而侵害其他人的权利,如员工会缩短工作时间,降低工作质量;管理者会进行财务舞弊,以使自己的业绩看起来更佳;大股东会损害小股东的权益,以实现隧道效应等。内部控制制度的产生在一定程度上可以防范控制这种情况的产生,从而保证企业组织及其成员的整体利益。如,由于员工的工作热情是受物质性激励的,因此应设置激励机制,再如由于每个人都会做出有利于自己的决策,因此应设置不相容职务相分离制度及集体决策制度等。但是,制度都有其不完善性,并且制度本身亦是管理层相互博弈并与其他利益相关者博弈的最终结果,因此,当内部控制不能很好地对上述自利行为进行控制时,即会出现内部控制缺陷,使企业的整体利益受损。

2."社会人"假设

"社会人"假设最早来自梅奥(G. E. Mayo)主持的霍桑实验。该假设认为,单纯的正式组织和物质激励并不能最大化地激发员工的热情,因为每个员工同时也是社会的一员,是具有其社会归属感的。因此,其追求的也不仅仅是经济利益,还有健康、友谊等非经济利益,所以,良好的团队和组织关系、融洽的工作氛围及对员工的鼓励是实现企业目标的必要条件。而马斯洛的需求层次理论也认为人的需求分五个层次,包括生理的需要、安全的需要、社交的需要、尊重的需要和自我实现的需要,其中第三点和第四点都描述了人的"社会人"属性。内部控制制度除了可以约束人的"经济人"属性,还可以满足人的"社会人"属性。比如良好的内部控制制度可以改善工作环境,但内部控制缺陷却会阻碍上级和下属之间及时、顺畅的沟通,容易使内部人有机会进行暗箱操作,不利于建立良好的企业文化。

3."自我实现人"假设

"自我实现人"的概念是由马斯洛提出来的,他认为,人类价值体系存在两类不同的需要,一类是沿生物谱系上升方向逐渐变弱的本能或冲动,即低级需要或称生理需要;另一类是随生物进化而逐渐显现的潜能或需要,即高级需要。而人类的最高级需要就是实现自我价值。雪恩在总结了马斯洛、阿吉里斯、麦克雷戈等人的理论后,提出了"自我实现人"假设。他认为,在最基本的生存需求得到满足后,人们会主动寻求任务,培养自己的特长,并在工作中展现自己的才能,其完成工作的动力是自我价值的实现和通过工作所获得的极大的满足感。这和赫茨伯格的激励需求者理论的内容是一致的。良好的内部控制制度不只体现为对人的束缚,还会使管理者成为倾听者,了解员工的自我价值追求;但如果内部控制存在缺陷,却会导致上下级之间无法良好沟通,上级不能满足下属的精神层面追求,员工不能从其促进企业价值最大化的过程中得到满足,无法自愿把其个人目标与组织的目标结合为一体。

4. "复杂人"假设

20 世纪 60 年代末,赖克思等人提出了"复杂人"的人性假设。他们认为,人的需要和动机是复杂多变的,并不能简单地把人划分为经济人、社会人或自我实现人,即虽然有的人表现出偏向于这三种类型中的某一种,但其往往更趋于一个综合体;并且随着环境的变化和经验的增长,他原来表现出的人格类型很可能会改变。在工作中,其动机也不是单纯的经济动机或自我实现动机,而是动机的结合统一体,是一种错综复杂的动机模式。内部控制制度应是基于人性的多样性而发展变化的。内部控制缺陷使内部控制制度不能很好地了解所有员工包括管理层的个体差异,在进行岗位设置和人员任命时也无法充分了解其需要与个性,不符合多样化的管理要求,且管理效果也得不到改善。

(四)观点小结

以上的概念界定从不同角度对内部控制缺陷进行分析,能形成有益补充。在一般情况下,由于经济学定义往往能较好地反映经济事物的根本属性,因此,在其基础上,结合其他学科角度对内部控制缺陷概念进行扩展,能很好地对其实质进行描述。

本书认为,从契约经济学的角度看,企业本身是一个能使经济利益各方都实现契约目标的集合体,内部控制是契约目标能够顺利实现的有力保证。其能减少信息不对称程度,降低参与人出现投机倾向的概率,从而使交易成本下降,保证企业持续健康发展。企业的运行是一个多利益主体的博弈过程,在博弈的过程中,需要有规则以保证实现博弈各方的合理利益诉求,达到最优均衡。但由于企业管理层及员工并非完全理性,因此必然会存在决策失误或串通舞弊等现象,这会使内部控制执行者的行为出现差错,导致企业经营中的失误不能被及时发现,最终造成内部控制缺陷。

因此,可以将内部控制缺陷定义为阻碍企业这一多契约集合体运转顺畅的程序漏洞,它的存在使交易费用无法进一步降低,这种不完善的关系缔结安排,将导致企业内外部信息不对称程度加大,并使风险控制超出管理层风险偏好范围,从而使企业管理者更难实现企业价值目标。

### 三、内部控制评价的相关概念界定

内部控制系统为会计信息的真实性提供合理保证,对保护利益相关者的合法权益、维护资本市场的有效运营及提高企业抗风险能力都起着重要作用,"是公司的长寿基因"[①]。风险管理整合框架是内部控制理论发展的最新成果,其对规范企业运营起到了一定效果。但也可以看到,在该框架的指引下,财务丑闻仍然频频出现,一些著名的企业也面临或已经经历了破产倒闭的命运。究其原因,是由于企业内部控制存在缺陷,使内部控制制度得不到有效的贯彻与执行。内部控制缺陷会影响公司各项指标的可靠性,使投资者难以对公司内部控制有效性进行分析评定。因此,应对内部控制进行准确评价,以为投资者做出正确决策提供依据。

内部控制的目的是保证企业的经营效果,而内部控制建设的关键环节之一即为"建立健全有效的内部控制自我评价体系"[②]。内部控制评价作为对内部控制系统进行再控制的手段,可以对内部控制进行全面、系统的监督,是对内部控制有效性进行评定的过程。具体来说,传统的内部控制评价是公司的有关权力机构对其内部控制的效率效果进行全面系统的评价,形成结论并出具报告的过程。

随着内部控制的发展,内部控制评价包含的内容越来越丰富,对评价主客体及评价方法等方面的探讨也愈加深入。

(一)内部控制评价的主体

2002年,美国政府出台了《萨班斯法案》,令企业CEO及CFO对其财务报告的真实性及与财务报告相关的内部控制制度的有效性负责,并要求审计师对其报告的真实性出具证明。而我国的《内部控制评价指引》也规定,公司的董事会及管理层应负责实施内部控制评价,并形成评价结论,出具评价报告,且企业主要负责人应对其真实性负责。而对于内部控制评价行为的具体执行,《内部控制评价指引》规定,应由内部审计机构负责组织,如没有内部审计机构,也可由其他机构负责。其应制定符合内部控制评价办法的评价方案,

---

① 杨雄胜.内部控制的性质与目标——来自演化经济学的观点[J].会计研究,2006(11):45-52.

② 高一斌,王宏.对加快推进内部会计控制建设若干问题的思考[J].会计研究,2005(2):3-10.

并形成评价小组。因此,从法规层面上看,内部控制的评价主体应是公司的董事会、管理层和相关机构,这并不难理解。因为,董事会和管理层成员清楚公司的架构情况,他们设计了公司的内部控制制度,对公司的运营情况也比较清楚,知道内部控制制度的薄弱环节,他们拥有的职权决定其有能力细致地观察有关控制活动,找到内部控制的缺陷与偏差。

董事会、管理层和其他机构具体又可分为三层:董事会及其下设的审计委员会、监事会,以及高级管理层。其中董事会及其下设的审计委员会是建立内部控制并负责实施的主要机构,负责监控内部控制中容易出现的风险点,对财务报告信息质量进行把握,并衡量公司内部控制水平的高低,避免出现违规行为,明确公司风险承受能力,确定公司战略和重大政策,是防止公司出现重大内部控制缺陷的关键保证。监事会负责监督和评价董事会及高级管理层的经营管理、责任履行情况,判断公司财务情况是否真实,公司是否制定了内部控制制度并得到了有效执行以及国家的法律法规是否被公司严谨地遵守,避免并改正董事会及高级管理层的违规操作行为,确保公司资产及股东权益不受侵害。高级管理层负责执行董事会制定的日常经营决策和内部控制制度,识别风险点,并对风险控制程序进行检测,与职工沟通内部控制制度,与之共同建立良好的内部控制环境,将其意见和建议及时完整地传递给董事会,保证内部控制能得到全面执行。

这样的制度安排,尽管可以基本保证内部控制制度的执行与实施,但是也应该看到,其忽视了审计人员和企业员工的重要作用。

审计可分为内部审计和外部审计两部分。其中,内部审计师由于其身份的特殊性,可以更准确地了解企业财务情况和内部控制情况,便于利用访谈、问卷等方式获得内部控制信息,能高效地对企业内部控制的建设及执行情况存在的问题做出客观评价。而《内部控制鉴证指引》要求外部审计师应在对企业财务报表进行审计的同时,对内部控制是否有效发表审计意见,而对不属于财务报告的重大内部控制缺陷应在内部控制审计报告中予以披露。这使得注册会计师必须对企业的内部控制水平做出评价,这种评价由于是出自企业外部的,因此具有一定的独立性和客观性,且由于审计师的职业特征,其一般都具有较为系统的内部控制评价知识,掌握专业的评价方法或评价工具,所以,其出具的报告也具有一定的专业性。根据 J. B. Morrill 等(2012)的研究,基于内部控制评价的审计程序还可大大地降低审计成本。因此,如果把审计师[①]也列为公司的内部控制评价主体,则其可以将企业财务报告信息与内部控制信息相结合,对企业整体运营效果进行测试,使企业能更有效地改正内部控制缺陷。但同时,由于会计师事务所的生存、盈利很大程度上倚靠被审计单位,因此,尽管其承担着为股东、债权人和利益相关者提供准确无误的审计报告以供其进行投资决策的社会责任,但在利益的诱导下,少部分事务所也会出具并不完全公允的审计报告。这也是亟须解决的问题之一。对于这个问题,可以通过成立专门的政府监管机构或由政府派出专人检查的途径,进行解决。

而企业员工虽然处于企业架构的最底层,但由于他们是内部控制的最终执行者,因此往往对内部控制缺陷的感知是最准确的。Donna Dietz(2011)就曾指出,高级管理层与其他员工对内部控制的认识并不相同,尤其是在道德环境方面。管理层通常是从公司整个宏观层面去看内部控制系统及其未来的发展的,所以他们总是无理由地保持着乐观的态度。但员工却能以微观的视角看到内部控制存在的问题,即内部控制缺陷。因此,员工也应成为内部控制的评价主体,他们的加入能使评价视角更为丰富,也可以促进公司从基层的角度对内部控制系统进行完善。

(二)内部控制缺陷的评价客体

由于我国遵循 COSO 内部控制框架,认同内部控制五要素的说法,因此讨论内部控制控制缺陷,即对内部环境、风险评估、控制活动、信息与沟通以及内部监督这五方面是否完善进行测评。我国《内部控制评价指引》也明确规定,企业应对这五个会影响其自身整体控制目标的内部控制要素进行全面系统的评价,且评价过程应有针对性。尽管这已对内部控制评价的客体进行了解释,但仍然不够清晰,因此,本书将对内部控制的评价客体进行具体描述。

对于"内部控制环境"来说,其最主要的是评价董事会及管理层成员的行为是否有失规范。Donna Dietz(2011)曾指出,董事会及管理层成员的道德水平往往对内部控制环境的影响很大。因为他们处在决策层的位置,可以制定企业的长期发展战略与竞争策略,因此其是否具有相关的从业经历、专业的学术背景、良好的职业素养及品质操守,能否主动召集董事会成员以使公司的各项问题得到及时解决,是否对内部控制有足够深刻的认识,并组织员工对内部控制进行学习等,都是衡量内部控制是否存在缺陷时需要去评价的。而对于

---

① 这里所指的审计师,包括内部审计师及外部审计师。

"风险评估、控制活动"来说,就是要对企业能接受的风险范围和内部控制执行过程中的漏洞进行评价。在这里,首先应确定公司目前的风险可接受值是否随着国家政策、行业环境及企业发展而发生变化,如果发生变化,则要观测其能否及时调整风险接受值的预期。其次应根据《内部控制应用指引》的具体要求,对企业运作的各个环节进行测评,并深入了解员工对内部控制的掌握情况及其对企业文化的接受情况,以对控制活动是否存在漏洞进行评价。对于"信息与沟通"来说,则要审视公司的组织架构。简单的扁平式架构较容易满足信息与沟通的流畅性,但如果是集团公司或其他规模较大的公司,则其架构往往是较为复杂的垂直型架构,在这种组织结构中,就需要首先审查逐级上报和越级上报机制是否存在沟通障碍,这关系到员工或低级管理层的意见和建议是否能及时传递至高级管理层,其次要审查公司的电子信息平台是否已稳妥运行,以使公司各部门之间能共享信息,高效运作。最后,对于"内部监督"来说,则要对监事会、审计委员会及内部审计机构等部门进行评价。要了解其构成是否符合公司法的规范,是否具有专业的知识与技能,是否掌握先进的测试工具,熟悉测试程序,对国家的法规、政策是否能及时了解,并用以指导企业合法合规经营,是否具有公平、正直的素质素养。

通过具体分析内部控制缺陷的评价客体,可以从不同层次对企业内部控制缺陷进行了解,及时找到企业违反国家法律、法规的环节,发现企业运营中的漏洞,消除风险隐患,完善企业内部控制系统,实现企业的可持续发展和保值增值的目标。

(三)内部控制的评价目标

COSO报告指出,内部控制应为财务报告的可靠性、经营过程的效率和效果以及遵循法律法规的严谨程度提供合理保障。我国的《内部控制——基本规范》在此基础上还提出内部控制应能促进企业发展战略的实现。[①]

评价上市公司内部控制是否健全有效,首先要观测企业内部控制是否能保证企业经营合法合规。在我国引入内部控制方法以来的很长一段时期中,内部控制仅仅作为一种审计方法和工具以降低审计风险,提高审计效率。但随着一些知名企业因财务丑闻和会计舞弊被证监会指责甚至停牌后,内部控

---

① 我国的《内部控制——基本规范》将我国的内部控制目标定义为"内部控制的目标是合理保证企业经营管理合法合规、资产安全、财务报告及相关信息真实完整,提高经营效率和效果,促进企业实现发展战略"。

制的作用就不仅仅是为审计提供服务了。国内外的立法机构都将完善内部控制并评判内部控制是否存在缺陷作为管理层的责任,以促使其保证企业经营合法合规,进而保证资本市场的稳定及保护投资者的正当权益。

其次,要观测企业内部控制系统在保证资产安全、财务报告及相关信息真实完整方面是否存在漏洞。这主要是为了满足企业可持续发展,满足外部信息使用者据以判断企业经营状况,正确做出投资决策的需要。应通过内部控制缺陷的挖掘,有效避免由于个体原因导致的故障及群体原因导致的合谋、串通,以及管理层通过特殊权利对内部章程的规避,保障资产的安全。此外,由于财务报告是投资者对企业进行投资的主要参考,也是影响上市公司声誉的主要因素,因此内部控制缺陷评价的基本目标是减少影响财务报告可靠性的不利因素,这也是实现企业价值的必要前提。

最后,内部控制评价应能挖掘阻碍企业提高经营效率、妨碍企业实现发展战略的因素。企业建立的基本目标是生存,而盈利则是企业的根本目标。在竞争日益激烈的市场条件下,提高企业经营效率,保障企业经营效果,制定并实施合理的发展战略是企业获得盈利的有效途径。张先治(2004)认为,内部控制的关键是看其能否保障经营活动的效率效果,同时这也是企业进行管理控制的核心目标。因此,企业内部控制评价必须能找出影响企业经营质量提高的不合规的组织行为,如违规担保、生产不符合标准的产品等,并能通过检查公司治理结构和激励措施是否有效,使企业各部门工作状态达到最优,达到部门间的信息共享,进而使企业的经营效率和效果得到提升,最终实现企业的发展战略。

(四)内部控制的评价标准

刘秀芬(2000)认为,评价标准作为价值观念具体化、条理化、规范化的形式,是评价活动的先进性尺度,是评价活动赖以进行的逻辑前提。① 任何一项活动的成功与否,任何一项事物的好坏都需要一个评判标准,没有标准,那么事物之间的不同类型就无法辨别。作为标准,它需要具备两个特征:首先,必须能反映事物的价值标准。它必须能反映事物间的价值关系和价值活动,能有效地衡量价值尺度。其次,它必须具有公正性和可操作性。标准应是对所有评判对象都相对公平的,不能为评判对象的某一方利益而改变,且必须使评判权力的行使方能够较容易地明白、理解标准的内容、含义,能根据标准对被

---

① 刘秀芬.关于评价标准客观化的思考[J].理论学刊,2000(9):100-103.

评判方进行准确的划分。

对于内部控制来说,也必须有一定的判断标准,只有这样,才能更好地对内部控制的有效性进行判断。我国的《内部控制评价指引》指出,评价内部控制系统是否存在缺陷,要看其是否能为企业财务报告的真实完整性、经营的合法合规性、经营的效率效果及企业战略的实现提供合理保证。《内部控制评价指引》第26条指出,可以按内部控制缺陷是否会对企业整体控制目标产生严重影响,将其分为重大缺陷、重要缺陷及一般缺陷。[①] 这虽然在一定程度上已对内部控制缺陷的类型进行划分,并给出了评价标准,但仍然比较笼统。前文提出,作为标准,其应具有可操作性,过于抽象和概括的语言难以使公司正确地对内部控制缺陷进行评价,因此,我国的内部控制缺陷标准还应在定性标准的基础上,增加定量标准,即将描述性语言指标化、程序化,只有这样,才能将一般化的原则细化为具体化的规则,才能应用于企业各个环节的内部控制缺陷测评。比如,可将提高经营效率和效果用净资产收益率、销售增长率等指标进行描述,或用董事会的专业背景、规模和会议次数等数据来解释董事会的勤勉程度等。由于内部控制具有复杂、难以数据化的特点,因此,对内部控制缺陷评定所采取的标准也可以采用范围或区间的方法表示,如果内部控制评价的分数在内部控制有效的区域内,那么我们可以认为该内部控制系统可以为企业实现内部控制目标提供保障,则该内部控制系统可以被认定有效;反之,可认为其存在缺陷。在以往的研究中,陈汉文[②]等曾用数轴的方法表示内部控制有效区间,如图1-2所示。[③]

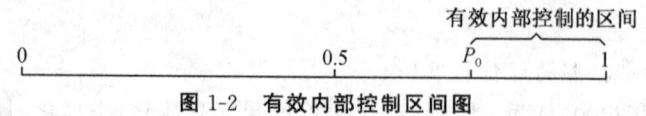

图1-2 有效内部控制区间图

张先治(2011)等曾用表格表示内部控制评价标准,如表1-1所示。

---

① 《内部控制评价指引》指出:重大缺陷,是指一个或多个一般缺陷的组合,可能严重影响内部整体控制的有效性,进而导致企业无法及时防范或发现严重偏离整体控制目标的情形。重要缺陷,是指一个或多个一般缺陷的组合,其严重程度低于重大缺陷,但导致企业无法及时防范或发现偏离整体控制目标的严重程度依然重大,须引起企业管理层关注。

②③ 陈汉文,张宜霞.企业内部控制的有效性及其评价方法[J].审计研究,2008(3):48-54.

表 1-1　内部控制有效性评价标准

| 企业内部控制状况等级 | 评价标准 | 运行质量 | 所处状态 | 说　明 |
| --- | --- | --- | --- | --- |
| A 类 | 内部控制评价分值 90 分以上，各目标层评分值不低于 60 分 | 控制较好 | 安全 | 目标层评价分值不到 60 分，降为 B 类 |
| B 类 | 内部控制评价分值 75～90 分之间，各目标层评分值不低于 60 分 | 控制正常 | 基本安全 | 目标层分值达不到 60 分，降为 C 类 |
| C 类 | 内部控制评价分值 60～75 分之间 | 控制较弱 | 有风险 | |
| D 类 | 内部控制评价分值 60 分以下 | 控制较差 | 有较大风险 | |

资料来源：张先治,戴文涛.中国企业内部控制评价系统研究[J].审计研究,2011(1)：69-78.

他们的相同点就是都将内部控制是否有效以一个范围来表示。此外，陈汉文还指出，由于内部控制有其固有的局限性，因此只能为实现相关目标提供合理保证，而非绝对保证。因此，有效的内部控制不一定能保证相关目标的实现，而无效的内部控制也不一定不能保证实现相关目标。

综上所述，笔者认为，可以将是否影响企业财务报告真实完整、经营合法合规、经营效率提高及发展战略实现作为内部控制的一般评价标准，并可通过文献查阅、数据验证等方式将一些财务数据及非财务数据作为一般标准的具体衡量数据，这样可以使内部控制的评定标准更具可操作性。

（五）内部控制的评价方法

要想使内部控制缺陷的评定结果科学有效，除了要有明确的评价目标，使用定量与定性相结合的评价标准外，还需要运用各种合适的评价方法。传统的内部控制缺陷评定方法大多是定性的，以图表和语言文字为主，例如在调查了解阶段常常会采用调查表法、个别访谈法、调查问卷法等，在健全性测试及符合性测试阶段往往会运用抽样法、流程图法、穿行测试法、实地观察法等，而在最后的分析评价及改进阶段，则会使用专题讨论法和对比分析法等方法。

近年来，随着统计、计量软件的迅速发展，一些定量的评价方法也逐渐引进到内部控制评价中来，其往往通过设计内部控制评价指标体系来反映内部控制的质量和目标达成的情况。早期的内部控制评价指数通常是根据主观经验确定权重。如盛巧玲等(2012)基于信息系统生命周期提出了信息系统内部控制评价指标体系,韩传模等(2009)引进了 AHP 系统工程方法,通过两两比较建立判断矩阵,并构建了内部控制评价框架。类似地,张先治等(2011)、吴秋生等(2011)、张兆国等(2011)都通过层次分析法及模糊评价法等方法建立了内部控制评价指标体系。这些方法在一定程度上避免了由于定性方法难以衡量造成的客观性缺乏的缺点,可以尽量避免由于主观认识的偏差造成的内部控制评价结果的片面性,比较公正、科学,符合客观规律,能反映公司内部控制的关系和层次结构以及企业运营过程中的风险情况,但其在一定程度上仍受到主观意识的影响,属于主观定量方法。

为了使内部控制评价指标更为客观、有效,近年来,一些学者试图使数据自己"说话",即通过大量的数据收集来使其自动呈现出权重比例,从而避免内部控制评价的偏差。如韩传模等(2012)采用因子分析的方法对影响内部控制施行的主要因素进行分类,构建了内部控制评价的指数体系;王立勇(2004)将可靠性理论及数理统计方法结合使用,构建了内部控制系统评价的数学模型;陈凌云等(2010)利用贝叶斯法则,对系统中各方在进行内部控制评价时的"信念修正及作用过程"进行了分析,考察了"各利益主体的联动效应"[①],构建出了一个有效的分析框架。此外,还有学者运用变异系数法等数学方法构建了内部控制评价指数体系。这些方法相比较主观定量方法而言,得出的结论往往更加精确,对内部控制缺陷的评定也更科学。但由于内部控制中部分数据不易量化,因此应用中常常存在一些困难。

在实际操作中,应根据内部控制指标的性质、数据获取难度及内部控制评价目的,将上述内部控制评定方法结合使用,采取定量与定性相结合的方式,构建易于操作、口径统一、结果精确的内部控制评价体系。

(六)内部控制的评价过程

我国《内部控制评价指引》基本规划了内部控制评价的流程[②],但不够具体。具体来说,内部控制评价程序应有以下几个步骤:

1.调查企业内部控制的实际情况,并确定适合企业的内部控制指标体系

调查了解企业内部控制的实际状况是进行内部控制治理的必要准备和前

---

① 陈凌云,李宇立.企业内部控制评价:基于管理层和审计师的博弈分析[J].江西财经大学学报,2010(1):27-33.

② 我国《内部控制评价指引》规定,应针对控制活动进行必要的测试,获取充分、相关、可靠的证据对内部控制的有效性进行评价,并做出书面记录。

提条件,它会对内部控制评价的效果和过程产生影响。在这个环节,内部控制审查人员会采用一定的方法和程序来收集被评价单位内部控制系统的所有信息,并结合其经营规模及业务复杂程度、数据处理系统类型等因素来对企业内部控制状况进行初步调查,以明确内部控制审查范围、时间安排及资源配置,确立适合企业的内部控制指标体系。其运用的方法一般有:询问相关控制人员,以了解内部控制补充信息;检查内部控制文件,查阅组织机构图,观察部门运转及人员配备情况,以直观了解企业内部控制的运行情况,并初步掌握企业可能存在内部控制缺陷的运营环节。

2. 评价内部控制的执行情况,找出其存在的控制缺陷,并形成工作底稿

审计人员应对内部控制进行完整性测试和穿行测试,主要需要了解:

第一,公司管理层是否已树立了正确的风险意识及观念,是否已建立了风险数据库,并对以往的风险点进行了详细的记录。

第二,各风险点的控制措施是否存在疏漏,内部控制是否已得到执行,在执行过程中有无执行不充分的情况,针对这种情况是否已制订出备选方案,企业信息能否在公司各层级之间顺畅流通以便能得到及时处理。

第三,各部门及员工的分工是否符合不相容职务相分离的要求,其是否能理解自己的工作内容和相应权责,岗位设定能否满足处理临时性风险的需要,以降低和防止临时风险给企业经营成果带来的损害。

第四,审查企业是否建立了监督体系,并检查这种监督体系是否能识别一般性及关键性内部控制错弊,其审查结果能否及时传递给管理层,以使其及时调整内部控制程序及方法,以适应不断变化的公司发展需求。

在了解了以上信息,并经过完整性测试和穿行性测试后,内部控制审查人员应汇总内部控制调查结果,并令专人进行复查,根据复查结果调整风险预期及控制重点,将调整后的内部控制评定结果告知管理层,与之就相关事宜进行沟通,进行缺陷认定,形成初稿,并交给相关管理决策机构审定。

3. 形成正式的内部控制评价报告,并持续追踪内部控制缺陷的整改情况

在完成内部控制评价底稿后,还应采用文字描述法、图表法等方法出具正

式的内部控制评价报告。① 应注意的是,内部控制系统是随着企业规模、行业环境等因素不断变化的,因此,对内部控制系统是否存在缺陷的评定应该是动态的、追踪式的,要不断修正、调整。同时,也应监督管理层分析内部控制系统疏漏产生的原因及可能导致的后果,督促其尽快弥补内部控制系统纰漏,并给出进一步的改进建议和具体措施。

总结相关概念及流程,可以得到内部控制评价的基本模式,如图1-3所示。

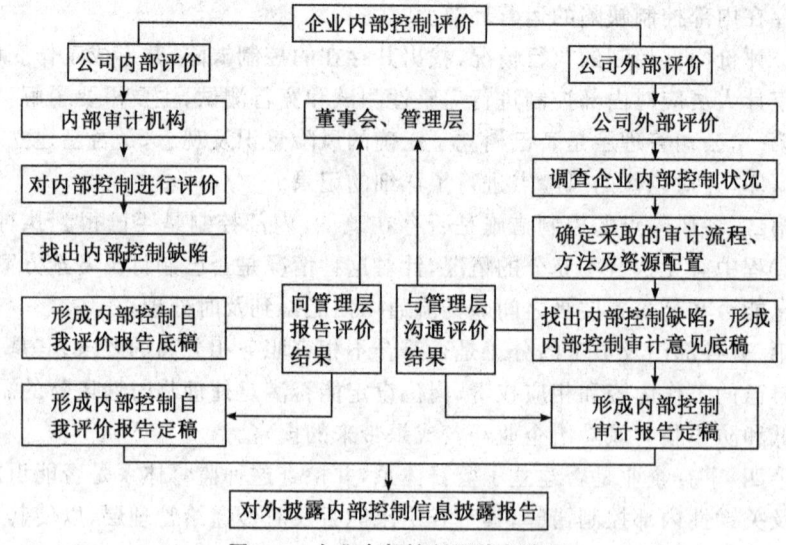

图1-3 企业内部控制评价程序图

---

① 根据《内部控制评价指引》,评价报告应包含的基本内容有:第一,内部控制评价的目的和责任主体。第二,内部控制评价的内容和所依据的标准。第三,内部控制评价的程序和所采用的方法。第四,衡量重大缺陷严重偏离的定义,以及确定严重偏离的方法。第五,被评估的内部控制整体目标是否有效的结论。第六,被评估的内部控制整体目标如果无效,存在的重大缺陷及其可能的影响。第七,造成重大缺陷的原因及相关责任人。第八,所有在评估过程中发现的控制缺陷,以及针对这些缺陷的补救措施及补救措施的实施计划等。

## 第五节 本书的创新点

本书研究了内部控制缺陷的诱因及内部控制缺陷对上市公司的市场价值及债务资本成本影响,并对内部控制评价体系的构建进行了探讨,研究的创新之处主要体现在以下几个方面:

(1)内部控制系统庞大复杂,若想更有效率地对其进行改进,就需要对容易诱发内部控制缺陷的因子进行重点监控。本书分析了影响企业内部控制缺陷形成的财务与非财务因子,并在基于对其分类及权重排序的基础上,研究了这些类别因素与企业内部控制缺陷间的关系,可使企业更全面有效地构建内部控制缺陷识别系统。

(2)在了解我国上市公司的内部控制现状后,本书对内部控制缺陷对上市公司市场价值的影响程度进行分析,以便了解如果上市公司存在内部控制缺陷,是否会损害其市场信誉,降低其市场价值,并进一步对存在内部控制缺陷的公司出具内部控制自评报告及审计报告是否可以提升其市场价值进行了分析,深化了内部控制缺陷后果的分析范围。

(3)同时,本书还对内部控制缺陷对上市公司债务资本成本的影响程度进行分析,以了解存在内部控制缺陷是否会调高上市公司的债务资本成本。同样地,本书也对存在内部控制缺陷公司出具内部控制自评报告及审计报告与其债务资本成本之间进行了相关性分析,以明确此种行为能否挽回其市场信誉,降低其债务资本成本。通过结果还可以知悉债权人与股权投资者对内部控制信息的不同态度。

(4)本书通过两种路径对企业内部控制评价体系进行构建,以专家打分、调查问卷的结果作为事实基础,兼顾了财务专家、投资者、债权人、审计机构及其他利益相关者的综合意见,提取了内部控制评价需注意的关键因子,并进行权重打分及排序,这对于企业进行内部控制自我评价体系的构建及提高外部审计师内部控制评价报告的审计效率和质量都有着重要意义。

## 第六节 本章小结

本章说明了本书的研究背景,对相关概念进行界定,探讨了本书的理论意义和应用意义,总括了本书的研究内容与方法,并总结了本书的创新点及贡献,希望通过本书的写作,可以梳理以往相关文献,从新的角度对内部控制缺陷及其评价进行解释,揭示内部控制存在缺陷的经济后果,为企业提升自身内部控制有效性提供帮助,并能设计出合理的内部控制评价体系,以提高内部控制评价效率,使上市公司能够更及时地发现其内部控制执行中的问题,并及早采取措施进行改正,避免财务及非财务舞弊,最终实现保护投资者资金安全及净化我国资本市场的目的。

# 文献综述

COSO委员会在其《内部控制——整体框架》中对内部控制的作用做出如下解释：内部控制可以帮助企业实现经营目标，避免经济资源的无谓损耗，保证企业财务报告的真实性以及企业运营的法律遵循性。良好的内部控制能够提高会计信息质量，这一点也被Jennifer等(2009)所证明，他们对《萨班斯法案》颁布前后上市公司内部控制与盈余管理的关系进行考察，发现如果公司被强制要求对内部控制进行改革，则其盈余的持续性、盈余对未来现金的预测能力和盈余价值的相关性等相对于那些没有改革的公司来说都有显著的提高。但是，我们也应该看到，健全的内部控制制度虽然可以使企业经营更有效率，但内部控制缺陷却会扰乱企业正常的经营秩序，使企业陷入道德困境。近年来，巨额财务舞弊事件的曝光使国内外学者开始重视内部控制缺陷，并对这一主题从不同角度进行了分析。

## 第一节 内部控制缺陷的特征

《萨班斯法案》强调内部控制缺陷应予以强制披露，因为这样可以使企业提高其信息披露的准确性和相关性，有助于完善其内部信息沟通机制。而很多学者通过研究也证明了，内部控制系统是否完善会影响公司会计信息质量，并改变公司治理结构。Doyle等(2007)发现内部控制缺陷与会计应计的质量负相关。Chan等(2008)以1 057家上市公司为样本，对存在内部控制系统缺陷的公司进行了检验,他发现,这类公司更偏好盈余管理行为,其会计信息也更容易失真。Johnstone 等(2012)指出,公司治理结构的调整和其披露内部控制缺陷的行为有直接关系。在内部控制缺陷对公司各方面产生影响的同时,内部控制也受公司多方面因素的影响。存在内部控制缺陷的公司一般会有其共同特征。对于这些会导致内部控制系统缺陷的因素,国外学者一般会从公司特征、内部治理结构等方面进行研究。

**一、内部控制缺陷的公司特征**

Doyle 等(2007)、A. Skaife 等(2005)、Bryan 和 Lilien(2005)均认为,公司规模、公司成立时间、财务状况及其是否具有良好的成长性等因素与内部控制缺陷出现的概率成反比,公司经营业务越复杂,其越容易出现内部控制缺陷。A. Skaife 等(2005)在此基础上,还发现兼并重组也是导致上市公司出现内部控制缺陷的重要因素之一。

Doyle 还以至少存在一项内部控制缺陷的 705 家公司为样本,对会计应计项目的质量与内部控制水平之间的关系进行了检验,发现内部控制问题常常与那些不反映在现金流中的较差的应计项目有关,并且这种较差的应计质量会受公司整体内部控制缺陷水平的影响。但是,这种关系不存在于可审计的会计缺陷中。他还用了四个额外的指标来衡量应计质量,分别是:可操控性应计项目、平均应计质量、历史会计重述、会计盈余持续性。经检验,得到的结果是一样的。

D. R. Hermanson(2012)利用 37 个独立的内部控制要素通过调查问卷的方式对公司内部控制强度进行了大样本检验。他着重关注了在监控力度不同的公司中,其管理层风格、管理者越权及行业差异对内部控制的影响,以及 CAE(chief audit executive)报告对审计委员会和有经验的内部审计师的潜在价值。

J. Guan 等(2010)认为,2000 年披露的公司财务丑闻及随之而来的政治更迭使公司管理层倾向于采取一个更完善的风险管理程序。因此,发现和评估风险变得极其重要。由于公司内部控制系统往往程序复杂,这给审计师也带来了较大的挑战。他们主要采用了概率模型及专家评述方法对内部控制系统进行研究。其研究结果表明,对内部控制系统结构进行深入了解是风险管理所必需的。于是,他们整合了一个模型用以管理风险并评估内部控制系统,其突出贡献是,该模型还可以使内部控制系统结构及财务程序模型化。这个模型用有向图来代表内部控制系统中的各种因素,如财务报表判定、控制行为、财务程序以及这些因素间存在的因果关系。其可以帮助内部及外部审计师评估风险,设计实质性测试程序,以及追踪错误的根源。

W. Ge 利用 2002 年《萨班斯法案》生效后的 261 家存在内部控制缺陷的公司为样本,在对其内部控制缺陷进行描述性统计后,发现会计内部控制资源不足的企业往往会发生内部控制缺陷。内部控制中的实质性缺陷通常与不充分的收入确认政策、无法实现不相容职务相分离、定期报告程序和会计政策程序无效及不恰当的账目调整相关。通常,流动性应计账户更容易出现会计缺陷,例如应收账款账户和存货账户,而管理缺陷通常体现在一些复杂账户的内部控制问题中,如衍生项目和所得税账户。通过统计分析,W. Ge 发现内部控制缺陷和经营的复杂性(如有很多的子公司或对外贸易)正相关,和公司规模(如市场占有率)及公司利润率(如资产回报率)负相关。

M. Ogneva 等(2007)检验了内部控制缺陷是否会对公司的权益成本产生影响。检验结果表明,存在内部控制缺陷的公司,其权益成本要高于不存在内部控制缺陷的公司。但是,当控制了原始公司特征及分析师预测偏差后,总的来说,内部控制缺陷和较高的权益成本并没有直接关系。

田高良等(2010)和齐保垒等(2010)均对内部控制缺陷公司的特征进行了研究,他们发现经营范围广、业务较复杂、上市时间短、会计风险大的公司容易出现内部控制缺陷,且这类上市公司也往往有更换审计师和财务报告重述的经历,其聘请的审计师往往质量较低。他们得出相似的结论,内部控制建设的完善有利于降低会计风险。

齐保垒等(2010)还考察了上市公司内部控制缺陷与财务报告信息质量的关系,研究结果表明,企业进行内部控制的主要目标之一是使财务报告信息质量得到提高,而内部控制缺陷,不管是财务信息被管理层无意识地误报,还是管理层为了自身利益故意进行财务信息造假,都会使财务报告的信息质量降低。他们将会计稳健性等三方面[①]的内容作为衡量会计信息质量的标准。在掌握了公司的经营特征、行业特征、公司性质及是否被特别处理等变量后他们发现,内部控制缺陷公司的会计稳健性低于不存在内部控制缺陷的公司,而其应计质量也呈现出明显偏低的问题,但内部控制缺陷对两类公司财务信息价值相关性的影响都并不显著。

---

① 齐保垒等(2010)认为会计信息质量可以体现为会计稳健性、应计质量和财务信息价值相关性。

韩丽荣等(2013)指出,虽然我国政府自2012年起才开始要求主板上市公司强制披露内部控制信息,但在此之前,有部分公司已经进行了自愿性披露,尤其是对内部控制缺陷进行披露。他们认为,对在自愿披露时期公司披露内部控制缺陷的共同原因和特征进行研究会有益于内部控制披露制度的完善。因此,他们以2009年沪深两市主板A股制造业上市公司为样本,对内部控制缺陷的影响因素进行实证检验。分析结果显示,公司业务复杂性高、频繁进行兼并重组且内部控制建设资源投入较少的企业一般会存在并披露内部控制缺陷,此外,被列为ST股、进行财务报告重述等原因也会导致企业被迫披露内部控制缺陷。

林斌等(2009)的研究结果表明,内部控制质量较好、成长较快的公司,一般会有较为丰富的内部控制资源,如设立了独立的审计部门。这些公司出于向市场传递真实信息的考虑,更乐于披露内部控制审计报告;相反,那些上市时间长、发展较慢的公司,由于其财务状况不佳,一般没有更多的资源用于内部控制建设,它们往往组织变革较频繁,导致出现违规现象,从而并不积极对内部控制审计报告进行披露。林斌等人利用上市公司内部控制信息披露指数进行了稳健性测试,结果对其上述结论形成了有力支持。他们还发现,如果上市公司有再融资计划,则其披露内部控制鉴证报告的积极性较高。他们认为,上市公司的这些举动可以用信号传递理论来解释。

方红星等(2010)探讨了交叉上市公司的内部控制缺陷状况,他们以2007年及以前兖州煤业股份有限公司在内地、香港和美国三地证券市场的内部控制缺陷披露情况为案例,考察了影响其内地市场披露的因素。此外,他们还比较了不同市场投资者对内部控制缺陷信息披露的反应情况。研究结果表明,由于境外及香港市场的监管制度较完善,外部审计较严格,因此这些交叉上市公司往往能及时地发现、披露并改正内部控制缺陷。同时,市场对这种披露及修正行为也会给予反应。

**二、内部控制缺陷与会计盈余之间的关系**

Doyle等(2005)利用Dechow等(2002)的模型,研究了内部控制缺陷与公司应计项目及现金流之间的关系,发现有内部控制缺陷的公司,这两者的相关性比没有内部控制缺陷的公司要低,且盈余质量也较差。Ogneva等(2007)对公司权益成本与内部控制缺陷之间的关系进行了研究,结果表明,权益成本高的公司并不一定更容易出现内部控制缺陷。Beng W. G.等(2011)发现,没有内部控制缺陷的公司,其盈余较有内部控制缺陷的公司来说,一般稳健性较低。

佟岩、徐峰(2013)指出,完善的内部控制系统可以通过其对会计信息的收集、传递、报告等程序的规范,提高会计盈余质量。同时,由于"契约的不完备性要求契约标准具有较高质量,因此盈余作为重要的契约标准,其质量对于契约的有效实行至关重要,从而可以通过提高契约有效性,提升内部控制效率。内部控制效率与盈余质量在理论上具有动态依存的影响关系"。[①]他们以应计项目盈余管理及真实盈余管理作为盈余质量的度量标准,对2010年深沪两市的上市公司进行了实证研究,发现内部控制质量的提升能有效降低盈余管理程度,提高会计盈余质量;反之,当公司盈余管理行为较多、盈余质量较低时,一般来说,其内部控制的质量也不佳。因此,他们提出的内部控制效率与盈余质量的关系在实证上也得到了支持。在搜集数据的过程中,他们还发现,我国上市公司普遍存在盈余管理问题,且深市较沪市上市公司盈余管理行为更加普遍;国有上市公司的盈余管理程度较非国有公司低,而应计项目盈余管理的程度也比真实盈余管理低。

### 三、IT系统质量与内部控制缺陷间的关系

有部分学者研究了IT系统质量与内部控制缺陷间的关系。Bonnie K. K.等(2009)将传统的内部控制五要素分为IT相关类和IT无关类。他们以《萨班斯法案》第404号条款实施首年的490个有实质性缺陷的上市公司为样本进行实证检验后发现,其结果支持COSO框架下内控因子间的交互关系。他们还发现,虚假会计账户的数目往往和公司具有较弱的内控因子数目正相关,并且那些有较弱的IT类内部控制因子的公司,其报告存在的缺陷比那些没有与IT相关内部控制缺陷因子的公司要多,说明较弱的IT控制会影响公司的内部控制质量,尤其是会对公司的内部控制环境、风险评估水平及监督管理产生负面影响。他们(2011)还认为,IT内部控制缺陷的存在不是孤立的,如果公司有一个这方面的实质性缺陷,则其可能还会有潜在的其他这方面的缺陷。和IT有关的内部控制缺陷的存在会使公司的审计费用增加,还会使公司经营成果下降。

---

① 佟岩,徐峰.我国上市公司内部控制效率与盈余质量的动态依存关系研究[J].中国软科学,2013(2):111-122.

## 四、内部控制缺陷公司的治理结构特征

审计委员会在协调上市公司内外部审计工作及监督检查其审计结果方面起到了重要的作用。Klein(2002)、Bedard 等(2004)发现审计委员会质量越好,则上市公司可操纵的应计利润的数量就越少,因为高质量的审计委员会会对内部控制的实施效果进行监督,从而杜绝或减少可操纵性应计利润。Bryan(2004)也得出了类似的结论。这说明,提高审计委员会质量可以更有效地对内部控制进行监督。Krishnan(2005)进一步发现,上市公司审计委员会独立性越好,有财务专业知识背景的专家越多,越能在更换审计师时降低内部控制缺陷出现的概率。因为审计委员会如果独立性较好,则会较少地受到外界干扰,并可以避免来自关联公司的利益牵制。而财务专家比例高的审计委员会能更好地从财务角度对公司内部控制建设提出建议,从而减少会计舞弊出现的可能性。Beng W.G.(2009)也认为规模较大、财务专家较多且独立性强的审计委员会在改正内部控制缺陷方面效率较高。Udi H. 等(2009)、Y. Zhang 等(2007)、K. Johnstone(2009),以及 S. Lin 等(2011)的研究得出类似的结论,即董事会质量越高,公司内部控制质量就会越好,而且如果审计委员会的成员具有会计及监管的相关经验,则会对内部控制效果产生更为积极的影响。C.P. Cullinans 等(2010)还检验了将股票期权作为福利支付给审计委员会是否会使公司更容易出现内部控制缺陷的问题。研究结果表明,拥有股票期权的审计委员会比未持有股票期权的委员会,其所在公司出现内部控制缺陷的比例要高。他们的研究结果和英国政府发布的一项报告相吻合。该报告认为,如果公司给予外部董事以股票期权形式的补偿,则不利于这些董事作用的发挥。而 C.P. Cullinans 等(2010)的研究结果也认为股票选择权会给公司审计委员会的作用发挥带来不利影响。

我国学者叶陈刚和王海菲(2010)研究了公司治理与内部控制间的关系,他们提出,公司治理结构及治理机制的改善应从股权结构、董事会及审计委员会成员的学历、背景,以及组织结构与比例等角度着手,因为"公司内部治理是企业内部控制的制度环境,内部控制框架是公司内部治理的管理监控系统"[①]。

---

① 叶陈刚,王海菲.公司内部治理质量与内部控制互动性研究[J].经济与管理研究,2010(8):22-27.

张先治和戴文涛(2010)采用调查问卷方法,对国内研究内部控制的学者专家及企业负责内部控制的企业高管展开调查,他们发现在影响内部控制实施效果的因素中,内部控制环境的作用非常重要,而公司治理结构会对内部控制环境的好坏产生显著影响。在考察了公司治理结构后,他们发现,董事长如果和总经理二职合一,则会对内部控制的有效性产生较大的影响,但高管薪酬比例、监事会规模对其影响较小;如果企业国有控股比例较大、股权集中度较高,则会对企业内部控制产生不利影响。

刘亚莉(2011)指出,对于上市公司的外部治理来说,公司治理及注册会计师审计是很重要的两个方面,其对企业内部控制的完善有明显的促进作用。而披露内部控制缺陷的上市公司也有其共同的公司治理特征。刘亚莉以沪深两市A股上市公司为调查对象,以84家内部控制存在重大缺陷的公司为样本组,并同时选取同产业分类、同规模及同年份的84家公司作为对照组,以经营复杂性、盈利能力及成长性为控制变量,经实证分析发现,公司设立审计委员会的时间,以及董事长及总经理是否为同一人担任,是造成内部控制缺陷的重要因素,而且有内部控制缺陷的上市公司,更换会计师事务所频繁,有财务重述经历。

董卉娜等(2012)以2009年深市上市公司为样本,对审计委员会特征是否会对内部控制缺陷产生影响进行了讨论。他们发现,上市公司审计委员会成立时间长短、规模大小、是否具有充分的独立性和上市公司出现内部控制缺陷的概率成反比。他们将内部控制缺陷进一步划分为整体缺陷、具体缺陷、设计缺陷和执行缺陷这四种类型,发现如果审计委员会成立时间较长、规模较大,则对这四种缺陷的抑制作用都很明显,而独立性较好的审计委员会虽然对整体缺陷的抑制作用较差,但对其他三种缺陷都有很好的抑制作用。此外,审计委员会的专业性越好,则其越能减少内部控制设计缺陷。

**五、内部控制缺陷与审计师的关系**

R. Elder等研究了在《萨班斯法案》第404号条款发布当年审计客户风险的管理情况,发现审计师在管理和内部控制缺陷有关的审计风险时,会采用类似于啄序理论的策略。他们针对内部控制缺陷是否会对上市公司的审计费用、审计意见及审计师更换产生影响进行了检验。逻辑回归检验结果证明,当客户的审计风险增大时,审计师倾向于进行如下的风险控制行为:增加审计费用,修改审计意见及更换被审计单位。他们也发现审计费用的变化和非标准审计意见的变化与内部控制报告的改变呈正相关关系。

S. Lin 等(2011)研究了在 2002 年《萨班斯法案》404 号条款颁布后内部审计师在公司实质性缺陷披露中的作用。利用 214 家公司的数据,他们检验了不同内部审计师的态度、行为与内部控制披露之间的关系。他们的研究结果表明,实质性缺陷的产生和内部审计师受教育程度以及内部审计师的专业技术、综合能力负相关。他们还发现,高质量的内部审计师可以预防实质性缺陷的发生,并且内部控制缺陷的披露和内部审计师的审计经验以及内外部审计师的合作良好程度正相关。

**六、内部控制缺陷间的关系**

李宇立(2011)认为,"内部控制缺陷是内部控制预期目标没有实现的缺憾。正是因为内部控制各目标之间是相互关联的,因此缺陷间也彼此联系"①。其通过问卷调查的方式,通过构建内部控制缺陷间关系的理论模型,对内部控制缺陷的关系进行了实证研究。结果表明:在被调查单位存在的所有内部控制缺陷中,资产安全、合法合规和报告控制缺陷之间的关联度很高;而对经营控制缺陷有较显著影响的是报告缺陷,经营控制缺陷主要对战略控制缺陷产生影响。李宇立得出结论,报告缺陷会对整个内部控制体系的有效性产生核心及关键影响。应将系统的理念贯彻到挖掘及治理内部控制缺陷的过程中。

可以看到,有内部控制缺陷的公司往往会呈现出某些一致的特点。如在公司基本特征上,其往往成立时间较短,规模较小,经营业务复杂,且会计盈余不稳定,盈利状况不好。其在公司的信息化建设方面一般也存在不足,造成内部控制信息不能完整、及时地进行传递。

从公司治理情况看,有内部控制缺陷的公司,其董事长和总经理往往为同一人,董事会及审计委员会中财务专家的比率较低,没有很好的独立性,规模较小。对于给予管理层股权激励,是否能使其更努力地工作,学者的看法不一。支持股权激励的学者认为,股权激励能使管理者利益与公司利益相关,从而能使其更努力地为公司工作,反对给予管理层股权的学者则认为,这相当于变相的贿赂,尤其是给予审计委员会股权的公司,这样做往往会降低审计委员会的工作效果。

---

① 李宇立.自我感知的内部控制缺陷间的关系——基于问卷调查的路径分析[J].审计研究,2011(6):74-81.

完善的审计程序是会计信息质量的保证,审计师质量的高低也可以在某种程度上间接反映公司是否存在内部控制缺陷。从学者的研究结果看,存在内部控制缺陷的公司,一般都更换过审计师,尤其是频繁更换审计师或事务所的公司,其内部控制风险会相对较高,而且一般不会聘用四大会计师事务所为其审计,而是会选择一些小型的质量较差的事务所为其出具审计报告。

## 第二节 内部控制缺陷对公司市场价值的影响

企业管理中所存在的漏洞会以内部控制缺陷的形式反映出来。在其披露后,企业会计信息的真实性和可靠性会遭到质疑,投资者及其他利益相关者也会据此调整其投资预期,改变其投资策略,进而影响上市公司价值。

J. S. Hammersley 等(2008)对内部控制缺陷的披露进行了时间窗口为三天的事件研究。他们发现,上市公司内部控制缺陷越严重,则投资者的反应就越强烈,尤其是在公司存在实质性缺陷的时候。此时,上市公司市场价值所受的负面影响最大。如果管理者声明,其内部控制系统尽管存在缺陷,但仍然有效,或当公司聘用四大会计师事务所对其进行审计时,则公众的反应会减弱很多。

此外,内部控制缺陷披露的详细程度也会影响投资者对公司的信心。事实证明,信息的充分对称有助于缓解投资者的不安情绪。J. S. Hammersley 等(2008)认为,当内部控制缺陷披露不明确时,投资者对该公司的信任程度会下降。J. M. Rose 等(2010)做了以下检验:在公司披露了实质性控制缺陷、一般性控制缺陷,以及针对一般性缺陷进行解释后,投资者是否会调整其对该公司投资的风险评估。他们实施了两个实验,第一个实验的参与者为 97 个非专业投资者,第二个实验的参与者为 53 个非专业投资者和 47 个来自世界 500 强的专业投资者。他们发现,针对实质性缺陷,投资者调整了他们对投资风险的预期。更重要的是,他们解释了内部控制实质性缺陷和一般缺陷披露的详细程度对投资者利润预期的影响。他们发现,投资者更乐于接受披露了内部控制缺陷细节的报告。对于未对内部控制缺陷进行详细讨论的公司,则调高了他们的风险评级。这与投资者对管理者的信任程度不同有关。

J. Wu 等(2011)指出,自 2004 年起,美国证券交易委员会根据《萨班斯法案》404 号条款要求,审计师对所有市值在 7 500 万美元或以上的公司管理人员的基于财务报告的内部控制评价结果是否正确进行测试。如果发现任何内部控制缺陷,都必须对上市公司的内部控制评价报告出具否定意见,并揭示内部控制缺陷的性质。因此,他们以三年为周期探讨了内部控制缺陷披露并修正后的公司价值。他们发现,在三年中,内部控制缺陷都会对公司市场价值产生负面影响。

J. Wu 等(2011)除了对有实质性缺陷公司在修正其内部控制缺陷后的价值进行研究外,同时也对纠正内部控制缺陷是否会减少管理层的盈余管理行为,降低可操控性应计项目数额进行了研究。他们发现,纠正内部控制缺陷对可操控性应计项目的影响不如对不可操控应计项目的影响明显。结果表明,实质性缺陷的修正增加了公司价值,但并不影响该管理者对盈余的管理行为。

对于我国的资本市场,杨清香等(2012)考察了2006—2009年沪市A股上市公司内部控制信息披露后的市场反应。结果发现,我国投资者对上市公司披露的内部控制信息有显著的市场反应。他们进一步研究了披露内容、披露类型、披露详略等所引起市场反应的不同。从披露内容角度看,上市公司披露其内部控制有效会引起股票价格上涨,披露其内部控制存在缺陷则会导致股票价格下跌。而从披露类型角度看,强制性披露比自愿性披露的价值相关性更高。从披露详略角度看,披露的程度越详细,则越容易促使其股票价格上涨,而简单披露却没有这个效果。此外,内部控制信息强制性披露与自愿性披露的交互影响较其单独披露的市场反应更加强烈。

池国华(2013)等分析了内部控制对公司价值创造的作用,构建了内部控制质量指数体系。他们检验了2011年沪市上市公司价值受内部控制质量的影响程度。结果发现,上市公司内部控制质量的提高,有利于公司进行价值创造,而控制质量的降低,会影响内部控制价值的创造效率,即内部控制质量与公司价值创造的效果及效率是正相关关系。企业应提高内部控制质量,以改善公司价值创造的效果。

从以上研究结果可以看出,内部控制缺陷的披露会影响投资者对上市公司的投资信心,一般在该事件发生后,会引起股价的大幅下跌,而存在内部控制缺陷的公司,一般市场价值亦较低。

## 第三节 内部控制缺陷对债务资本成本的影响

如果一个公司的内部控制系统存在缺陷,那么其基于内部控制的财务报告的可靠性将受到怀疑,这种怀疑将被传导至公司的经营、投资、筹资领域,造成公司交易费用上升。

S. M. El-Gazzar(2011)等学者曾对存在内部控制缺陷公司的贷款利率进行研究,认为债务评级机构一般会利用财务报表来评价一个公司的流动性及长期偿债能力,这也是确定一个公司债务等级的重要考虑因素。内部控制缺陷的揭示,会使其财务风险增大,这将导致债务评级机构重新评估上市公司的违约可能。其研究结论为,如果对公司的其他特征因素进行控制,则内部控制缺陷的披露将与债务等级高度相关。特别是当披露内部控制缺陷信息后,公司的剩余债务等级将被调高。

Elbannan(2009)指出,信用评级是公司贷款成本、资本结构甚至是可取得投资范围的主要决定因素。他选取了2003年11月至2005年7月间存在内部控制缺陷的公司进行了研究,发现内部控制质量较差的公司同那些有着高质量内部控制系统的公司相比,一般信用评级较低,规模较小,利润率偏低,经营现金流较少,目前年度及以前年度存在净亏损,收入变化幅度较大,资产负债率较高;并且,内部控制质量较差会减少公司获得投资级别债务评级的可能性,这会导致其债务融资的成本较高。在资本市场中,其也表现为低收入和较低的受关注度。因此,他建议公司管理者要提高内部控制质量。

由于我国实行利率市场化的时间较短,因此,我国学者主要对内部控制缺陷与权益资本成本之间的关系进行研究。目前仅程智荣(2012)和李晓慧(2013)对内部控制与公司债务成本的关系进行了探讨。

程智荣(2012)对公司资金供给方及债权人对内部控制的反应进行了实证研究,发现投资者对内部控制质量较差的公司,会要求补偿更高的期望报酬。而当公司内部控制质量较高时,其权益资本成本会降低。而债权人基本同股东的反应相一致,债务资本成本也是和公司内部控制的质量成反比,即公司内部控制质量越差,债权人要求的报酬率越高;内部控制越好,公司债务资本成本越低。

李晓慧(2013)在基于债务契约特征理论研究的基础上,比较了内部控制及公司治理在债权人保护作用方面的差异。其结果表明,内部控制质量会影响债权人对保护信号的感应,如内部控制质量较高时,债权人更容易感受到自身所受的保护,并放宽对债务人的契约条件,增加对债务人的放款,降低索要的债务利息,延长债务期限,且与公司治理相比,内部控制在债权人保护方面具有增量作用。

根据信号传递理论,良好的内部控制传递给投资者及债权人公司积极健康发展的信号,因此会使公司更容易以较低的成本进行融资,从而可以扩大其投资可行范围,增加企业的成长机会。而内部控制缺陷对公司的融资效率及效果会产生消极影响,因为内部控制缺陷意味着公司内部人有更多的机会控制攫取私人收益,也意味着财务报表的可信性较差,这会损害外部股东及债权人的利益,使公司必须付出较高的资本成本,包括债权成本和权益成本,才能维持正常的融资需求。这也是造成这些公司难以进一步扩大经营规模的主要原因之一。

从以上学者的研究结果看,市场会对内部控制信息的披露结果产生反应,而反应程度会受到多方面影响。一般而言,有实质性缺陷的公司相对于有一般缺陷的公司来说,当其进行内部控制缺陷披露时,市场的反应更为强烈。而如果其披露缺陷细节,则会在一定程度上降低投资者的不安全感。除了股价上的波动外,内部控制缺陷的披露还会对上市公司的市场价值、审计定价、资本成本等产生消极影响,会进一步降低其市场价值,提高其审计费用及资本成本。当公司在披露之后的年度对内部控制缺陷进行修正时,市场往往会对这种整改有所响应,呈现出一种积极的态度,反映为股价有所上升,审计费用有所下降等。

## 第四节 内部控制评价文献综述

控制自我评价(Control Self Appraisal,简称 CSA)的概念由 Gulf Canada 公司于 1987 年首次提出。该公司在实施 CSA 后,某些萌芽状态的控制缺陷,在尚未给公司造成明显损失前就可以被发现,高级管理层也可以采取纠正措施,这使公司的风险控制水平得到了很好的提升。这种方法得到了国际内部审计协会(Institute of Internal Auditors,简称 IIA)的支持和推广,在全球范围内得以实践和应用。

具体来说,内部控制自我评价是一种内部审计技术和工具,要求管理层和相关业务人员参与考察内部控制执行的过程,并评价其实施结果,为企业目标的实现提供合理保证。近年来,国内外的很多学者都对其进行了研究。

**一、内部控制评价的作用**

Janet B. Morrill 等(2012)提出,在现有条件下,审计师的效率和效果往往是相互转化的,即如果审计师的审计效率较高,则其可能会忽视客户的某些潜在风险,从而影响审计效果。而如果想得到较好的审计效果,就必须以牺牲审计效率为前提,这会导致审计成本增加。而利用内部控制评价的相关成果,却可以解决这两者间的矛盾,使审计师在保证审计效果的前提下大幅度提高审计效率。他们给出了在获取审计经验阶段以风险为主要关注点的审计程序和以评价内部控制为先的审计程度的区别(如图 2-1),以说明以内部控制评价为基础的审计程序的优越性。

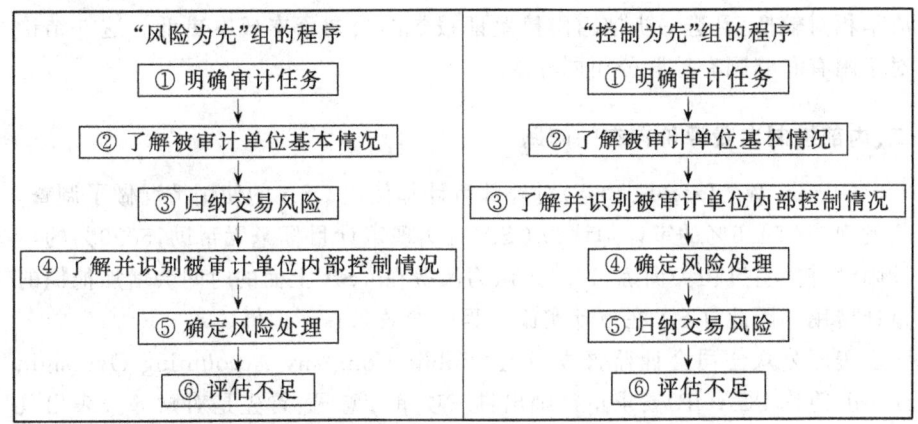

图 2-1 "风险为先"组与"控制为先"组的审计程序的区别

J. Reed Smith 等(2000)利用一个欺诈检测模型检验了内部控制评价与实质性测试间的关系。他们检验了在两步骤模型中,审计人员在第一个步骤中评价企业可能有舞弊行为与在第二个步骤中其采取实质性测试之间的相互影响,以及在这两个步骤中审计资源的分配问题。结果发现,不管审计人员如何分配审计资源,存在潜在的舞弊行为未被发现的可能性都是相同的。但是如果审计师将一部分审计资源分配给内部控制评价,则可能会使其节约一部分审计成本。

Arnold Wright(1996)指出,舞弊的发生、财务影响和起因与 CSA 实施的强度有关。Arnold Wright 挑取了包含 731 个错误陈述的 368 份有详细信息的审计意见,并随机抽取了 186 个作为随机截面数据。结果表明,随着内部控制评估强度变弱,审计判断错误发生的概率上升了,尤其是对收入的判断;并且,较差的内部控制会使企业资产、负债价值下降,而较强的内部控制则会使资产负债价值上升。Arnold Wright 认为,既然审计判断的错误很多都是由于恶化的内部控制评价引起的,则审计师的审计策略应随着内部控制评价的变化而有所改变。

张然(2012)等认为,管理层对内部控制的自我评价能够释放企业内部控制有效性的信息,有助于企业外部利益相关者的决策;而由审计师出具的内控鉴证报告则是对管理层所披露的内部控制信息公允性的鉴证。他们以2007—2010年期间沪深主板上市的A股公司年度报告或独立公告中披露的内部控制自我评价和鉴证报告为对象,研究其披露是否会降低企业资本成本。研究表明,在控制其他因素的情况下,披露内部控制自我评价报告的公司资本成本相对较低,且进一步披露内控鉴证报告的公司资本成本更低。这一结论对于国有和非国有控股公司同样成立。

**二、内部控制自我评价存在的问题**

Gilbert W. Joseph(2005)对外部审计师使用CSA的使用情况做了调查,他发现,有54.5%的审计师认为CSA对实现审计目标毫无帮助,50.0%的审计师没有接受过相关训练,13.6%认为浪费在CSA上面的时间会增加他们的审计费用。因此,CSA在审计实施过程中的效果并不理想。

美国公众公司会计监督委员会(Public Company Accounting Oversight Board,简称PCAOB)要求审计师出具三项审计意见:首先是对财务报表出具审计意见,其次是管理者对内部控制管理的有效程度,最后是要求审计师自身对内部控制出具评估意见。PCAOB审计5号准则强调审计师应对管理者评估的内部控制情况出具审计意见,但James H. Thompson(2012)认为这是没有必要的,他用世界500强企业2004—2007年的数据证明,由于PCAOB要求审计师自行对内部控制出具评估意见,而管理者又没有动机对其设计并实施的内部控制系统出具否定意见,因此,这一步可以省去,以节约企业成本。

Donna Dietz(2011)指出,CSA曾经是评估内部控制质量的关键性工具。尽管CSA可以有效地指出内部控制存在的问题,但观测大量员工行为的成本也是很高昂的,并且高级管理层与其他员工对内部控制的认识并不相同,尤其是在道德环境方面。员工对内部控制的观察角度通常比较微观,因此对内部控制能发挥的作用持悲观态度,认为内部控制是监督其工作的,而管理层通常是从公司整个宏观层面去看内部控制系统及未来发展的,所以他们总是无理由地对其保持着乐观的态度。Donna Dietz指出,虽然研究结论并没有明确地说明公司的内部控制情况比管理层估计的要糟,但由于员工认为内部控制系统是监督他们错误的威慑工具,因此这种惧怕也会使其减少舞弊行为,这和管理层的判断是一致的。

我国学者在21世纪初对内部控制自我评价概念进行了引进与探讨。早期文献的研究领域主要集中在上市公司内部控制披露的合规性及披露信息的有效性上。我国学者在对上市公司内部控制自评报告进行考察后,发现其内容多流于形式,且没有随内部控制环境变化进行更新。

如杨有红(2007)指出,管理层对内部控制的自我评价能够释放企业内部控制有效性的信息,有助于企业外部相关利益者的决策。他对2007年沪市公司披露内部控制自我评估报告的情况进行统计,分析企业内部控制自我评价对于实现内部控制三个基本目标——财务报告及相关信息真实完整目标、资产安全目标、合法合规目标的效果。他发现,2007年自愿披露内部控制自我评估报告的公司虽然比2006年有所增加,但占比仍然较低,上市公司主动披露内部控制自我评价的意愿不强。但将披露自我评估报告与未披露自我评估报告的公司进行对比,发现两类公司在财务报告的可靠性、资金管理与资产使用的合规性、经营的合法性方面均有显著不同。统计数据表明,就以上三个内部控制目标而言,披露自我评估报告的公司,其内部控制有效性更强。他还对《企业内部控制评价指引(征求意见稿)》提出了相应的政策建议。认为我国上市公司自愿披露内部控制信息意愿较差的还有杨雄胜等(2007),方红星等(2007),他们认为尽管《内部控制基本规范》(以下简称《基本规范》)与《企业内部控制评价指引》(以下简称《指引》)要求上市公司进行内部控制信息披露,但多数公司却未能遵守这一规定;陈关亭、张少华(2003),张立民(2003)等建议相关监管部门应强制企业进行内部控制评价报告披露,并由审计机构发表审核意见。

王惠芳(2009)还指出尽管为了确保财务报告的可靠性和准确性,美国《萨班斯法案》第404号提出了对财务报告内部控制评价进行强制披露和审核的要求。但这一制度的执行情况并不理想,很多人质疑内部控制强制披露要求给公司造成了过高的执行成本,并损害了公司竞争力。由于财务报告内部控制评价执行机制缺失,自评报告的强制性披露面临困境,因此必须通过执行机制的完善去促进财务报告内部控制评价报告的有效披露。

田高良(2011)从内部控制的三个关键点"内部控制实施、评价和审计师鉴证"分析了内部控制鉴证报告的信号失灵原因和甄别工具,采用我国上市公司数据进行检验并发现,公司披露鉴证报告与否和会计信息质量无关,但披露高质量(声誉)审计师签署的鉴证报告,公司的操控性应更低,会计信息质量更高。研究结果表明,内部控制鉴证报告作为传递内部控制信息的二次信号是失灵的,而审计师质量具有信号甄别的作用。

### 三、内部控制评价模型或框架的构建

内部控制自评方法早期的基本形式主要有引导会议法、问卷调查法和管

理结果分析法三种类型(林朝华、唐予华,2003)。实践中,自评方法在不断发展、创新。数学方法和模型的引进使内部控制自评结果有效地避免了主观性。

韩传模等(2009)在利用三维结构解析企业内部控制系统的基础上,建立了基于风险导向、示意结构的递阶层次指标体系,引进 AHP 系统工程方法,通过两两比较建立判断矩阵,求解具体控制措施到风险因素、次级控制目标直至战略目标的排序向量,整合单项控制措施模糊评价结论,得出企业针对主要业务流程和关键控制措施、主要风险因素、整体或单项控制目标的内部控制有效性、健全性和遵循度评分,从而为企业和注册会计师执行内部控制基本规范开展内部控制有效性评价提供了灵活适用的技术工具。

此后,韩传模等(2012)还在对 2008—2010 年我国上市公司出具内部控制自我评估报告情况进行分析的基础上,针对目前企业内部控制评价实施中的难题,依据我国内部控制应用指引,利用因子分析法对内部控制主要影响因素进行分类,构造带有权重指数的内部控制评价体系,在一定程度上解决了内部控制评价体系各影响因素难以量化的问题。

盛巧玲等(2012)以信息系统生命周期为基础,提出了信息系统内部控制评价指标体系;应用 AHP(层次分析法)确定了各指标的权重;借鉴能力成熟度模型的思想,建立了信息系统内部控制成熟度模型,为给各个指标评分提供了依据;通过专家打分,实现了对信息系统内部控制质量的定量综合评价,为评价信息系统内部控制质量提供了一种科学的方法。

张先治等(2011)根据内部控制目标建立了中国企业内部控制评价指标体系,其利用层次分析法,将内部控制目标分解为 4 级 61 个要素,在借鉴国外内部控制评价系统建立的基础上,结合中国企业的制度环境,根据内部控制理论、财政部等部门发布的《基本规范》和《指引》构建了中国企业内部控制评价系统。

吴秋生等(2011)认为,为了充分发挥内部控制评价的作用,节约内部控制评价成本,财务报表审计目的、完善目的、披露目的和内部控制审计目的的内部控制评价,应当进行一定的整合。他们根据不同目的内部控制评价在具体评价活动中所体现的内涵与协作需要,分别提出了外部主体内整合和内部主体内整合,将这两类整合并称为主体内整合,是第一层次的整合,同时对基础资料与评价方法共享的主体间整合,赋予了第二层次整合的概念,通过这两个层次的整合,能更好地服务于多角度的评价标准和实现多维的评价目标,更加有效地推进内部控制完善和提升内部控制评价报告的质量。

张兆国等(2011)通过对 COSO 目标的分解,得到了内部控制评价系统的指标,又通过 AHP 的方法获取了指标权重,进而构建了一个适合我国上市公司的内部控制评价体系。通过对 2008 年我国沪、深两市制造业及商品流通业 1 033 家上市公司相关数据的实证检验,证明该评价体系具有较高的有效性。

王立勇(2004)运用可靠性理论及数理统计方法来构建内部控制系统评价定量分析的数学模型,并结合内部控制案例加以评述。他指出,企业管理层在内部控制系统设计和评价时,应根据企业业务流程图设计内部控制系统的可靠性框图,并结合可靠性理论及数理统计知识建立系统中各个程序的可靠性模型和整个系统的可靠性模型。同时,可靠性分析对于审计师的评价工作具有同样的价值。

由于"内部控制评价系统模式局限于会计审计视角研究内部控制而忽略从管理控制角度"(杨雄胜,2005)构建的话,会产生问题,是一种"治标不治本"的举措(池国华,2010),"只有超越外部监管和外部审计的视角,真正站在内部管理的视角构建具有普遍适用意义的企业内部控制评价系统模式,才能从根本上解决问题"(池国华,2010)。因此,池国华(2010)站在与以往基于会计审计视角、集中于单一方面的研究不同的视角,即管理的视角,借鉴业绩评价理论成果,并整合现有的国内外内部控制评价相关标准,构建了一套具有普遍性指导意义的内部控制评价系统模式。该系统是由评价主体、评价客体、评价目标、评价指标、评价标准、评价方法和评价报告等基本要素所构成。他指出,只有合理构建并正确应用内部控制评价系统,才能不断地促进企业内部控制体系的有效实施与持续改进。他还对这些基本要素的设计进行了具体分析,为我国企业设计适用的内部控制评价系统提供了操作模板。

南京大学会计与财务研究院课题组(2010)利用 112 个企业案例,从微观层面近距离观察了近十年来中国大量出现问题的代表性企业,并且在发展国外研究的理论框架基础上,结合中国企业的实践,归纳与总结了中国企业内部控制的最突出的问题。案例研究得出的内部控制评价框架与 COSO 评价框架有着很大的差别,这意味着简单地套用 COSO 评价框架,对于中国而言,结果可能不理想。而他们总结的框架,为中国企业开展内部控制的自我评估提供了一个起点,同时也为中国政府在履行社会管理者职能时,对千差万别的企业内部控制进行统一严格监管时提供一个务实规范的标准框架,使企业内部控制制度通过政府监管变得全社会范围内可比可管,从而提高整个中国企业的内部控制水平。他们认为,应该进一步加强内部控制的环境建设,提高风险管理水平,完善控制活动和信息沟通,加大监控力度,这为我国企业指明了在今后的内部控制建设中应该努力的方向。他们还指出,中国企业内部控制评价制度的建立,必须以对企业内部控制有关信息实行强制性披露为前提。

陈凌云等(2010)指出,企业内部控制评价是企业内部控制执行机制的一个重要组成部分,这一评价过程主要包括管理层的自我评价和审计师的鉴证,是多方利益主体相互协调的结果。在企业内部控制评价中,管理层与审计师之间存在相互博弈,成本效益原则是该博弈的约束条件。他们运用贝叶斯法则,分析内部控制评价过程中系统内各方的信念修正及作用过程,考察内部控制评价中各利益主体的联动效应,构建了一个有效的分析框架。

王海林(2012)在分析了企业内部控制能力评价必要性、可行性的基础上,基于CMMI(集成的能力成熟度模型)给出了企业内部控制能力评价的IC-CM模型,该模型能对企业内部控制过程进行评价,反映企业内部控制能力成熟程度。主要包括3个维度:①能力评价的基础标准。②能力成熟度等级。③内部控制过程。他认为通过实施IC-CM模型,内部控制建设可以得到以下改进:①提高内部控制实施的预见性。②改进内部控制实施的可控性。③改善内部控制过程的有效性和效率。他提出,企业可以按照如下的步骤实施IC-CM模型:①明确企业需求。②诊断分析阶段。③确定改进后的过程。④改进的实施。⑤等级评定。在实施的过程中,应注意:①关注理论研究。②内部控制过程管理的规范化。③实施成熟度等级的提升要与企业实际状况相符合。④注重内部控制持续改进。⑤简化文档。

此外,还有学者以案例的形式讨论了内部控制评价体系的构建。

张谏忠(2005)以中国航油(新加坡)的暴仓事件为反面案例,对内部控制自我评价的理论背景和基本特征进行了介绍,并着重介绍了这一方法在上海宝钢国际经济贸易有限公司的实施。

戴彦(2006)运用A省电网公司的案例研究了内部控制评价体系的构建。文中提供了包含从"构建业务控制目标体系、流程分析和风险评估、控制点设计和关键控制点选择、评价指标及其标准设计、权重设定"到"现场测试和制度设计"等六个步骤的可行做法,而且较好地解决了审计范畴内部控制评价存在的局限性。他将业务控制目标体系的构建直接着眼于企业经营管理的需要,这从源头上超越了传统的"会计控制",保证了内部控制评价的全面性;并基于流程分析和风险评估过程设计的控制点奠定了详细指导、评价和改进的基础,从中精选出的关键控制点保证了评价能够重点突出;他还为指标及其标准设计、权重设定提供了"量化"和"综合"的功能,由此形成的管理标杆便于在不同机构间做整体或单项业务比较,从而拓宽了内部控制评价作为一项重要管理工具的适用面。

袁敏(2012)以戴尔公司为案例,讨论了因供应商大额支付款项错报、准备金不当会计处理造成的财务报表重述事项,并将财务报表重述与财务报告内部控制重大缺陷联系起来,分析了戴尔公司财务报告内部控制管理层评价及审计师报告,最后从正确看待财务报表重述与重大缺陷的关系、正确理解和应用管理层的评价报告和审计师的审计意见、充分理解"内部控制是一个过程"的理念等方面进行了评述。

## 第五节　本章小结

本章对国内外内部控制缺陷及评价的相关文献进行了综述。在内部控制缺陷主题下,本章从内部控制缺陷公司自身特征、内部控制缺陷与会计盈余之间的关系、内部控制缺陷与IT系统之间的关系、内部控制缺陷公司治理结构特征、内部控制缺陷与审计师的关系及内部控制缺陷间的关系等方面进行了综述。另外,还研究了存在内部控制缺陷公司的市场价值及债务资本成本。从综述结果看,小规模、业务复杂、财务水平较差、经历过审计师变更和财务报告重述、近期内有兼并重组行为、盈余具有较低的稳健性、信息系统较弱的上市公司容易出现内部控制缺陷。而其公司治理也会较差,表现为审计委员会设立时间短或未设立、规模小、独立性差,董事会质量不佳,董事长与总经理二职合一。因此,企业在进行内部控制及评价系统建设时应对上述环节进行重点筹划,而注册会计师在进行内部控制审计时也应对有以上特征的公司格外审慎。另外,内部控制缺陷与上市公司的市场价值及债务资本成本相关,内部控制缺陷的产生对其市场价值及债务资本成本的高低会产生影响。

在内部控制评价的主题下,本章从内部控制评价的作用、内部控制评价存在的问题及内部控制评价模型或框架的构建三方面对相关文献进行了总结。内部控制评价可以使内外部审计资源得到共享,节省审计成本;并且根据信号传递原则,投资者会认为有良好内部控制及评价系统的公司管理质量及盈利稳定性较好,这样会提高公司资本市场筹资效率,降低公司资本成本。我国上市公司总体存在主动披露内部控制自我评价结果意愿不强、内容不具备实质意义等问题。此外,目前我国上市公司的内部控制评价体系还有待完善。因此,有很多学者用各种方法如AHP系统工程方法、调查问卷法、信息系统生命周期、可靠性理论及数理统计方法、案例分析法、贝叶斯法则及IC－CM模型等构建内部控制评价体系,这对我国监管方评价工具的制定和评价方法的选择起到了借鉴作用。

# 内部控制缺陷及评价的理论基础和制度背景

内部控制缺陷会妨碍企业实现经营目标,降低管理层用以进行决策的信息质量,在某种程度上,它是阻碍社会和企业不断完善和加强自身建设的规则漏洞。内部控制缺陷必须及时发现并尽早治理,因为其会损害企业的风险防护系统,增加企业的经营风险及财务风险,使企业更容易出现舞弊及错漏,同时,它也会增大企业利益相关者遭受不必要投资损失的风险概率。和内部控制缺陷治理有关的理论主要有投资者保护理论、信息不对称理论等。

## 第一节 内部控制缺陷治理及评价的相关理论

**一、投资者保护理论**

国际证监会组织(International Organization of Securities Commissions,简称 IOSCO)将投资者保护定义为:投资者应当受到保护以免被误导、操纵或者被欺骗,包括内幕交易、插队交易、滥用客户资金等。即投资者应在健全的机制下,获得真实公允的会计信息,以避免受到公司控股股东和内部人带来的利益侵害,从而降低自身投资风险。La Porta 等人(2002)认为,若一国监管当局对上市公司投资者的利益没有较完善的保护,则该国企业规模将比投资者保护较好的国家的企业规模小。因为当投资者认为其利益可能被大股东侵害的时候,他们为这些公司股票付出较高价格的意愿会大大降低。在这种情况下,有些极端的公司甚至会退出资本市场,无法继续融资。因此,LLSv(2000)认为投资者保护非常重要。投资者保护主要通过选举董事、参加股东大会、召集特别股东大会等方式进行,而内部控制的基本功能之一即为对管理层权限进行合理设置并使权利能够相互制约,因此良好的内部控制制度可以较好地防止控股股东将企业资源转移。反之,存在内部控制缺陷的公司管理层会对企业资产进行直接转移,如偷盗或用较低的不合理的价格将企业资产出售给自身的关联企业等,或间接转移,如利用股权稀释等办法减少外部股东的现金流权,以转移企业收益。刘林、郝洪(2006)曾指出公司治理变革可以作为加强中小投资者权益保护的途径,因为"较好的公司治理机制能增加控股股东的掠夺成本,使得控股股东必须对股权融资的收益与控制权损失进行权衡[①]",可以有效保护中小投资者权益。因此,基于保护投资者权益保护的视角,企业及有关监管部门应积极制定内部控制机制的相关规定,并对内部控制制度是否存在缺陷进行评价,以更好地对其进行完善和改进,进而保护投资者的合法权益。

## 二、信息不对称理论

Akerlof(1970)在其论文《柠檬市场:质量不确定和市场机制》中首先提出了信息不对称理论,该理论认为,信息在交易双方间的不对称分布会对交易行为和市场效率产生重要影响,从而导致逆向选择和道德风险问题,降低市场运行效率。在市场中,信息多方可以通过向信息贫乏方传递可靠信息获益。在资本市场中,这种信息不对称往往表现为两个方面:一是公司内部的经营者和股东之间存在着信息不对称;二是在证券市场上,大股东及机构投资者和广大中小投资者之间也存在着信息不对称。通常情况下,上市公司的经营者、大股东及机构投资者拥有相对真实而完善的信息,而广大中小股东则处于信息劣势地位,他们只能根据管理层披露的信息间接地为其决策寻找依据。在此情况下,投资者的资金可能流入到经营质量低下的公司,即出现逆向选择;而经营者则由于缺乏有效的约束监督机制,会出现自利行为从而损害投资者的利益,即产生道德风险。良好的内部控制机制能促使信息及时、无障碍地流通于公司内部并能使其对外披露信息更加真实公允,而存在内部控制缺陷的内部

---

[①] 刘林,郝洪.股票全流通改革与投资者保护制度创新设计[J].改革与战略,2006(7):42-45.

控制机制则不能消除或减少信息不对称程度。因此,应对内部控制系统进行评价,挖掘缺陷进行整改,以在一定程度上消除经营者的信息优势,避免由信息不对称造成的逆向选择和道德风险问题。

### 三、信号传递理论

1974年,Spenee将信号传递理论引入经济学,其在论著《市场信号:雇佣过程中的信号传递》中分析了市场中具有信息优势的个体如何通过信号传递将信息传递给处于信息劣势的个体,以实现有效率的市场均衡。信号理论主要包括信号传递和信号甄别两部分。信号传递是指通过可观察的行为传递商品价值或质量的确切信息。信号甄别是指通过不同的合同判定真实信息。该理论可以解释公司在没有强制披露的要求下也自愿进行信息披露的动机。由于资本市场具有信息不对称的特质,为争夺投资者,上市公司不得不对自身的财务及经营情况进行详细披露。而投资者也认为,如果企业具有稀缺资源或竞争优势,则其更乐于披露这些利好信息。对于不进行披露的公司,他们有理由怀疑公司前景的不确定性,认为其隐瞒了坏消息,从而放弃投资,或即使进行投资,也会要求提高相应的投资报酬率,因为投资者认为自己承担了较高的风险,这将加大公司的资本成本。因此,发展前景良好的公司更乐于披露内控信息,以和那些有着较差数据的公司区分开来,进而减少交易成本。而内部控制信息也属于披露信息的一部分,且由于内部控制建设的完备性会影响会计信息的可靠性和真实性,因此,其应受到广大投资者的格外注意。内部控制有效,意味着其经营效率性可以得到保障,所以公司价值也就越高。因此,内部控制健全的公司,必然会积极披露自身的内部控制情况,而那些稍有缺陷的公司也会披露自身的问题和拟采取的改进措施,只有那些存在实质性缺陷却无法弥补的公司会一再隐瞒自身的内部控制建设情况,最终被市场所淘汰。因此,基于信号传递理论,公司应积极建设内部控制体系,及时对其有效性进行评估,并认真修正自身的内部控制缺陷,将相关信息进行主动披露,以获得投资者的认可和青睐。

### 四、委托代理理论

1973年,S. Ross在其论著《代理的经济理论:委托人问题》中给出了委托代理的概念,这也是该概念首次被正式提出。[①] 委托代理理论以非对称信息博弈论为基本出发点,认为委托人和代理人之间信息存在严重不对称,委托人雇佣代理人为其提供服务并对其支付报酬,但对代理人的具体行为特征并不了解或保持理性的无知。委托代理理论提倡,应使所有权和经营权分离,企业所有者即委托人仅保留剩余索取权,而将经营权让渡给管理者。但由于两者的利益目标并不完全一致,委托人的目标是企业价值最大化,而代理人的目标是更多的报酬、休息时间及良好的声誉,因此,代理人会利用委托人的信息劣势对其进行欺诈,进而为了满足自身的利益需求而损害委托人的权益。在这种情况下,委托人可以通过制定契约来约束代理人的行为,也可以令代理人对其执行情况的细节进行披露以监督其履行契约的程度。而内部控制正是这样的一种契约,它能通过对董事会、资本结构、股权激励等进行规划,反映管理层的受托责任履行情况,在一定程度上保护委托人的利益不受侵害,帮助委托人即股东和债权人做出正确决策,同时也便于委托人对履约情况较好的管理者进行激励。但是存在缺陷的内部控制系统则不能产生以上收益。因此,从委托代理的角度看,通过内部控制评价发现内部控制缺陷,并对其进行改正,能使委托人和代理人的矛盾得到有效调节。

**五、信誉机制理论**

在资本市场中,企业间的利益行为往往不是一次性的,而是一组长时间的、多次的博弈活动,信誉即是在这种情况下产生的,它是企业主体为了获得长期经济利益而做出的遵守交易规则的承诺。张维迎(2001)指出,厂家在乎自己对信誉的需求来源于信息经济学中的信息不对称。信誉就是指掌握信息的一方不骗对方的承诺。[②] 信誉机制之所以重要,是因为有信誉的交易,其成本会低于无信誉的交易。没有信誉的交易,会使不掌握信息优势的一方,加大其检验成本,或者会要求更高的赔偿金,或者会花更高的成本去寻觅更可靠的交易伙伴。而这无疑会导致浪费整个社会的资源。此外,信誉机制还可以促进市场繁荣。如果消费者认可某种产品,他会成为这种产品的忠实用户。换句话说,他认为该种产品的价格可以很好地反映它的价值。比如华为手机占

---

① S. Ross 认为,委托代理是"如果当事人双方,其中代理人一方代表委托人一方的利益行使某些决策权,则代理关系就随之产生"。

② 张维迎.信誉约束经济秩序无形的手[J].时事报告,2001(11):34-40.

有率近年来逐渐提高,人们不再去购买进口的三星、苹果,这就使国产手机市场逐渐繁荣起来。相反的,如果某个行业发生了违背信誉机制的问题,则会使该行业整体萎缩。比如三鹿奶粉事件发生以后,很多消费者不再购买国产奶粉,而去海外市场上购买令其放心的奶粉,三鹿一个企业的行为违规,造成整个国产奶粉行业市场占有率的下降。

企业应遵循信誉机制,是因为交易是长期的,如果不守信,就会被市场所惩罚,比如上文举例的三鹿集团股份有限公司,最终于2009年2月12日宣布破产,并被三元集团收购。有效的惩罚机制是信誉机制的保证,如果违规成本过低,信誉机制将失去约束性。近年来,网络的发展也间接促进了信誉机制作用的发挥。消息不再闭塞的结果是使更多的人了解企业对信誉机制的遵循程度,从而使企业更注意自己的经济行为。因此,舆论的监督也是企业重视信誉的推动力。

对于内部控制而言,内部控制制度建设完善的企业具有更好的市场信誉,因为内部控制可以保证企业内部运营流程的合法性及合规性,而具有内部控制缺陷的公司,其信誉的履行情况在一定程度上会受到其他企业及消费者的怀疑,如一个在资金管理方面存在内部控制缺陷的公司,在融资的时候,会被质疑是否能专款专用,是否会将款项用于其他高风险项目,甚至是否存在骗款嫌疑,从而会被拒绝放款或提高放款利息。因此,内部控制制度的健全程度在一定程度上也影响了企业的交易成本或资本成本,企业应通过内部控制评价对自身内部控制系统的有效性进行评估,从而不断发现内控瑕疵,持续改进内部控制系统,提高企业经营管理水平和信誉水平,进而降低成本。

综上所述,一方面,公司出于树立良好形象,减少交易费用,降低信息不对称成本及解除委托代理责任等目的,会建立健全内部控制制度;另一方面,广大消费者由于希望其利益得到良好保护,也会对上市公司内部控制建设情况进行监督。因此,减少内部控制缺陷,对保护广大投资者及公司自身利益都会起到积极作用,这两者之间是相互促进的关系。笔者制作了框架图来表示其间的关系,如图3-1所示。

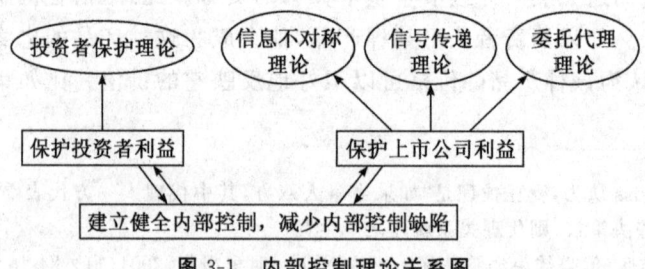

图3-1　内部控制理论关系图

## 第二节　内部控制缺陷治理及内部控制评价制度的演进

内部控制最早在20世纪40年代出现于美国,当时其主要的关注点为内部牵制,重点勘查企业内部制约机制是否完善,用以查错防弊。1992年,美国"反对虚假财务报告委员会"下属的COSO委员会提出报告《内部控制——整合框架》,使人们对内部控制首次给予了高度重视。杨雄胜指出,"一个企业要想吸引众多优秀人才加入进来,它的规则必须具有高度的弹性和相容性,甚至可以不惜改变自己沿袭已久的一些规则",从而使内部控制"成为吸引培养优秀人才的保证,而不应该是障碍"。[①] 这说明内部控制制度是在不断适应环境变化中发展的,也说明在一定时期内,内部控制的局限性是客观存在的。然而,内部控制的局限性与内部控制缺陷却并不等同。后者是一种程序纰漏,它会阻碍内部控制系统作用的发挥,还会妨碍企业内控目标的实现,导致重大隐患。因此,内部控制的局限性可以在实践中不断改进,而内部控制缺陷则必须被及时发现并尽快整改,以降低企业风险。近年来,世界各国也针对内部控制缺陷的治理制定了相关制度。由于美国是世界上最早对内部控制缺陷治理途径进行研究的国家,且其研究成果也最为丰富,因此,本书首先对美国内部控制缺陷治理法律法规的制定历程进行分析,以期得到借鉴与启示。

**一、美国内部控制缺陷治理制度及内部控制评价制度的演进过程**

（一）内部控制缺陷的提出

1929年,美国股市崩盘,其经济受此打击也开始走上了漫漫的大萧条之路。美国证监会开始寻求建立健全企业内部控制系统的途径与方法,并就激励机制、内部检查机制及外部监督机制等进行了探讨。这也是美国最早意识到应对内部控制进行研究。

1934年,美国成立了证券交易委员会(Securities and Exchange Commission,简称SEC),它具有规范市场行为和监管功能。同年,SEC颁布了《证券交易法》,首次提出了"内部会计控制"这一术语,并指出内部控制是避免美国

---

① 杨雄胜.内部控制的性质与目标:来自演化经济学的观点[J].会计研究,2006(11):45-52.

再次出现经济崩溃的重要措施,因此,上市公司应建立能为其经济行为提供合理保证的内部控制系统并应进行信息披露。该法案在一定程度上规范了上市公司的管理行为,是后续内部控制相关法案的规则基础。1936年,美国会计师协会发布了《注册会计师对财务报表的审查》,首次提出了"内部控制"的概念,并提出了以内部控制为基础的审计程序。文件指出,内部控制是为了保护企业现金及其他资产而采取的簿记检查等手段。这是美国首次将审计与内部控制联系起来,要求审计师对内部控制进行检查,也是后来的《萨班斯法案》核心思想的雏形。1939年,美国会计师协会下的审计程序委员会(Committee on Auditing Procedure)发布了《审计程序公告第1号》,要求对内部控制进行审查。1947年美国会计师协会又发布了《审计准则暂行公告》(TSAS),提出审计程序应以内部控制为基础。

1949年,审计程序委员会发表了报告《内部控制:一种对管理层和注册会计师起到重要作用的协调系统因素》(Internal Control: Elements of Coordinated System and Its Importance to Management and the Independent Public Account),首次正式定义内部控制为"内部控制包括组织结构设计,及企业为实现经济目的而采取的所有协调措施"。该报告认为内部控制应能够保护企业财产,检查会计资料的可靠性,并提高管理层的执行效率。相比较内部会计控制而言,它首次将内部控制范围扩展至财务监督之外,使美国内部控制进入内部控制制度阶段。

总的来说,内部控制是一个可以使公司契约缔结更为流畅的保证机制,但其本身也有可能出现问题,从而导致缔结过程的不完善及缔结目标的严重偏差,即内部控制缺陷会造成组织结构的控制失效。正因为如此,在对内部控制进行探索的过程中,对内部控制缺陷的治理也成为一个重要的话题。

1950年,美国政府发布了《会计与审计法案》,提出政府各管理层应负责建立并维护内部控制系统。这是美国首次将建立内部控制系统列为政府应承担的职责之一。1963年,美国注册会计师协会又发布了《审计程序公告第33号》,指出如果审计人员认为对管理控制进行监督评价有益于财务报告的正确性,则可以采取行动,这个公告将审计人员的视野从财务会计领域扩展到内部控制领域,有效地提高了其审计的准确性。

1972年发生的"水门事件"(Watergate Scandal)成为美国历史上最恶劣的政治丑闻事件之一。该事件使内部控制再次成为美国政府和公众关注的焦点。1977年,美国国会通过了《反国外行贿法案》,规定上市公司应建立健全内部控制系统,指出建立不充分的内部控制系统属于违法行为。《反国外行贿法案》成为首个强制要求上市公司进行内部控制设计的成文法规。它使公司更加关注其内部控制系统,并越来越频繁地将其内部控制情况通报给股东。同时,它也第一次使内部控制缺陷成为管理层所关注的重要问题。

1992年美国 Treadway 委员会颁布的《内部控制——完整框架》(Internal Control-Integrated Framework),即 COSO 报告指出,内部控制缺陷是"那些被察觉到的、潜在的或已经实际发生的缺点,但也可能是通过强化了的措施可以给组织带来目标实现的更大可能性"。根据该定义,内部控制缺陷主要是一些无法被纠正的企业生产经营过程中的计划执行偏差,这种偏差会导致企业无法达到既定目标。这是内部控制缺陷的概念被首次明确地提出。为了使内部控制系统更加有效,内部控制缺陷治理及内部控制评价制度逐渐发展起来。

(二)内部控制评价制度的发展

1978年,美国注册会计师协会、美国审计师责任委员会提出了《科恩报告》,指出管理层除了应提供财务报告外,还应提交对企业内部控制系统是否存在缺陷进行评价的报告,同时,应由注册会计师对其评价结果进行鉴证,并出具证明报告。

1979年,SEC发布了征求意见稿《管理当局内部会计控制的报告》,就是否应强制上市公司提交内部控制评价报告及对其审计广泛征求意见。该意见稿认为,管理层重要的职责之一是建立健全公司内部控制系统。内部控制系统是否有效,对于投资者评价管理层的经营业绩和职责履行情况而言,是十分重要的。美国注册会计师协会还在同年成立了内部控制特别顾问委员会(Minahan委员会),以更好地为企业建立和评价内部控制提供指南。

1980年至1985年期间,人们对内部控制制度的关注度进一步提高。美国注册会计师协会发布了《审计准则公告第30号——内部会计控制的报告》,指出注册会计师应检查企业内部控制结构是否完整。内部控制审计可以是独立程序,也可以与财务报表审计一同进行。1982年,美国国会通过了《联邦管理者财务诚信法案》(FMFLA),该法案要求管理当局必须设立、维护内部控制系统,并持续评估内部控制系统的完备性,以避免出现内部控制缺陷。该法案强调管理层应保证内部控制系统的有效性,当内部控制系统出现缺陷时,管理层应披露并采取行动来改进存在的问题,还应向公众揭示其改正的进度与状况。同年,美国政府管理预算办公室(OMB)发布了 FMFLA 的执行指南《评估、改进和报告联邦政府的内部控制系统》,详细地解释了内部控制评估的具体步骤。

从 1985 年起,内部控制专业准则发展进入了繁荣时期。1985 年,由于一系列会计舞弊事件的揭露,美国国会下属的委员会召开听证会,讨论如何解决公众对财务报告真实性有所怀疑的问题,提出管理当局应对内部控制系统进行评价,并由外部审计师进行鉴证。

1992 年,Treadway 委员会颁布了《内部控制——完整框架》,即 COSO 报告,标志着美国的内部控制研究进入了内部控制整体框架阶段。该报告完整定义了内部控制,为公司内部及外部人员的内部控制评价提供意见指导,并提供了进行内部控制评价的有效工具。COSO 报告认为内部控制的目标为:保证经营的效率和效果,保证财务报告的可靠性和公司对法律法规的遵从性。

1993 年,美国审计准则委员会汇编发布了《鉴证业务准则第 1 号——鉴证准则》,同年,颁布了《鉴证业务准则第 2 号——与企业财务报告相关内部控制报告》和《鉴证业务准则第 3 号——符合性鉴证》。这些准则的颁布,为公司管理层及审计师提供了内部控制评价所需的规则、程序和注意事项。1995 年美国注册会计师协会发布了《审计准则公告第 78 号》,提出了内部控制五要素:控制环境、风险评估、控制活动、信息与沟通、监督。五要素全面覆盖了内部控制的各个方面,构建了一个整体框架,为内部控制的动态发展奠定了新的基础,也给出了挖掘内部控制缺陷的具体方向。

2006 年,SEC 又颁布了《管理层内部控制评估概念公告》及《管理层内部控制评估解释性指南(征求意见稿)》,对管理当局如何对内部控制系统进行评价给予了指导与规范。

2007 年美国公众公司会计监督委员会颁布了第 5 号审计准则《与财务报告审计相结合的内部控制审计》,取代了第 2 号审计准则。该准则强调审计应采用自上而下的方法,并遵循风险导向原则,要求审计师对企业进行内部控制审计时,应对公司的规模及经营复杂性进行评价。由于《萨班斯法案》第 404 号条款严格要求美国上市公司对其内部控制进行审查,导致其成本普遍上升,引起本土公司及海外公司的退市潮,为了不使这部分公司离开美国证券交易市场去别国上市,5 号审计准则对审计标准进行了调整,不再强制要求审计师对管理层出具的内部控制评价报告是否有效发表意见,并允许其使用之前的审计成果,而不必每一年都独立于上一年进行重新审计。5 号审计准则指出:"对那些没有以合理可能性导致财务报表发生重大错报的控制来说,即使存在缺陷,也没有必要进行测试。"该准则还对重大缺陷和实质性缺陷的定义进行了重新修订。

需要指出的是,在对内部控制进行评价时,应注意内部控制缺陷与内部控制局限性的含义并不相同。COSO 报告指出:"内部控制体系无论设计和运行多么好,都只能对主体目标的实现向管理层和董事会提供合理(而非绝对)的保证。目标实现的可能性受到所有内部控制体系都存在的固有局限的影响。"也就是说,即使内部控制制度设计得非常健全,执行也没有偏差,它还是只能在一定范围内为上市公司的经营目标提供保证。如果上市公司无法实现组织目标,那么我们并不能说其内部控制系统一定存在缺陷。因此,上市公司管理层在评估内部控制系统是否存在缺陷时,应区分内部控制的固有局限和内部控制缺陷。COSO 列举了内控局限性的典型表现:决策过程中可能出现的错误判断、执行过程中可能出现的错误或过失;因勾结串通或管理层越权而导致的内控制度失效;控制带来的收益与执行控制成本之间的权衡。

(三)内部控制缺陷治理制度的发展

由于内部控制系统存在着固有的缺陷,因此,如何及时准确地发现内部控制系统存在的问题,并通过对内部控制制度漏洞进行修复以更好地完善内部控制体系,成为公司管理者、监管机构和审计人员共同关注的问题。

1988 年,美国注册会计师协会发布了《审计准则公告第 55 号——财务报表审计中对内部控制的考虑》。首次用"内部控制结构"一词代替"内部控制",指出"企业的内部控制结构包括为保证企业特定目标的实现而建立的政策和程序"。在该报告后,内部控制不再区分管理控制和会计控制,而是区别为三个要素:控制环境(control environment)、会计制度(accounting system)、控制程序(control procedures),自此,"三分法"取代了"制度二分法"的概念,控制环境正式成为内部控制结构的必要组成部分。该报告强调了管理当局对内部控制的重要作用,还要求注册会计师为在企业财务报告审计过程中发现的控制风险提供意见。

同年,SEC 发布了《管理当局责任的报告》,提出上市公司应对其内部控制结构进行评估,包括审计委员会的情况、资产的安全性、交易的授权及记录等,并告知公众。1989 年美国国家审计总署(GAO)建议强制披露企业经审计的内部控制报告,但遭到了反对,未形成最终提案,因此,在这个时期,企业的内部控制信息披露一直属于自愿范畴。1991 年,美国国会通过了《联邦储蓄保险公司利用法》,该法律规定,所有资产超过 5 亿美元的银行都应提交由审计师验证的内部控制报告。该法案为美国联邦政府金融系统的安全性提供了有力保证。

1998 年,巴塞尔银行监督管理委员会发布了《银行机构内部控制体系框架》(Framework for International Control System in Banking Organizations),该体系对银行的内部控制从高管、监督和风控三个方面进行了规范,强调了银行内部控制应以高级管理层为主导,明确了管理者在内部控制中的责任与法律义务,指导其对内部控制系统进行检查和监督,并认为银行内部控制应该坚持以风险防范为主要目标。该体系成为当时金融业最为全面的内部控制规范,为后来的《萨班斯法案》的提出奠定了理论基础。

2001年,美国安然、世通等公司不断爆出恶性财务丑闻,使公众丧失了对公司会计信息真实性的信心,美国政府为复兴资本市场,重树投资者信心,于2002年7月出台了《萨班斯—奥克斯利法案》(全称《公众公司会计改革与投资者保护法案》),也称《萨班斯法案》,要求上市公司保证其财务信息真实可靠,并保证其与财务信息相关的内部控制制度完善有效,如上市公司内部控制系统存在缺陷,则其CEO和CFO将受到法律的制裁。该法案还提出应全面修订会计准则,并提议建立监管机构以规范上市公司审计,要求审计师定期轮换,以防止其与雇主勾结联合舞弊,并对其提供的咨询服务做出限制。另外,该法案重新规范了审计委员会成员的构成标准,规定上市公司应及时披露内部控制评价报告和财务报告。该法案在保护投资者、强化会计监管及信息披露方面起到了重要作用,有效地促进了上市公司治理结构的完善,避免了内幕交易的发生。该法案要求上市公司建立健全内部控制系统,其中的第404节条款,要求上市公司管理层评价并披露与财务报告有关的内部控制制度是否有效。该法案还要求上市公司对已经存在的内部控制缺陷进行改正,这造成美国上市公司不得不付出高昂的成本以改进其内部控制机制,防止其出现内部控制缺陷,也导致了大量无力负担此成本的公司退市,因此该法案被称为历史上最苛刻的法律条款之一。

2004年9月,COSO委员会发布了《企业风险管理整合框架》,简称ERM框架,将企业风险管理分为内部环境、目标制定、事项识别、风险评估、风险反应、控制活动、信息和沟通、监控等八个相互关联的要素,这些要素共同构成了风险管理机制。《企业风险管理整合框架》再一次提醒管理层注意内部控制的局限性。如该框架指出,目标设定为企业风险管理的首要步骤,因为企业要辨别影响其自身目标实现的事项,并根据事项的不同,选择自身的风险偏好及风险容忍度。这说明企业中的某些风险是不能通过内部控制制度避免的。但同时也可以看到,尽管内部控制的局限性不能为企业目标的实现提供绝对保证,但却可以为其提供合理保证,这是有缺陷的内部控制系统无法做到的。而且,内部控制缺陷是管理者在设计内部控制制度时被忽略的不足,或者由于制度没有被严谨执行而产生运行结果的偏差,而内部控制局限则是由于如成本效益等原因，基于管理者的风险容忍度而形成的已事先预留的风险敞口，或者即使严谨地执行内部控制也无法实现企业目标的可能性。虽然内部控制缺陷和内部控制局限性都会导致企业经营目标的偏差或无法实现，但为了科学评价企业内部控制情况，还是应该对其进行严格的区别。

在具有里程碑意义的《企业风险管理整合框架》颁布后，美国政府及公众所关注的焦点向小企业内部控制转移。由于美国小企业数量占美国企业总数的 90%，因此，小企业内部控制的完善性决定了美国企业整体的治理水平。2005 年 10 月，普华永道会计师事务受 COSO 委员会委托，发布了《小企业财务报告内部控制指引（征求意见稿）》，随即，在 2006 年 7 月又发布了该指引的定稿（以下简称指引）。指引认同《内部控制——整体框架》中关于五要素的提法，并给出了对五要素是否存在缺陷进行评价时所应遵循的 23 项原则。该指引还给出大量相关案例，便于小企业对指引进行深入解读。与先前的《内部控制——整体框架》及《企业风险管理整合框架》相比，它更偏重于实务操作，弥补了之前框架类准则可操作性不强的缺点。

同年 8 月，国际会计师联合会(IFAC)下属的工商业界职业会计师委员会(PAIB)会还发布了一项研究报告《从风险角度看内部控制》(Internal Control from a Risk-Based Perspective)，这份报告通过对 10 名高级注册会计师进行访谈，探讨了企业内部控制系统缺陷与风险管理完善性之间的关系，为内部控制实务指南的制定奠定了理论基础。

2011 年，PCAOB 发布了新的概念公告《审计独立性与会计师事务所强制轮换概念公告》，要求强制实施会计师事务所轮换，以便提升注册会计师对公司审计的独立性与客观性，更好地保持职业怀疑，减少内部控制缺陷。2012 年，美国审计署又发布了最新的《政府审计准则》。该准则提出了独立性概念框架，以帮助注册会计师确定、评估并应用风险防范措施，保证注册会计师在名义及实质上独立，解决独立性不足给其带来的威胁。该准则还对注册会计师为被审计单位提供的非审计服务提出了一般要求，要求其应考虑该非审计服务对独立性是否会产生影响，并对此问题进行评估和解决。

美国是世界上第一个对内部控制缺陷加以关注并形成具体法律的国家，内部控制信息披露从自愿性披露到强制性披露的过程，体现了其监管者和公众对内部控制重视程度的不断加强；而内部控制审计从每年必须独立评审到可以借鉴以往评审结果的改变，则体现出在保证内部控制质量的同时，其审计成本亦是监管者考虑的重要问题。表 3-1 是一份美国内部控制评价及内部控制缺陷治理准则一览表。

表 3-1 美国内部控制评价及内部控制缺陷治理准则一览表

| 年份 | 准则、报告或制度名称 | 作用或意义 |
| --- | --- | --- |
| 1934 年 | 《证券交易法》 | 首次提出"内部会计控制"概念 |
| 1936 年 | 《注册会计师对财务报表的审查》 | 首次提出"内部控制"的概念 |
| 1939 年 | 《审计程序公告第 1 号》 | 首次提出对内部控制进行审查 |
| 1947 年 | 《审计准则暂行公告》 | 提出审计程序应以内部控制为基础 |
| 1949 年 | 《内部控制:一种对管理层和注册会计师起到重要作用的协调系统因素》 | 扩展了"内部控制"的内涵,不再局限于财务角度 |
| 1950 年 | 《会计与审计法案》 | 明确了政府部门对内部控制的责任 |
| 1977 年 | 《反国外行贿法案》 | 首次强制要求上市公司建立健全内部控制系统 |
| 1978 年 | 《科恩报告》 | 提出管理层应评价公司内部控制系统是否存在缺陷,注册会计师应对其结果进行审计 |
| 1979 年 | 《管理当局内部会计控制的报告》 | 征求是否可以强制要求上市公司披露内部控制缺陷情况,并由注册会计师进行鉴证的意见 |
| 1980 年 | 《审计准则公告第 30 号——内部会计控制的报告》 | 指出审计师应对公司内部控制结构是否存在缺陷进行审计 |
| 1982 年 | 《联邦管理者财务诚信法案》 | 规定管理层对内部控制系统的有效性负责,如系统存在缺陷,则应向公众披露其改进的情况 |
| 1982 年 | 《评估、改进和报告联邦政府的内部控制系统》 | 详细地解释了内部控制缺陷评估的具体步骤 |
| 1983 年 | 《评估、改进和报告联邦政府的内部控制系统》 | 解释了内部控制评估的具体步骤 |
| 1988 年 | 《管理当局责任的报告》 | 提出上市公司应评估其内部控制结构缺陷,并向公众披露其评估结果 |

续表

| 年份 | 准则、报告或制度名称 | 作用或意义 |
|---|---|---|
| 1988年 | 《审计准则公告第55号——财务报表审计中对内部控制的考虑》 | 用"内部控制结构"一词代替"内部控制",在内部控制结构中加入内部控制环境要素 |
| 1991年 | 《联邦储蓄保险公司利用法》 | 规定资产超过5亿美元的银行应提交经过审计的内部控制报告 |
| 1992年 | 《内部控制——完整框架》 | 完整定义内部控制,提供了进行内部控制评价的有效工具 |
| 1993年 | 《鉴证业务准则第1号——鉴证准则》;《鉴证业务准则第2号——与企业财务报告相关内部控制报告》;《鉴证业务准则第3号——符合性鉴证》 | 为公司及注册会计师进行内部控制评价提供规则 |
| 1995年 | 《审计准则公告第78号》 | 提出了内部控制五要素:控制环境、风险评估、控制活动、信息与沟通、监督,为内部控制缺陷查找提供方向 |
| 1998年 | 《银行机构内部控制体系框架》 | 对银行的内部控制从高管、监督和风控三个方面进行了规范 |
| 2002年 | 《萨班斯—奥克斯利》法案 | 令CEO及CFO对其财务报告的真实性及与财务报告相关的内部控制制度的有效性负责,并要求审计师出具审计证明 |
| 2004年 | 《企业风险管理整合框架》 | 将企业风险管理构成分为八个相互关联的要素,间接给出了内部控制局限性的定义 |
| 2005年 | 《小企业财务报告内部控制指引(征求意见稿)》 | 给出对内部控制五要素进行评价应遵循的23项原则,并提供大量案例供小企业参考 |
| 2006年 | 《小企业财务报告内部控制指引》(定稿) | 同上 |
| 2006年 | 《管理层内部控制评估概念公告》;《管理层内部控制评估解释性指南(征求意见稿)》 | 指导并规范了管理当局内部控制评估的程序和方法 |

续表

| 年份 | 准则、报告或制度名称 | 作用或意义 |
|---|---|---|
| 2007年 | 《与财务报告审计相结合的内部控制审计》 | 要求对公司的规模及经营复杂性进行评价 |
| 2011年 | 《审计独立性与会计师事务所强制轮换概念公告》 | 要求强制实施会计师事务所轮换 |

资料来源：作者编制。

可以看到，尽管美国是目前世界上内部控制研究最为先进的国家，内部控制法律法规建设也相对健全，但它也经历了上市公司内部控制无效的阶段。通过对会计舞弊案件的不断分析与探索，美国对上市公司内部控制内容的规范更加具体，对内部控制应实现的目标规定也更加明确，对内部控制缺陷的治理也越来越完善。尤其是《萨班斯法案》第404号条款的颁布，虽然导致上市公司内部控制成本大幅上升，但其对规范资本市场、防止投机行为有重要意义，是值得我们借鉴的。

## 二、中国内部控制评价及内部控制缺陷治理制度演进过程

我国自20世纪起开始关注内部控制。最早的内部控制概念出现在1935年中国银行发布的《中国银行会计内规》中，它明确指出了银行内部审查的对象、内容、标准及方法。与美国的内部控制制度起源于证券市场相似，由于金融业的高风险性、分布的广泛性以及影响的普遍性，因此，金融业是内部控制出现最早，而且建设最完善的行业。

我国早期的内部控制更偏重于内部牵制，强调不相容的职位应相分离，一项业务由多人共同完成，以相互牵制，防止舞弊。如潘序伦在其编著的《审计学》中指出："内部牵制组织者，即企业之内部，对于款项之收支，货物之进销，以及会计上一切事务之处理，使各职员分配适当，彼此互相牵制。"而其后发布的法律条例也体现了这一思想。如，1978年国务院颁布了《会计人员职权条例》，要求企业的"生产、技改、基建等计划和重要经济合同，应由总会计师会签"；1984年，财政部发布的《会计人员工作规则》也明确提出"会计人员的工作岗位要有计划地进行轮换"，对不相容的职务，如出纳，应"不得兼管收入、费用、债权债务账簿的登记工作以及稽核工作和会计档案保管工作"。这也是我国首次以法律条文的形式明确了企业内部控制中的会计人员职责、权限，并规定了会计岗位应施行"岗位轮换、职务分离"，同年由全国人大颁布的《中华人

民共和国会计法》也体现了这一要求。1986年,财政部发布了《会计基础工作规范》,该规范明确提出要加强企业内部控制,要求"国家机关、国有企业、事业单位任用会计人员应当实行回避制度"。

1984年11月,上海飞乐音响股份有限公司向全社会公开发行股票,成为我国第一个公开发行股票的公司。1986年,中国工商银行上海信托公司静安证券公司业务部成立。1987年我国第一家投资银行——深圳经济特区证券公司成立。同年,上海真空电子器件公司公开发行股票,这也是我国第一家实行股份制的大中型国营企业。1990年,上海证券交易所成立,次年,深圳证券交易所设立。在这段时期中,同所有的新生产业一样,证券业在蓬勃发展的同时也出现了交易秩序混乱、各项基本制度建设不全、相应的法律法规缺乏、监管不力的状况。1990年,深圳原野公司在上市后的一个月时间里,股价上涨了210%。1992年,该公司股票作为第一批在深圳交易市场上市的五只股票之一却被停牌。由于其董事长彭建东以一系列手段掏空上市公司深圳原野,这只股票也成为中国第一个由于财务舞弊而被停牌的股票。其后深圳"8·10事件"爆发,为应对这一系列突发事件,国务院成立了国务院证券委员会及中国证券监督管理委员会。至此,我国的资本市场开始进入监管阶段,而内部控制也被政府及公众逐渐重视起来。尽管我国政府对内部控制进行了持续探索与规范,但是意识到内部控制缺陷会给企业带来危害却是在21世纪了。

(一)我国内部控制概念的提出

1996年,财政部发布了《独立审计准则第9号》,对内部控制进行了定义,认为内部控制是"被审计单位为了保证业务活动的有效进行,保证资产的安全完整,防止、发现、纠正错误与弊端,保证会计资料的真实、合法、完整而制定和实施的政策与程序",包括控制环境、会计系统和控制程序三个主要因素。同年,财政部又颁布了《会计基础工作规范》,规定会计人员必须"职务分离、岗位转换"。1997年,国家审计署实施了《中华人民共和国国家审计基本准则》。该准则第22条规定:"审计组实施审计时,应当深入调查了解被审计单位的情况,对其内部控制制度进行测试,以进一步确定审计重点和审计方法。必要时,可以按照规定及时修改审计方案。"这表明企业内部控制已经成为审计师进行审计的必要参考对象,也间接表达了审计人员需要对企业内部控制进行评价。1999年,人大常委会修订了《会计法》,将内部控制定义为内部会计监督。该法第27条规定:"各单位应当建立、健全本单位内部会计监督制度。单位内部会计监督制度应当符合下列要求:记账人员与经济业务事项和会计事项的审批人员、经办人员、财物保管人员的职责权限应当明确,并相互分离、相互制约;重大对外投资、资产处置、资金调度和其他重要经济业务事项的决策和执行的相互监督、相互制约程序应当明确;财产清查的范围、期限和组织程序应当明确;对会计资料定期进行内部审计的办法和程序应当明确。"这也是我国首次正式将内部控制纳入法律。

(二)我国内部控制评价制度的发展

2001年6月财政部颁布了《内部会计控制规范——基本规范(试行)》及《内部会计控制规范——货币资金(试行)》,给出了内部控制定义,指出"内部控制是由企业董事会、监事会、经理层和全体员工实施的、旨在实现控制目标的过程",其基本要素包括"内部环境、风险评估、控制措施、信息与沟通、内部监督"等。内部控制准则的出现,规范并促进了企业内部控制建设,有力地加强了内部监督,提出了内部控制体系的基本框架。同年,证监会发布了《证券公司内部控制指引》,要求各证券公司加强内部控制机制和内部控制制度建设。

2002年,中国注册会计师协会颁布了《内部控制审核指导意见》,为注册会计师能更好地进行内部控制审核提供了指引。该指导意见明确了注册会计师应对被审计单位的内部控制建设情况进行审核,提出了审核过程中的注意事项,并规范了内部控制审核的程序及审核报告的格式。2003年,中国内部审计协会颁布了《内部审计具体准则第5号——内部控制审计》,要求内部审计人员应选择适当的评价标准及审查程序,对被审计单位的控制环境,组织风险管理机制的健全性和有效性,评价控制活动的适当性、合法性及组织获取、处理信息的能力进行评价。2004年,全国人大常委会修订了《中华人民共和国商业银行法》,提出"商业银行应当按照有关规定,制定本行业的业务规则,建立、健全本行的风险管理和内部控制制度",以加强对金融行为的监督管控,保护银行及客户的合法权益,维持金融秩序及自身的平稳运营。同年,银监会发布了《商业银行内部控制评价试行办法》,确定了商业银行内部控制评价的目标、原则、内容,并给出了详细的内部控制评价流程及评分标准。2005年,中国保监会制定了《保险中介机构法人治理指引(试行)》、《保险中介机构内部控制指引(试行)》,该法规能促进保险机构规范其经济行为,有效地推动了保险中介机构内部控制的建立与完善,能很好地保护保险机构自身、被保险人、股东和其他利益相关者的合法权益。

2003年,中国内部审计协会颁布了《内部审计具体准则第5号——内部控制审计》,要求内部审计人员应选择适当的评价标准及审查程序,对被审计单位的控制环境、组织风险管理机制的健全性和有效性进行确认,对控制活动的适当性、合法性进行评价,并合理关注组织获取、处理信息的能力。这是我国第一部要求对内部控制是否存在缺陷进行评价的法律。2004年,银监会发布了《商业银行内部控制评价试行办法》,确定了商业银行内部控制评价的目标、原则、内容,并对内部控制评价流程及评分标准进行了详细的规范。

2006年是相关指南集中出台的一年。2006年7月15日,企业内部控制标准委员会经国务院批准建立,由财政部、证监会、国资委共同组成,其目标是"建立一套以防范风险和控制舞弊为中心、以控制标准和评价标准为主体,结构合理、内容完整、方法科学的内部控制标准体系",以"推动企业完善治理结构和内部约束机制"。该委员会旨在为我国企业建立内部控制体系提供政策指导及咨询。此外,该委员会也为构建我国的"萨班斯"法案而努力。

2007年3月,财政部将其拟定的《企业内部控制规范——基本规范》及17项具体规范(征求意见稿)向社会公开广泛征求意见。同年7月,银监会发布了《商业银行内部控制指引》,对其内部控制要素的关键点进行了规范,并指出了反舞弊的重点。这是银监会继2004年《中华人民共和国商业银行法》后出台的又一对金融业内部控制进行规范的文件,表明我国政府已认识到内部控制是保持金融系统稳定性、减少金融风险的重要手段和方法。

2010年4月15日,五部委发布了《企业内部控制应用指引》、《企业内部控制评价指引》及《企业内部控制审计指引》。其中,《企业内部控制评价指引》旨在促进企业对内部控制系统做出自我评价,规范内部控制评价程序,并统一评价报告的格式与内容,更全面规范地揭露企业内部控制缺陷,以使其更有效地对内部控制进行改进与完善。由于进行内部控制评价能很好地发现企业在组织架构及具体业务操作方面的疏漏,因此,它对保护投资者权益也有重要意义。而《企业内部控制审计指引》则旨在规范会计师事务所的内部控制审计行为。《内部控制基本规范》规定,注册会计师应对企业出具的内部控制报告发表审计意见,这在一定程度上是在企业自我评价的基础上对投资者利益进行的二重保护,有利于充分揭示内部控制风险。因此,对其审计重点及审计程序进行详细规定有很强的现实意义,既能有效降低审计风险,又可以保证企业内部控制评价结果的准确性。

(三)我国内部控制缺陷治理制度的发展

2001年,银监会颁布了《商业银行内部控制指引》,该指引有效地促进了商业银行内部控制体系的建立健全,可以很好地防范金融风险,保障银行体系安全稳健运行。《商业银行内部控制指引》给出了内部控制定义,明确了内部控制五要素,并对授信、资金业务、存款业务等业务岗位进行了具体规范,除此之外,《商业银行内部控制指引》还对会计、计算机等基础岗位进行了规划,并指出银行管理人员应对银行内部控制进行监督审查,如发现不合格合规的地方,应及时予以纠正。随后,在 2002 年,财政部又发布了《内部会计控制规范——采购及付款》、《内部会计控制规范——销售及收款》、《内部会计控制规范——工程项目》、《内部会计控制规范——担保》、《内部会计控制规范——对外投资》等一系列内部控制具体规则,对企业各个环节、各个岗位的内部控制流程进行了规范。

2006 年 6 月 5 日,上海证券交易所出台了《上海证券交易所上市公司内部控制指引》,要求上市公司建立并有效执行内部控制制度,同时还强制要求其披露内部控制建设情况及内部控制系统是否存在缺陷。这是我国首部指导上市公司建立健全内部控制的规范性文件。该指引给出了内部控制的具体定义,并指出内部控制的目标是"提高公司经营的效果与效率,增强公司信息披露的可靠性,确保公司行为合法合规",它与《萨班斯法案》所设定的内控目标基本一致,强调了内部控制应对企业的经营效率效果、财务报告的真实性及法律法规的遵循性提供保障。该指引支持了内部控制八要素论,认为内部控制应从八个基本方面予以加强。[①] 同年 9 月,深圳证券交易所也发布了《深圳证券交易所上市公司内部控制指引》,其对内部控制的定义与上交所基本相同,只是在内部控制目标中又增加了"保障公司资产的安全"这一目标,这也是保障投资人资本的前提条件。它同样引入了八要素理论。上交所和深交所的内部控制指引,都对上市公司的内部控制评价提出了要求,规定公司的评价结果应交由外部审计人员发表审计意见,指出"公司董事会对公司内部控制制度的制定和有效执行负责"。这与 COSO 的最新研究成果是一致的。

2008 年 6 月,财政部会同证监会、审计署、银监会、保监会发布了《企业内部控制基本规范》,它是我国内部控制法规中最全面的指导性文件,与美国的《萨班斯法案》类似。它可以促进上市公司建立健全内部控制体系,使公司决策过程更加规范、透明,并能减少信息的不对称性,对我国上市公司整体质量的提升有所帮助。该文件基本内容分为七章,包括总则、内部环境、风险评估、控制活动、信息与沟通、内部监督和附则,主要采取了较成熟稳定的五要素框架。尽管 COSO 风险管理八要素框架代表了内部控制的新方向,且内容更加

---

① 八要素论认为内部控制应从八个基本方面予以加强,即:目标设定、内部环境、风险确认、风险评估、风险管理策略选择、控制活动、信息沟通以及检查监督。

全面,但其与五要素的实质思想是一致的;且由于新的规范总是需要时间及案例去验证,因此我国还是采取了五要素框架。这一基本规范的发布,在一定程度上加快了我国资本市场与国际资本市场接轨的进程,能有效提升我国上市公司公开信息的可信度,有助于我国企业到海外上市筹资。在五要素中,内部控制环境是内部控制有效的前提条件,因此,基本规范就内部控制环境进行了详细阐述,主要包括治理结构的建立、内部审计部门的职责和权限、人力资源管理及企业文化建设等。这一基本规范特别强调了内部审计对完善内部控制机制的作用,明确其"对监督检查中发现的内部控制重大缺陷,有权直接向董事会及其审计委员会、监事会报告",这使得内部审计机构不再是有名无实的附属机构,可以不受经理层的制约而直接向企业更高级管理层报告审计结果,从而能很好地防止企业直接运营人员利用职务之便进行舞弊。基本规范还要求企业设立审计委员会,以确保内部控制监督的有效性。风险评估贯穿企业内部控制的全过程,也是防止企业内部控制缺陷的关键程序。它要求企业对内部风险及外部风险进行识别,并采用定量与定性相结合的方法对相关因素进行排序,以抓住控制的关键点。它特别强调了风险偏好和风险承受度的概念。对于部分有较强风险偏好的管理人员来说,内部控制能通过制衡机制的设立,制止其做出损害公司利益的行为。而公司也需评估自身的风险偏好,以确定公司风险防范制度。控制活动详细地规范了内部控制各个控制点的控制方法,是基本规范中最为具体的一章。由于信息化时代下内部控制呈现出与以往不同的特点,因此基本规范在第六部分还着重强调了企业的内部控制信息系统建设,这也是实现良好沟通与反馈的基础。基本规范为我国的内部控制建设构建了基本框架,是我国内部控制建立历史上的一部里程碑。但由于其定位是理论框架,因此内容还不够具体。正因如此,五部委随即又发布了17项具体准则,主要就可能会影响财务报表真实性的事项进行规范,并就每个经济行为的事前、事中、事后的控制方法进行了阐述,对其应采取的控制措施提出了具体要求,使内部控制规范不仅停留在原则方向,而且有了操作和实用价值。

表 3-2 我国内部控制评价及内部控制缺陷治理准则一览表

| 年份 | 准则、报告或制度名称 | 作用或意义 |
| --- | --- | --- |
| 1935 年 | 《中国银行会计内规》 | 明确指出了银行内部审查的对象、内容、标准及方法 |
| 1996 年 | 《独立审计准则第 9 号》 | 对内部控制进行了定义,提出内部控制三要素 |
| 1997 年 | 《加强金融机构内部控制的指导原则》 | 就内部控制目标、原则、要素、内容及基本要求等进行了规范,对如何进行管理和监督进行了具体指导 |
| 2000 年 | 《公开发行证券公司信息披露编报规则》 | 要求金融业公司建立健全内部控制 |
| 2001 年 | 《内部会计控制规范——基本规范(试行)》 | 提出了内部控制的定义及基本组成要素 |
| 2003 年 | 《内部审计具体准则第 5 号——内部控制审计》 | 要求内部审计人员对被审计单位的内部控制制度进行评价,找出缺陷 |
| 2004 年 | 《中华人民共和国商业银行法》 | 要求建立、健全银行业的风险管理和内部控制制度 |
| 2004 年 | 《商业银行内部控制评价试行办法》 | 确定了商业银行内部控制评价的目标、原则及内容,并给出了详细的内部控制评价流程及评分标准 |
| 2006 年 | 《深圳证券交易所上市公司内部控制指引》 | 要求深市上市公司建立内部控制制度并有效执行,同时其还对上市公司内部控制披露提出了强制性要求 |
| 2007 年 | 《商业银行内部控制指引》 | 对内部控制要素的关键点进行了规范,并指出了反舞弊的重点 |
| 2008 年 | 《企业内部控制基本规范》 | 对内部控制五要素进行了详细解读,特别强调了内部审计对完善内部控制机制的作用 |
| 2010 年 | 《企业内部控制应用指引》 | 由 18 项具体指引构成,对内部控制环境、具体业务行为及信息与沟通方面做出规定 |
| 2010 年 | 《企业内部控制评价指引》 | 规范企业内部控制评价程序,并统一了评价报告的格式与内容 |
| 2010 年 | 《企业内部控制鉴证指引》 | 规范会计师事务的内部控制审计行为 |

资料来源:作者编制。

可以看到，在我国，尽管学者及企业管理层也较早地关注了内部控制，但在 20 世纪，我国法律法规的修订基本上没有实质性的进展，一直到 21 世纪初，内部控制理论才得到了较大发展，内部控制缺陷才逐渐被重视起来。我国政府借鉴了美国内部控制缺陷治理经验，其中，《企业内部控制基本规范》及其配套指引借鉴了美国最新的研究成果，引用了 COSO 的内部控制框架及其五要素理论，体现了以风险导向为指导的内部控制思想，使上市公司对其内部控制制度建设、评价及内部控制缺陷的治理有了可以遵循的法规，而审计师对内部控制的检查也有了可以参考的依据。另外，董事会对内部控制系统有效性负责能使管理层重视并考察其内部控制缺陷，促进上市公司出具真实的内部控制评价报告。可以说，我国的内部控制建设正逐渐与国际接轨，其对上市公司财务报告的真实性起到了有效的保证作用，可以降低投资者的投资风险，完善我国的资本市场建设。

## 第三节　不足与反思

尽管近年来我国政府陆续出台了一系列内部控制指引，对我国上市公司规范其内部控制建设、形成良好的企业文化、抵御内部系统风险起到了改善作用，但上市公司在内部控制系统建设方面仍存在一些问题。通过我国与美国内部控制评价与缺陷治理发展历程的比较与分析，作者认为在以下几方面我国监管当局和企业还应继续努力改进与完善。

（一）未将建立健全内部控制系统列入法律规定，内部控制评价方法落后

1977 年，美国国会通过了《反国外行贿法案》，规定上市公司应建立健全内部控制系统，指出建立不充分的有缺陷的内部控制系统属于违法行为。而我国的内部控制基本规范及相关指引却并没有将内部控制系统的建立、执行列入法律范畴，更没有对企业如果出现内部控制缺陷其应负的民事责任和刑事责任进行明确规定，这也导致目前我国上市公司建设内部控制系统积极性不高，部分上市公司仅在形式上建立了内控系统，并不能对公司目标的实现提供合理保证。

1979 年，美国注册会计师协会成立了内部控制特别顾问委员会（Minahan 委员会），以更好地为企业建立内部控制提供指南。1982 年，美国政府管理预算办公室（OMB）发布了《联邦管理者财务诚信法案》（FMFIA）的执行指南

《评估、改进和报告联邦政府的内部控制系统》,详细地解释了内部控制评估的具体步骤。1992年,Treadway委员会颁布了《内部控制——完整框架》,提供了进行内部控制评价的有效工具。2006年,美国证券交易委员会(SEC)又颁布了《管理层内部控制评估概念公告》及《管理层内部控制评估解释性指南(征求意见稿)》,对管理当局如何进行内部控制评估进行了指导与规范。

从美国上述规范成果可以看出,其相关部门十分重视对内部控制建设的引导。近年来,我国虽然也陆续出台了《内部控制评价指引》、《内部控制审计指引》等文件,对我国企业内部控制缺陷的查找评定工作进行指导,但其可操作性较差,没有对相关指引进行详细步骤分解,也未能在对企业内部控制的建设、实施情况进行广泛调研的基础上,发布案例分析等指南给企业提供参考,不能为企业相关部门和注册会计师提供适当的评价工具和标准,无法让企业对内部控制有直观感受,以避免建设及实施中的偏差。

此外,我国审计人员所使用的内部控制评价方法也相对落后。内部控制评价方法是企业内部控制人员或外部审计人员为获取与评价目的、范围有关的信息而采用的相关评价方法,该方法能帮助上述人员确定内部控制风险水平,并帮助其细化控制目标,辨识企业已采取的内部控制活动,并实施相应的测试措施,查找内部控制缺陷。我国《内部控制评价指引》规定,我国的内部控制缺陷测评工作主要有九种方法:个别访谈法、调查问卷法、比较分析法、标杆法、穿行测试法、抽样法、实地查验法、重新执行法及专题讨论会法。可以看出,在指引提及的内部控制评价方法中,几乎全部是定性的评价方法,鲜有定量评价方法。而戴春兰(2011)也通过发放问卷的方式对我国事务所进行调查,发现只有1%的会计师会单独使用定量测评方法,而73%的会计师主要采用定性的测评方法。此外,她还对定性方法和定量方法的具体使用比例进行了统计,如表3-3、表3-4所示。[1]

表3-3 我国内部控制评价定性方法运用结果

| 方法 | 问卷调查 | 穿行测试 | 抽样 | 比较分析 | 流程图 | 经验判断 | 分析性复核 | 引导会议 | 详细评价 | 风险基础评价 |
|---|---|---|---|---|---|---|---|---|---|---|
| 比例(%) | 86.42 | 79.01 | 86.42 | 72.40 | 52.47 | 74.70 | 85.19 | 19.75 | 20.37 | 31.48 |

注:其他方法:重新执行法16.67%,文字表述法19.75%,询问70.99%,观察50%,文件检查法25.31%。

表3-4 我国内部控制评价定量方法运用结果

| 方法 | 层次分析 | 模糊综合分析 | 经济数量分析 | 数据包络分析 | 矩阵分析 | 灰色系统综合评价 | 人工神经网络 |
| --- | --- | --- | --- | --- | --- | --- | --- |
| 比例(%) | 32.72 | 15.43 | 35.8 | 4.94 | 25.93 | 6.17 | 2.5 |

资料来源:戴春兰,彭泉.中美内部控制评价方法运用比较[J].财会通讯,2011(19):137-140.

从其统计资料中可以看出,在定性评价方法中,调查问卷法运用最为广泛,而引导会议法则未能被注册会计师所普遍接受。原因是调查问卷法比较简便,而引导会议法却很难将领导层召集到一起。但是,领导层是内部控制自我评价及内部控制审计的主要参与者,其应对内部控制缺陷的测评起到主导作用,成为推动与反馈、改进内部控制系统的主要力量,而在实际工作中,其对内部控制的相应职责明显承担不足。

在定量分析方法中,经济数量分析法和层次分析法运用最为广泛。因为内部控制缺陷具有难以绝对量化的多层次特点,造成这两种方法运用较为普遍。但是,我们也知道,此种方法仍带有一定的主观特性,因此,更为客观的数量方法的欠缺也是我国内部控制评价结果部分失真的原因之一。

(二)评价及信息披露主体责任不明,追究机制不到位

2002年7月,美国政府出台了《萨班斯—奥克斯利法案》要求上市公司保证其财务信息真实可靠,并保证其与财务信息相关的内部控制制度完善有效,否则其CEO和CFO将受到法律的制裁。该法案对审计委员会成员的构成标准进行了规范,此外,还要求上市公司及时提供内部控制评价报告和财务报告。

而我国的《内部控制评价指引》虽然指出"企业主要负责人应当对内部控制评价结论的真实性负责","内部控制评价应由企业董事会和管理层实施,并形成评价结论,出具评价报告"。但是此种说法还是过于笼统,不能明确责任对象,不利于企业主动进行内部控制信息披露。林斌、饶静(2009)指出,尽管信号传递理论认为自愿性信息披露有利于公司资本成本的降低,并使企业市场价值上升,一般而言,有健全内部控制系统的公司也愿意主动向外界披露内部控制审计报告,从而向市场传递其优质信号的结论,但是,如果不明确指定内部控制信息披露负责人的话,那么公司的首席执行官和财务总监就不会出于自身声誉的考虑,主动进行内部控制信息披露。此外,尽管我国基本规范指

出了审计委员会的职责及任职资格①,并对审计委员会成员进行了初步规范,但由于未对审计委员会成员的条件,如学历、资格证书、从业经验及独立性等进行硬性规定,因此仍给企业留有大量操作空间,导致部分审计委员会成员在关联公司任职,造成监管能力下降。

此外,我国的法律追责机制尚不健全也是公司相关负责人不能很好履行内部控制缺陷披露的原因之一。《内部控制评价指引》指出,"企业主要负责人应当对内部控制评价结论的真实性负责",但却并没有建立"以交易所自律监管、证监会行政处罚和国家层面法律制度三者相结合的内控信息披露责任追究制度"②,这导致即使企业相关负责人披露虚假内部控制信息,或者有意隐瞒内部控制缺陷,监督机构也并没有确切的法律法规用以追究其责任。因此,如果上市公司内部控制确有问题的话,其负责人也没有动力披露内部控制缺陷。因为内部控制缺陷的披露,可能会使其作为管理人的内在价值下降,影响上市公司在再融资等方面的优势地位及政策优惠的享受,而不披露这些缺陷却并不需要付出什么代价。相关惩罚机制的缺失已经对上市公司质量的提高及资本市场资源的优化配置产生负面影响,也不利于投资者做出正确的判断。

相应的,对于外部评价者而言,会计师事务所除了具有辅助监管的作用外,还是独立的盈利实体,因此,其有动力为实现利润最大化而出具虚假内部控制审计报告。目前,我国也缺少能对其进行约束的法律法规,尽管注册会计师出具虚假审计报告可以被处以吊销执照并处罚款的惩罚,但一般针对的是出具虚假财务审计报告,目前我国还未对出具虚假内部控制报告做出特别规定。

(三)缺乏完善的内部控制缺陷披露机制

内部控制信息披露报告是投资者了解企业内部控制的有效途径,主要包括企业出具的内部控制自我评价报告以及由注册会计师出具的内部控制鉴证报告。

---

① 《内部控制基本规范》指出:企业应当在董事会下设立审计委员会。审计委员会负责审查企业内部控制,监督内部控制的有效实施和内部控制自我评价情况,协调内部控制审计及其他相关事宜等;并指出,审计委员会负责人应当具备相应的独立性、良好的职业操守和专业胜任能力。

② 上海证券交易所资本市场研究所年报专题小组.沪市上市公司2011年内控自我评估报告披露情况分析[R/OL].(2012-08-05)[2012-08-05].http://www.cs.com.cn/sylm/jsbd/201208/t20120805_3440145.html.

1982年,美国国会通过了《联邦管理者财务诚信法案》。该法案强调管理层应保证内部控制系统的有效性,当内部控制系统出现缺陷时,管理层应披露并采取行动来改进存在的问题,还应向公众揭示其改正的进度与状况。

截至2011年底,我国沪深两市上市公司总数已达2 341家,其中有部分上市公司出具了内部控制报告。在2012年之前,上市公司的内部控制信息披露一直属于自愿披露的范畴,我国没有出台相关法律强制要求上市公司披露内部控制状况,也没有要求管理层对其内部控制缺陷的整改情况进行说明。尽管根据信号传递原则,盈利水平稳定且未来发展趋势良好的企业有动力对内部控制信息进行披露,但也可以看到,由于市场对其披露信息的反应低于管理层预期,出于成本的考虑,部分公司在首年披露内部控制信息后,随即又放弃了对其进行持续披露。笔者统计了2008—2011年沪市上市公司出具内部控制自我评价报告及内部控制审计报告的情况,如表3-5所示。

表3-5 2008—2011年沪市上市公司披露内控信息情况统计表

| 类别数量比例 年份 | 出具内控自评报告的公司(家) | 比例(%) | 同时出具内控审计报告的公司(家) | 比例(%) | 未出具自评报告的公司(家) | 比例(%) | 出具与未出具自评报告的公司合计(家) |
|---|---|---|---|---|---|---|---|
| 2008 | 335 | 39.79 | 180 | 53.73 | 507 | 60.21 | 842 |
| 2009 | 394 | 45.08 | 224 | 56.85 | 480 | 54.92 | 874 |
| 2010 | 417 | 47.27 | 229 | 54.92 | 465 | 52.73 | 882 |
| 2011 | 427 | 45.77 | 258 | 60.42 | 506 | 57.49 | 933 |

资料来源:作者编制。

在2008—2011年期间,在沪市A股市场,每年均有40%左右的上市公司出具内部控制自我评价报告。同时,这部分公司也大都聘请了会计师事务所对其评价结果出具了审计意见。尽管进行内部控制信息披露公司的绝对数量在不断上升,但相对比例部分却有所下降。上市公司存在自评动力不足的问题。

由于在2012年之前我国上市公司内部控制信息披露为自愿披露,而非像美国资本市场一样要求强制披露,而信息的披露会使企业的经济成本和法律风险增加,因此部分上市公司在不能充分认识信息披露对提高内部控制管理水平、改善投资方与被投资方信息不对称、减少交易成本、增强投资者信心、降低内部控制缺陷出现概率等作用的情况下,缺乏披露的主动意识,不能以此为契机完善公司内部治理,提升公司市场价值。

2012年,尽管监管当局将上市公司内部控制信息列为大部分主板上市公司的强制性披露内容,但就我国目前内部控制报告披露情况看,相关法律法规仍需继续完善。对比发达国家的概念框架及具体法律,我国对内部控制缺陷披露的要求还不够明确、规范,而且我国和英国、美国等国家的政治环境及经济体制不同,在法规方面我国的个体特征还不够明显、突出。

此外,作者发现,上市公司已出具的自评报告中还存在一些共性问题。首先,内部控制自我评价报告内容基本相同或相似。这不仅体现在同一公司不同年度报告的纵向比较,还表现在不同公司同一年度报告的横向比较,其报告内容千篇一律,缺乏实质性。在所有出具内部控制报告的公司中,基本上不存在有认为自身内部控制存在缺陷的公司,均认为"本公司已在所有重大方面建立了适当的内部控制制度,内部控制制度执行有效"。即使是指出问题,也仅是做"控制重点不突出","应持续改进"等无关紧要的描述。当年由于违规操作而被证监会处罚的公司也毫无例外,对内部控制制度有效性的认定结果过于乐观,对内部控制缺陷的实质性披露过少,未对关键内容进行深度剖析。也鲜有公司对内部控制缺陷的管理层持续改进情况进行揭示,没有提出整改措施,对相关问题持回避态度,可信度较差。

当然,除监管方、上市公司存在以上问题外,我国部分中小投资者也有其自身的问题。内部控制信息披露是为了让投资者更全面地了解被投资公司,估计财务报表出现重大错报漏报的可能性,以便根据预警信号及自己的风险承受能力选择合适的投资对象。J. S. Hammersley 等(2008)曾以内部控制缺陷披露发生日前后三天为窗口期,对内部控制缺陷的市场反应进行了研究。他们发现投资者的反应程度和上市公司内部控制缺陷的严重程度正相关,当上市公司存在实质性缺陷时,投资者的反应是最强烈的。这是因为其认为健全的内部控制和可靠的财务信息呈正相关关系。反之,如果公司存在重大内部控制缺陷,则其内部控制系统对其财务报告的可靠性无法提供合理保证。然而,由于我国内部控制建设较晚,部分投资者对其关注度较低,仅关心审计师财务报告鉴定结果是否可靠,对董事会、管理层及审计师披露的内部控制信息并不重视。投资者大多是在审计师对上市公司财务报告出具非标审计意见后,才发现上市公司存在内部控制缺陷的。投资者对内部控制的重要性并不认同,是造成上市公司怠于披露内部控制信息的又一原因。

(四)未对注册会计师及会计师事务所进行规范

2002年,《萨班斯法案》提出应全面修订会计准则,并提议建立监管机构以规范上市公司审计行为,要求定期轮换审计师,以防止其与雇主勾结,联合舞弊,并对其提供的咨询服务做出限制。2011年,PCAOB又发布了一项新的概念公告《审计独立性与会计师事务所强制轮换概念公告》,要求强制实施会计师事务所轮换,以便提升注册会计师对公司审计的独立性与客观性,使其更好地保持职业怀疑。2012年,美国审计署又发布了最新的《政府审计准则》,该准则提出了独立性概念框架,以帮助注册会计师确定、评估并应用风险防范措施,保证注册会计师在名义及实质上独立,解决独立性不足给其带来的威胁。该准则还对注册会计师为被审计单位提供的非审计服务提出了一般要求,要求其应考虑该非审计服务对独立性是否会产生影响,并对此问题进行评估和解决。

相比之下,我国虽然出台了《内部控制审计指引》和《内部审计具体准则》等规范性文件,但并未对上市公司按期更换事务所及审计师等进行规定。近年来,我国中小型事务所数量增长较快,审计市场竞争也越发激烈,部分事务所为获得连续审计的利润,违背职业道德,承担较大的审计风险,为存在内部控制缺陷的被审计单位出具标准审计报告。在对沪市上市公司四年间的调查中,作者发现,在所有聘请了事务所对其自评报告进行审查评价的公司中,几乎从未有公司被事务所出具过否定意见或无法表示意见,注册会计师对上市公司内部控制的评价更多的只是针对内部控制流程形式上而非实质上是否规范,这可以解释为什么有的企业看上去内部控制制度似乎完善健全,但也会出现重大财务丑闻的问题。此外,尽管每个企业的个体特征不同,但注册会计师往往会使用千篇一律的测试方法,在出具审核意见时,类型也过于单一。因此,政府方面应考虑组织事务所审计并进行定期轮换;还应规定,如果该事务所为企业内部控制系统建设提供咨询,则其不能同时对其有效性进行审计,以保持会计师事务所鉴定结果的客观性与公正性。

(五)对小企业内部控制建设指引不足

2005年10月,美国出台了《小企业财务报告内部控制指引(征求意见稿)》,该指引认同《内部控制——整体框架》中关于五要素的提法,并给出了对这五要素进行评价所应遵循的23项原则,同时,该指引还给出大量相关案例,便于小企业对指引进行深入解读。

我国并没有针对小企业出台内部控制相关规范,仅在《内部控制基本规范中》指出其也适用于小企业和其他单位。① 小企业的个体特征与大中型企业明显不同,小企业拥有的资源数量更少,管理秩序更为混乱,通常也没有意图和能力建立完善的内部控制系统,较少聘请相关专家,更容易存在内部控制缺陷。因此,《基本规范》虽然能对其起到一定的指导和督促作用,但却并不能针对小企业特点帮助其进行内部控制系统建设。我国政府应尽快出台小企业内部控制指引,并给出相关案例,使小企业在进行内部控制系统时有法可依,有据可循。

通过对美国和我国的内部控制缺陷治理发展历程的分析,笔者认为,我国政府应对企业内部控制制度的建立起到监督及主导作用,并对授权、检查和逐级问责制予以规范;应将建立健全内部控制系统列入法律规定,并明确相应的违法责任和惩罚措施;对内部控制系统的建立、评价给予具体指导,对建立、评价过程进行详细步骤分解,提供适当的评价工具和标准,并发布案例分析等指南;对内部控制信息披露的内容、格式进行规范,使其内容更充实,并更具实际投资参考意义;对最终责任人进行明确,如规定董事长或财务总监等应对内部控制信息的真实性和内部控制系统的有效性负责,并对审计委员会成员的条件和独立性进行硬性规定,避免监管能力下降;由政府方面组织事务所审计并进行定期轮换,并对事务所的工作范围进行限定,以保持其鉴定结果的客观性与公正性;应尽快出台小企业内部控制指引,并给出相关案例,使小企业在进行内部控制系统建设时有法可依,有据可循。

## 第四节 本章小结

本章对内部控制缺陷及评价的相关理论进行了探讨,以了解内部控制及评价的实质,使企业能更好地对公司内部控制及评价系统进行自我审视及改进,以实现内部控制目标,保证财务报告的真实性。

本章还对美国和我国内部控制缺陷治理及评价的发展历程进行了详细阐述。美国是最早产生内部控制的国家,也是最早开始着手治理内部控制缺陷的国家,其相关法律法规的制定较为领先,因此,通过对其发展历程进行研究,

---

① 《内部控制基本规范》指出,"本规范适用于中华人民共和国境内设立的大中型企业","小企业和其他单位可以参照本规范建立与实施内部控制"。

能使我国内部控制相关准则的制定方得到启示。笔者认为：政府应对企业内部控制的建立起到监督及主导的责任，明确其在内部控制及评价中的作用，并对授权、检查和逐级问责制予以规范；应将建立健全内部控制及评价系统列入法律规定，并明确相应的违法责任和惩罚措施；对内部控制系统的建立、评价给予具体指导，对建立、评价过程进行详细步骤分解，提供适当的评价工具和标准，并发布案例分析等指南；对内部控制信息披露的内容、格式进行规范，使其内容更充实，更具实际投资参考意义；对最终责任人进行明确，如规定董事长或财务总监等对其内部控制信息的真实性和内部控制系统的有效性负责，并对审计委员会成员的条件和独立性进行硬性规定，避免监管能力下降；由政府方面组织事务所审计并进行定期轮换，对事务的工作范围进行限定，以保持会计师事务所鉴定结果的客观性与公正性；尽快出台小企业内部控制指引，并给出相关案例，使小企业在进行内部控制系统时有法可依，有据可循。尽管我国内部控制起步较晚，但在 21 世纪发展速度明显加快。本章内容可为我国监管当局提供参考，使之更好地把握未来我国内部控制及评价的发展趋势与方向，并为其政策法规的制定提供依据。

# 内部控制缺陷诱因研究

近年来,企业内部控制系统的完善性已越来越受到我国投资者关注,并对其投资预期及决策已产生重要影响。因此,企业应对可能造成内部控制缺陷的关键因子进行实时监控,及时发现并改进内部控制系统问题,以保证其运行的效率、效果。由于我国相关指引未明确指出内部控制缺陷的影响因子,因此造成企业内部控制设计及执行人员在构建内部控制系统时无据可依,也给其后续的监控、评价工作造成了困扰。

2010年4月,财政部等五部委联合发布了《企业内部控制审计指引》等规范性文件,对内部控制审计工作提出了明确要求,旨在保证注册会计师的执业质量。但由于其并未对内部控制缺陷影响因子进行量化,造成审计人员测试工作未能实际减少,审计效率低下,这也导致审计资源配置紧张的问题日益突出。Raghunandan和Rama(2006)曾考察了《萨班斯法案》第404号条款实施后上市公司的审计费用,发现执行该条款将大大增加注册会计师的审计成本。从制度经济学的角度出发,衡量某项制度是否具有执行价值,应看其投入产出比。因此,在审计质量得以保证、审计风险能够控制的前提下,审计成本的降低及审计效率的提高已成为会计师事务所生存及发展的关键。因此,对于审计机构而言,找出内部控制缺陷的关键影响因子也很重要。

本章以2008—2011年四年间在上海证券交易所连续上市的820家公司数据为样本,对企业内部控制缺陷的影响因子进行考察,希望能帮助企业构建出基于我国资本市场特点的内部控制体系,并提高会计师事务所对企业内部控制完善性的鉴证效率,降低其审计成本。本章实质上为理论部分的实证性补充。

# 第一节 理论分析及假设提出

内部控制系统庞大复杂,包含内容广泛,因此应找出一些代表性指标以更有效率地对其实施效果进行评价。在以往的研究过程中,学者们从不同视角对内部控制要素进行了研究。本书试图对这些要素进行全面归集,用因子分析法将其进一步分类,并将分类后的因子集作为假设提出的依据。

**一、内部控制缺陷影响因素的初步界定**

(一)公司特征类指标

Kinney等(1989)认为,公司规模与其内部控制效果正相关。这是因为大型公司比小型公司能掌握更多的资本及资源。Doyle等(2007)也得出了相似的结论。由于内部控制系统建设中岗位的完善、信息系统的构建等工作均需要投入大量资金,而小公司由于资金紧张,往往无法对先进信息系统进行引进,也无法聘用足够的员工以实现不相容岗位分离,因此,其比大型公司更容易出现内部控制系统缺陷。本书在对以往文献进行归纳后,确定了三个与公司规模相关的变量,分别是总资产的对数(LOGASS)、股票市值的对数(LOGMV)、经营自由现金流量(FREEC)。

此外,Defond等(1991)指出,经营状况越好的公司,其财务报告的真实性越高。这是因为,当公司盈利状况较好时,其进行内部控制系统建设的动力更大,财务报告出现错漏的可能性更小。反之,当公司连续亏损时,其关注重心将转移至如何摆脱财务困境,以避免被强制退市,此时,它不仅没有意愿继续完善内部控制系统,而且还可能对财务报表进行粉饰造假,导致出现财务舞弊。此时,其出现内部控制缺陷的可能性极大。本书回顾了以往文献,得到六个与公司经营状况有关的指标,即:公司是否亏损(LOSS)、资产回报率(ROA)、营业收入的对数(LOGREV)、销售增长率(SALGRO)销售利润率(ROS)及净资产收益率(ROE)。

W. Ge(2006)指出,缺少会计资源会导致内部控制缺陷,而最容易出现内部控制缺陷的往往是流动性应计账户,如应收账款和存货等。Doyle(2007)也考察了内部控制对应计项目质量的影响,发现内部控制系统不完善的公司应计项目往往数额较大且质量较差,且与实际现金流相差较多,这增加了企业的机会成本与坏账成本,使企业的财务风险加大,容易陷入财务困境。这类企业往往存在明显的内部控制缺陷。因此,本书指定了三个与变现速度有关的因子:经营周期的对数(LOGOPE)、全部资产现金回收率(TOLCA)及总资产周转率(TOLASSR)。

资本结构也是内部控制系统完善与否的影响因素之一,因为它会对企业财务风险产生一定的影响。吴勤等(2005)认为,资产负债率高的企业财务危机发生的可能性较大。而这类公司往往建设内部控制系统的意识及能力都较差。因此,本书确定了资产负债率(ASSLIA)、固定资产率(SOLRT)及财务杠杆率(PRO)这三个指标,以代表公司资本结构及可能出现的财务风险。

兼并重组是企业的主动扩张行为,它往往能帮助企业在市场竞争中增加价值,使企业得到规模效应和垄断收益,减少交易成本。在兼并重组中,对被并对象的合理选择是该事项能否成功的关键影响因素。质量较差的被并对象会使企业风险加大。田高良(2010)认为,形成会计风险的重要因素之一即为兼并重组。因此,本书观测了四年内存在兼并行为的公司,并以其为变量(MA)。

W. Ge(2006)指出,频繁的对外贸易会导致内部控制系统功能异常。因为外贸行为会使企业经营复杂程度上升,也使其能更灵活地对会计政策进行选择。因此,本书将企业是否存在对外贸易作为影响内部控制缺陷的变量(FOREIGN)。

企业经营的复杂性在某种程度上可以从分部报告的数量上显现出来。Doyle等(2007)认为,企业经营的复杂程度越高,就越容易出现内部控制缺陷。因为,企业所涉猎的领域越广泛,业务越分散,其子公司间的差异性也会越明显。对于母公司来说,管理难度也会相应加大。因此,本书考察了上市公司分部报告的数量,并将其作为影响内部控制缺陷的因子之一(PR)。

2006年6月,上交所发布了《上海证券交易所上市公司内部控制指引》,旨在敦促上市公司建立、执行内部控制制度,对执行结果进行有效评估,并聘请审计师对该结果进行鉴定,发表审计意见。事实上,上市公司选择事务所质量的高低也在一定程度上反映了其内部控制制度的建设情况。由于"四大"会计事务所审计程序严谨,审计人员专业素质较高,因此,其鉴定结果更为可靠。反之,小型事务所由于荣誉感较差,其为了获得更多的审计收入,可能会配合被审计单位出具虚假审计报告。此外,田高良(2010)认为,审计师的更换会使企业更容易暴露内部控制缺陷。R. Elder也认为,审计师会随着客户审计风险的增加而提高审计费用,修改审计意见。当风险达到一定的程度时,企业会由于无法控制风险而选择更换被审计对象。因此,审计师的更换往往预示着被审计单位存在着极大的管理风险,即内部控制缺陷。基于上述原因,本书将是否由四大会计事务所(BIG4)审计及是否更换事务所(AUDCHG)也作为内部控制缺陷的影响因素。

(二)公司治理结构类指标

成熟资本市场国家的审计委员会制度已基本完善。U. Hoitash 等(2009)、B. W. Goh(2009)等学者研究发现,审计委员会能对企业内部控制缺陷产生抑制作用,而其成员的独立性越好,财务专家的比例越高,这种作用就越显著。但是他们也认为,审计委员会如果持有本公司股份,则其作用往往不能得到很好的发挥,因为股份在一定程度上可以理解为上市公司对其进行的变相贿赂。因此,本书确定了四个与审计委员会有关的变量,即:是否成立审计委员会(ASC)、审计委员是否持股(AS)、审计委员会独立性(AD)及审计委员会专业性(AAE)。

U. Hoitash 等(2009)、Y. Zhang 等(2007)及 S. Lin 等(2011)指出,董事会的效率越高,企业价值越大。张先治(2010)在进行问卷调查后也发现,董事长与总经理二职合一不利于内部控制系统建设,而独立董事人数越多,董事会规模越大,就越有利于完善内部控制制度。因此,本书选取董事会规模(SCL)、独立董事比例(LNW)、董事会成员是否持股(BDDI)、独立董事是否持股(IDIR)、董事会会议次数的对数(LOGBOAM)及 CEO 和董事长是否合一(SAME)这六个变量来代表董事会对内部控制缺陷的影响。

表 4-1 变量定义

| 变量 | 变量定义 | 变量 | 变量定义 |
| --- | --- | --- | --- |
| LOGASS | 总资产的对数 | FOREIGN | 虚拟变量,如果公司存在对外贸易,取 1,否则为 0 |
| LOGMV | 股票市值的对数 | LOSS | 虚拟变量,如果公司亏损,取 1,否则取 0 |
| ROE | 净资产收益率 | BIG4 | 虚拟变量,由四大会计师事务所审计取 1,否则取 0 |
| ROS | 销售利润率(净利润/销售收入) | AUDCHG | 虚拟变量,审计事务所是否发生变化,变化取 1,否则取 0 |

续表

| 变量 | 变量定义 | 变量 | 变量定义 |
|---|---|---|---|
| ROA | 资产回报率(净利润/总资产) | SCL | 董事会规模 |
| SALGRO | 销售增长率 | LNW | 独立董事比例 |
| LOGREV | 营业收入的对数 | IDIR | 虚拟变量,独立董事是否持股,持股取1,未持股取0 |
| ASSLIA | 资产负债率 | LOGBOAM | 董事会会议次数的对数 |
| SOLRT | 固定资产率 | SAME | CEO和董事长是否合一,CEO与董事长为同一人取1,否则取0 |
| PRO | 财务杠杆率 | BDDI | 虚拟变量,董事会成员是否持股,持股取1,未持股取0 |
| TOLCA | 全部资产现金回收率(经营现金流量/总资产) | AS | 虚拟变量,审计委员是否持股,持股取1,未持股取0 |
| FREEC | 经营自由现金流量(经营现金流量—平均资本支出) | AD | 虚拟变量,审计委员会中的成员如果全部独立,取1,否则取0 |
| LOGOPE | 经营周期[(收入/360)/平均应收账款+(销售成本/360)/存货]的对数 | AAE | 审计委员会中具有会计经验的委员比例 |
| TOLASSR | 总资产周转率(销售收入/总资产) | ASC | 审计委员会规模 |
| MA | 虚拟变量,三年内存在兼并行为的公司取1,否则取0 | PR | 分部报告数量 |

资料来源:作者编制。

## 二、基于因子分析的内部控制缺陷影响因素再分类

至此,作者搜集了30个内部控制缺陷影响因素,为去除多重共线性的影响,并验证本书之前分类的正确性,作者对其进行因子分析,并将分析形成的因子集作为后续逻辑回归分析的解释变量。

因子分析使用 SPSS 软件。检验结果如表 4-2 所示：

**表 4-2　KMO 和 Bartlett 检验**

| 取样足够度的 Kaiser-Meyer-Olkin 度量 | | 0.738 |
|---|---|---|
| Bartlett 的球形度检验 | 近似卡方 | 28520.468 |
| | df | 435 |
| | Sig. | 0.000 |

资料来源：作者编制。

表 4-2 显示 KMO 指标为 0.738 大于 0.7，适合作因子分析；Bartlett 球度检验显著（$P=0.000$），表明整体效度较好。

碎石图是观测提取公因子数量的重要步骤，碎石图如图 4-1 所示：

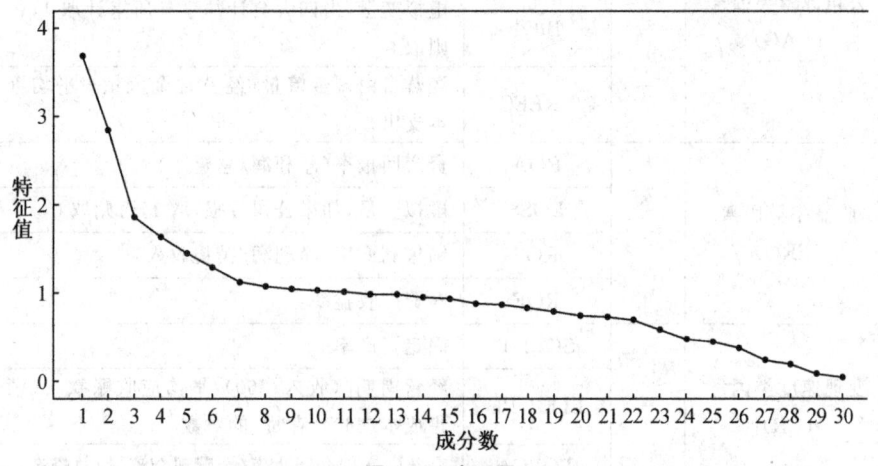

图 4-1　碎石图

资料来源：作者编制。

从图 4-1 可以看出，下降速度较快的特征值对应了 11 个公因子，从第 11 个公因子之后，曲线逐步变得平坦。本书将特征值大于 1 作为提取公因子的标准，通过计算显示，有 11 个指标特征值大于 1。

通过碎石图结合旋转成分矩阵，本书可将因子分为 11 类，因子重分类以后的结构及权重排序，见表 4-3。

表 4-3 重分类结构图

| 变量名称 | 预测符号 | 包含内容 | 内容解释 |
| --- | --- | --- | --- |
| 审计委员会类因素（AU） | — | AS | 虚拟变量,审计委员是否持股,持股取 1,否则取 0 |
| | | AD | 虚拟变量,审计委员会的成员如果全部独立,取 1,否则取 0 |
| | | AAE | 虚拟变量,审计委员会中如有会计经验的人,取 1,否则取 0 |
| | | ASC | 虚拟变量,是否设立审计委员会,设立取 1,否则取 0 |
| 公司规模类因素（LAG） | — | LOGASS | 总资产的对数 |
| | | LOGMV | 股票市值的对数 |
| | | BIG4 | 虚拟变量,由四大会计师事务所审计取 1,否则取 0 |
| | | FREEC | 经营自由现金流量（经营现金流量—平均资本支出） |
| 收益率类因素（PRO） | — | ROA | 资产回报率（净利润/总资产） |
| | | LOSS | 虚拟变量,如果公司亏损,取 1,否则取 0 |
| | | ROS | 销售利润率（净利润/销售收入） |
| | | ROE | 净资产收益率 |
| 变现速度类因素（CR） | — | SOLRT | 固定资产率 |
| | | LOGOPE | 经营周期[(收入/360)/平均应收账款＋(销售成本/360)/存货]的对数 |
| | | TOLCA | 全部资产现金回收率（经营现金流量/总资产） |
| 资本结构类因素（CAS） | ? | TOLASSR | 总资产周转率（销售收入/总资产） |
| | | LOGREV | 营业收入的对数 |
| | | ASSLIA | 资产负债率 |
| 股权激励类因素（EI） | — | IDIR | 虚拟变量,有独立董事持股取 1,否则取 0 |
| | | BDDI | 虚拟变量,董事会有成员持股取 1,否则取 0 |

续表

| 变量名称 | 预测符号 | 包含内容 | 内容解释 |
| --- | --- | --- | --- |
| 董事会特征类因素（BOD） | — | LNW | 独立董事比例 |
| | | SCL | 董事会规模 |
| | | SAME | 虚拟变量，CEO和董事长是否合一，CEO与董事长为同一人取1，否则取0 |
| 兼并重组类因素（MA） | + | MA | 虚拟变量，三年内存在兼并行为的公司取1，否则取0 |
| | | LOGBOAM | 董事会会议次数的对数 |
| 经营策略类因素（OI） | ? | PRO | 财务杠杆率 |
| | | PR | 分部报告数量 |
| | | SALGRO | 销售增长率 |
| 事务所变更类因素（CHG） | + | AUDCHG | 虚拟变量，审计事务所是否发生变化，变化取1，否则取0 |
| 对外贸易类因素（FOR） | + | FOREIGN | 虚拟变量，如果公司存在对外贸易，取1，否则为0 |

资料来源：作者编制。

## 第二节 因子分析结果及假设的提出

经过因子分析，30个内部控制缺陷影响因子被提取为11个主成分，其结果与本书之前的分类大致吻合。每个主成分中的子因子含义及权重排序如下：

1.公因子1（AU）代表了与审计委员会相关的因素。Klein（2002）、Bedard等（2004）指出，审计委员会越完善，其对内部控制缺陷的抑制作用就越明显。相对于成熟资本市场而言，我国引入审计委员会的时间较短，尽管其对内部控制系统的监督促进作用已经显现，但部分职能尚不完善。为了检验在我国资本市场中，审计委员会的建立是否能对内部控制系统起到完善作用，因此提出假设1：

H1：审计委员会类因素可以抑制内部控制缺陷的产生。

2.公因子2（LAG）包含了公司规模类的相关因素，如总资产和股票市值等。在这类因素中,还包含了是否聘请四大会计事务所作为审计单位这一因素,这与本书之前的分类不同。郭葆春(2009)、刘笑霞等(2012)曾指出,大型公司更愿意聘请品牌事务所进行审计,因为其出具的审计报告质量更高,相对于小型事务所而言也更具说服力,但由于事务所品牌与审计收费正相关,其过高的审计定价是小公司所无法承受的,所以资金实力较差的小型公司往往会选择质量相对较低的非知名事务所。公司的规模对其选择的事务所类型往往有直接影响,这也是BIG4与公司规模因素高度相关的原因。前文已经述及,公司规模会对内部控制缺陷发生的概率产生影响。一般而言,公司规模越大,内部控制系统应越完善,因此提出假设2:

H2:公司规模类因素与内部控制缺陷负相关。

3. 公因子3(PRO)包含了盈利比率因素,如资产回报率、销售净利率等,而营业收入和销售增长率却并未包含在本分类中。这是因为这两个因素虽然也能反映企业的经营成果,但却容易受到其他因素的影响,如成本因素。如果企业营业收入及销售增长率均有较大的增长,但同时成本也有很大的提升,则其利润率可能增长不多,甚至出现下降。因此,营业收入和销售增长率并未包含在本因子集中。根据前文所述,笔者认为盈利水平越高,企业治理内部控制缺陷的资源及主动性越好,因此提出假设3:

H3:公司的盈利状况与内部控制缺陷有负相关关系。

4. 公因子4(CR)是和变现速度有关的因子,如营业周期、全部资产现金回收率等。与先前的分类比,减少了总资产周转率,增加了固定资产率。这是因为总资产由流动资产和非流动资产组成,其中非流动资产的变现性较差,因此其不能很好地反映企业整体的流动性。而通过固定资产率,却可以推导出企业流动资产比例,进而了解企业的变现情况,因此因子分类结果与之前的分类相比会出现如上变化。一般而言,变现能力强的企业出现财务风险的概率较小,不易陷入财务困境从而导致内部控制失控,因此提出假设4:

H4:企业资金变现速度越快,则其越不容易出现内部控制缺陷。

5. 公因子5(CAS)既包含公司收入,又包含资产负债率等因素,比较复杂,作者综合考虑后将其命名为资本结构类因素,这是因为尽管营业收入是利润指标,而总资产周转率代表了企业资产的周转速度,但其在根本上与资本结构是存在联系的。因为企业在获得利润并进行股利分配等活动后,其剩余的利润即形成留存收益,成为股东权益的一部分,从而会引起资本结构改变。虽然尚无学者对资本结构与内部控制缺陷的关系进行讨论,但田高良(2010)指出,会计风险的增加会增大企业内部控制缺陷出现的概率。而资本结构的选

择在一定程度上会影响企业会计风险,因此提出假设5:

H5:资本结构与内部控制缺陷有关。

6.公因子6(EI)反映了董事会持股情况。张先治(2010)认为,对董事会进行激励能促使公司内部控制系统趋于完善。这是因为公司价值在于其具有持续盈利的能力和成长的能力,而这种能力的获得和经营者的努力程度有关,因此,在给予其管理层以股权激励后,为了能从公司绩效中得到更高的收益,管理层有动力更加勤勉尽责地为公司服务。同时,给予管理层股权激励还能降低公司整体的代理成本。但是,我们也应看到,部分上市公司管理者在得到股权激励后,为了谋取更多的报酬,不惜进行财务舞弊。因此,持股究竟能否遏制内部控制缺陷的产生仍需验证,因此提出假设6:

H6:对高管进行股权激励有利于减少内部控制缺陷的发生。

7.公因子7(BOD)反映了董事会特征。由于董事会成员是否持股、独立董事是否持股两因素相关性较强,因此成为一个单独的影响因子集。而董事会会议次数与企业兼并的关系也更紧密,因此也未在本因子集中出现。国外学者曾对董事会健全程度与内部控制缺陷间的关系进行研究,发现董事会越健全,内部控制缺陷出现的概率就越低。但由于我国资本市场尚不成熟,对中小投资者的保护尚不完善,而职业经理人市场也未建立,因此,我国上市公司高管的作用机理明显不同于国外成熟资本市场。高管在缺乏有效监督机制和严厉惩罚办法的情况下,极有可能利用内部人身份进行内幕交易,使大股东的"隧道"行为更为便利。那么,董事会能否真的能对内部控制缺陷起到抑制作用?对此,提出假设7:

H7:董事会特征类因素可以抑制内部控制缺陷产生。

8.公因子8(MA)主要包含了兼并重组类因素。兼并重组可以帮助企业实现规模效应,但如果兼并行为的实施出现偏差,或者是兼并对象的选择不佳,则极容易造成兼并失败,尤其在跨行业、跨地区的兼并案例中,兼并方由于无法消化被兼并方的不良资产及冗余人员而导致经营失败的现象非常普遍。由于被兼并企业往往财务状况不佳,内部控制系统缺陷较多,因此,在相当长的一段时期内,主并企业需要对调整结构后的内控系统进行持续完善。因此提出假设8:

H8:兼并重组与内部控制缺陷正相关。

特别的,在本类因子中,包含了董事会会议次数因子,这与兼并期间企业董事会会议频率有所增加有关。

9.公因子9(OI)主要体现了在日常营业活动中企业的管理取向。如企业的风控倾向,其往往可以通过财务杠杆率反映出来。财务杠杆的运用在放大企业经营空间的同时也增加了其财务风险。而企业的成长能力则可用销售增长率表示,它会从正反两方面对内部控制缺陷产生影响。销售增长率的提高会使企业有较多可用于内部控制系统建设的资金,但如果企业管理者为美化经营成果,采用财务造假的手段伪造高增长率,则会使企业会计信息失真。分布报告较多的公司一般为集团公司,一方面,较多的子公司会增加其管理的复杂性;另一方面,复杂性的增加又会促使其加强内部控制建设。因此,该因素对内部控制的影响具有不确定性,因此提出假设9:

H9:经营策略类因素对内部控制缺陷有影响。

10.公因子10(CHG)主要反映了事务所更替与内部控制缺陷间的关系,由于"是否由'四大'事务所进行审计"与公司规模高度相关,因此不属于本因子集。根据学者已有的研究结果,笔者认为如果企业存在内部控制缺陷或财务风险较大且无法掩盖时,则会做出更换事务所的决定。因此提出假设10:

H10:事务所变更与企业内部控制系统缺陷存在正相关关系。

11.公因子11(FOR)主要描述了企业的对外贸易行为,如前文所述,笔者认为频繁进行外贸交易的公司会更有便利条件进行财务舞弊,也更容易存在内部控制缺陷。因此提出假设11:

H11:对外贸易类因素与内部控制缺陷正相关。

## 第三节 研究设计与样本选择

**一、样本选择与数据来源**

根据证监会《关于2012年主板上市公司分类分批实施企业内部控制规范体系的通知》,自2012年起,绝大部分主板上市公司将被强制要求披露内部控制评价报告及审计报告。由于本书第五章及第六章部分内容是建立在自愿披露的基础上,为保持全书数据的一致性及可比性,本书选取2008—2011年四年间在沪市A股市场连续交易的上市公司作为样本,并对其进行如下处理:(1)由于金融保险企业与其他企业特征明显不同,因此将其剔除;(2)由于研究基于面板数据,因此将2008—2011年间入市、退市的公司剔除。对于数据不全的公司,本书予以保留,其缺失数据以均值代替。经上述筛选程序后,得到820家样本公司数据。对于离群值,笔者采用winsorization方法处理,对小于

1%分位数及大于99%分位数,令其等于1%分位数和99%分位数。最后,将数据进行标准化处理。本章所涉及的财务数据采自国泰安(CSMAR)、万得(WIND)及锐思(RESSET)金融数据库,其他非财务数据由公司财务报表整理得出。

## 二、研究方法选择

本书以内部控制缺陷影响因子为解释变量,检验其对内部控制缺陷的影响程度,实证检验基于平衡面板数据进行逻辑回归分析。由于被解释变量为0、1逻辑变量,因此采用二元选择模型(binary choice model)。由于企业内部控制缺陷具有时间及个体的特殊性,因此本书将采用固定效应的logit模型对其进行检验。

## 三、变量界定

(一)因变量界定:内部控制缺陷界定

我国上市公司自2007年起自愿披露内部控制信息。在其内部控制报告中,部分上市公司指出其内部控制系统需要进一步完善,但如前文所述,内部控制的局限性是客观存在的,因此仅指出其需要继续改进,不能说明该系统已不能为企业实现目标服务。而通过查阅四年间公司出具的内部控制自评报告,笔者发现,几乎所有出具该报告的公司都认为自身内部控制系统不存在重大缺陷,即使是被证监会公开处罚的公司也不例外。因此,这些上市公司在自评报告中形成的结论似乎也不宜作为其是否存在内部控制缺陷的标准。COSO报告指出,内部控制应能保证企业财务报告真实可靠、经营业务高效且合法合规,因此,如果上市公司有财务报告重述或修订行为或者因制度漏洞被证监会处罚,则可以认为其存在内部控制缺陷。本书用ICF来表示内部控制缺陷,当上市公司存在内部控制缺陷时,其值为1,不存在内部控制缺陷时,其值为0。

(二)自变量选择:基于因子分析结果

根据前文的因子分析结果,本书选取了11个因子集作为影响内部控制缺陷的自变量,分别是:审计委员会类因素(AU)、公司规模类因素(LAG)、盈利状况类因素(PRO)、变现速度类因素(CR)、资本结构类因素(CAS)、股权激励类因素(EI)、董事会特征类因素(BOD)、兼并重组类因素(MA)、经营策略类因素(OI)、事务所更替类因素(CHG)及对外贸易类因素(FOR)。这些因子集中的财务因素及非财务因素对内部控制系统的有效性影响最广,能很好地解释内部控制缺陷的形成过程。

### 四、模型选择

在对前期文献进行梳理后，笔者发现在对内部控制系统以往的研究中，学者们大都采取逻辑回归的方法解释不同因素对内部控制的影响。因此，本书也将延续这一做法，采用逻辑回归模型来测度内部控制缺陷的影响因素。

$$ICF = \beta_0 + \beta_1 AU + \beta_2 LAG + \beta_3 PRO + \beta_4 CR + \beta_5 CAS + \beta_6 EI + \beta_7 BOD + \beta_8 MA + \beta_9 OI + \beta_{10} CHG + \beta_{11} FOR + \varepsilon \qquad (4.1)$$

## 第四节 实证检验结果

首先对原始数据样本进行描述性统计，结果如下：

表 4-4 上市公司总体描述性统计结果

| 变量 | 极小值 | 极大值 | 均值 | 中值 | 标准差 |
| --- | --- | --- | --- | --- | --- |
| MA | 0.00 | 1.00 | 0.2960 | 0.0000 | 0.45658 |
| PR | 0.00 | 7.00 | 1.6649 | 1.0000 | 0.86488 |
| AAE | 0.00 | 1.00 | 0.2265 | 0.0000 | 0.41865 |
| ASC | 0.00 | 1.00 | 0.2991 | 0.0000 | 0.45793 |
| AD | 0.00 | 1.00 | 0.2817 | 0.0000 | 0.44990 |
| AS | 0.00 | 1.00 | 0.0463 | 0.0000 | 0.21026 |
| SOLRT | 0.00 | 0.76 | 0.2567 | 0.2260 | 0.18569 |
| ROS | −0.46 | 0.44 | 0.0628 | 0.0442 | 0.10068 |
| ROA | −0.14 | 0.19 | 0.0349 | 0.0291 | 0.04703 |
| ROE | −0.45 | 0.39 | 0.0726 | 0.0670 | 0.10528 |
| LOGMV | 0.00 | 7.91 | 6.3542 | 6.5632 | 1.39115 |
| SAME | 0.00 | 1.00 | 0.1095 | 0.0000 | 0.31225 |
| SCL | 0.00 | 17.00 | 9.1415 | 9.0000 | 2.13056 |
| BDDI | 0.00 | 1.00 | 0.4561 | 0.0000 | 0.49814 |

续表

| 变量 | 极小值 | 极大值 | 均值 | 中值 | 标准差 |
|---|---|---|---|---|---|
| LNW | 0.00 | 0.55 | 0.3455 | 0.3333 | 0.08736 |
| IDIR | 0.00 | 1.00 | 0.0027 | 0.0000 | 0.05232 |
| FOREIGN | 0.00 | 1.00 | 0.0027 | 0.0000 | 0.05237 |
| LOGASS | 0.00 | 11.11 | 9.1871 | 9.4563 | 1.84305 |
| LOGBOAM | 0.00 | 1.32 | 0.8937 | 0.9031 | 0.22477 |
| BIG4 | 0.00 | 1.00 | 0.0825 | 0.0000 | 0.27512 |
| AUDCHG | 0.00 | 1.00 | 0.0757 | 0.0000 | 0.26464 |
| LOSS | 0.00 | 1.00 | 0.1170 | 0.0000 | 0.32145 |
| SALGRO | −0.58 | 2.89 | 0.1680 | 0.1204 | 0.36502 |
| TOLCA | −0.19 | 0.25 | 0.0444 | 0.0423 | 0.07451 |
| FREEC | −2.70E9 | 1.10E10 | 3.4029E8 | 90000000.0000 | 1.20285E9 |
| LOGOPE | 0.00 | 3.44 | 2.0452 | 2.0903 | 0.63360 |
| PRO | 0.00 | 7.53 | 1.2834 | 1.1288 | 1.07496 |
| ASSLIA | 0.00 | 1.45 | 0.5268 | 0.5369 | 0.21369 |
| LOGREV | 0.00 | 10.88 | 9.0559 | 9.2108 | 1.51574 |
| TOLASSR | 0.07 | 2.31 | 0.7169 | 0.6307 | 0.46506 |

资料来源:作者编制。

表 4-5 无内部控制缺陷上市公司描述统计结果

| 变量 | 极小值 | 极大值 | 均值 | 中值 | 标准差 |
|---|---|---|---|---|---|
| MA | 0.00 | 1.00 | 0.2905 | 0.0000 | 0.45410 |
| PR | 0.00 | 7.00 | 1.6603 | 1.0000 | 0.86474 |
| AAE | 0.00 | 1.00 | 0.2275 | 0.0000 | 0.41931 |
| ASC | 0.00 | 1.00 | 0.2949 | 0.0000 | 0.45608 |
| AD | 0.00 | 1.00 | 0.2794 | 0.0000 | 0.44881 |
| AS | 0.00 | 1.00 | 0.0456 | 0.0000 | 0.20862 |
| SOLRT | 0.00 | 0.79 | 0.2598 | 0.2240 | 0.18941 |

续表

| 变量 | 极小值 | 极大值 | 均值 | 中值 | 标准差 |
| --- | --- | --- | --- | --- | --- |
| ROS | -0.66 | 0.53 | 0.0632 | 0.0468 | 0.11733 |
| ROA | -0.17 | 0.21 | 0.0351 | 0.0297 | 0.05094 |
| ROE | -0.93 | 0.39 | 0.0636 | 0.0660 | 0.12747 |
| LOGMV | 0.00 | 7.97 | 6.4292 | 6.5721 | 1.22770 |
| SAME | 0.00 | 1.00 | 0.1157 | 0.0000 | 0.31997 |
| SCL | 0.00 | 17.00 | 9.1387 | 9.0000 | 2.10974 |
| BDDI | 0.00 | 1.00 | 0.4621 | 0.0000 | 0.49866 |
| LNW | 0.00 | 0.56 | 0.3509 | 0.3333 | 0.07972 |
| IDIR | 0.00 | 1.00 | 0.0016 | 0.0000 | 0.03979 |
| FOREIGN | 0.00 | 1.00 | 0.0016 | 0.0000 | 0.03979 |
| LOGASS | 0.00 | 11.18 | 9.3013 | 9.4616 | 1.54840 |
| LOGBOAM | 0.00 | 1.38 | 0.9050 | 0.9031 | 0.20751 |
| BIG4 | 0.00 | 1.00 | 0.0856 | 0.0000 | 0.27985 |
| AUDCHG | 0.00 | 1.00 | 0.0670 | 0.0000 | 0.25004 |
| LOSS | 0.00 | 1.00 | 0.1157 | 0.0000 | 0.31997 |
| SALGRO | -0.69 | 4.71 | 0.1821 | 0.1221 | 0.46468 |
| TOLCA | -0.25 | 0.28 | 0.0443 | 0.0440 | 0.07989 |
| FREEC | -4.00E9 | 1.40E10 | 3.4018E8 | 89000000.0000 | 1.42566E9 |
| LOGOPE | 0.00 | 3.68 | 2.0862 | 2.1057 | 0.60849 |
| PRO | -0.36 | 9.26 | 1.3415 | 1.1342 | 1.22680 |
| ASSLIA | 0.00 | 1.81 | 0.5348 | 0.5398 | 0.22587 |
| LOGREV | 0.00 | 10.95 | 9.1152 | 9.2218 | 1.36055 |
| TOLASSR | 0.04 | 2.53 | 0.7175 | 0.6301 | 0.48087 |

资料来源：作者编制。

表 4-6 有内部控制缺陷上市公司描述统计结果

| 变量 | 极小值 | 极大值 | 均值 | 中值 | 标准差 |
| --- | --- | --- | --- | --- | --- |
| MA | 0.00 | 1.00 | 0.3144 | 0.0000 | 0.46458 |
| PR | 0.00 | 5.00 | 1.6803 | 1.0000 | 0.86575 |
| AAE | 0.00 | 1.00 | 0.2232 | 0.0000 | 0.41670 |
| ASC | 0.00 | 1.00 | 0.3131 | 0.0000 | 0.46405 |
| AD | 0.00 | 1.00 | 0.2893 | 0.0000 | 0.45374 |
| AS | 0.00 | 1.00 | 0.0489 | 0.0000 | 0.21575 |
| SOLRT | 0.00 | 0.73 | 0.2600 | 0.2360 | 0.18296 |
| ROS | −0.40 | 0.42 | 0.0601 | 0.0400 | 0.09486 |
| ROA | −0.13 | 0.20 | 0.0351 | 0.0275 | 0.04647 |
| ROE | −0.41 | 0.36 | 0.0732 | 0.0656 | 0.10289 |
| LOGMV | 0.00 | 8.03 | 6.3335 | 6.5517 | 1.41544 |
| SAME | 0.00 | 1.00 | 0.0885 | 0.0000 | 0.28422 |
| SCL | 0.00 | 17.00 | 9.1506 | 9.0000 | 2.19994 |
| BDDI | 0.00 | 1.00 | 0.4359 | 0.0000 | 0.49621 |
| LNW | 0.00 | 0.50 | 0.3438 | 0.3333 | 0.09014 |
| IDIR | 0.00 | 1.00 | 0.0066 | 0.0000 | 0.08106 |
| FOREIGN | 0.00 | 1.00 | 0.0066 | 0.0000 | 0.08116 |
| LOGASS | 0.00 | 11.30 | 9.1641 | 9.4500 | 1.90989 |
| LOGBOAM | 0.00 | 1.26 | 0.8933 | 0.9031 | 0.22390 |
| BIG4 | 0.00 | 1.00 | 0.0715 | 0.0000 | 0.25787 |
| AUDCHG | 0.00 | 1.00 | 0.1060 | 0.0000 | 0.30799 |
| LOSS | 0.00 | 1.00 | 0.1205 | 0.0000 | 0.32580 |
| SALGRO | −0.52 | 2.48 | 0.1828 | 0.1253 | 0.36589 |
| TOLCA | −0.15 | 0.24 | 0.0455 | 0.0408 | 0.07197 |
| FREEC | −1.90E9 | 2.50E10 | 5.4932E8 | 1.2000E8 | 1.96712E9 |
| LOGOPE | 0.00 | 3.32 | 1.9989 | 2.0472 | 0.63303 |

续表

| 变量 | 极小值 | 极大值 | 均值 | 中值 | 标准差 |
|---|---|---|---|---|---|
| PRO | 0.00 | 7.08 | 1.2497 | 1.1143 | 0.98692 |
| ASSLIA | 0.00 | 1.43 | 0.5279 | 0.5377 | 0.21424 |
| LOGREV | 0.00 | 11.06 | 9.0201 | 9.2117 | 1.65256 |
| TOLASSR | 0.07 | 2.37 | 0.7362 | 0.6318 | 0.47544 |

资料来源:作者编制。

财务数据描述性统计结果显示,对于不存在内部控制缺陷的上市公司来说,存在内部控制缺陷的公司资产规模(LOGASS)和股票市值(LOGMV)一般较小,营业收入(LOGREV)较少且总资产周转率(TOLASSR)偏低,有亏损(LOSS)现象,销售利润率(ROS)较低。上述指标中,有内部控制缺陷的上市公司表现为除了 LOSS 指标偏高外,上述其余财务指标均偏低,经济状况不好的公司往往没有意愿及能力去加强其内部控制制度建设,这和以往的研究结果是相符的。

而通过对非财务指标的考察,作者发现有内部控制缺陷的公司相对于没有内部控制缺陷的公司,往往有兼并重组(MA)的经历,且经营范围和业务较为复杂(用分部报告数量 PR 表示),有对外贸易业务(FOREIGN),表现为 MA、PR 及 FOREIGN 值偏高,此外,其往往更偏向聘用除四大(BIG4)以外的会计师事务所,且事务所更换(AUDCHG)更频繁,在公司治理机制中,其董事会开会次数(LOGBOAM)较少,独立董事的数量(LNW)和审计委员会中有会计从业经验(AAE)的人也更少。表现为 MA、PR、AUDCHG 值较高,而 BIG4、LOGBOAM、LNW、AAE 值偏低。这和以往的研究结论也是相符的。经营范围广、业务复杂、子公司较多、有对外贸易的集团公司,其内部控制建设比一般公司难度高,环节和程序上更容易出现漏洞。而兼并重组会使主并公司与被并公司的企业制度、文化在一定时期内出现高度的不统一,从而使其内部控制失控。公司治理机制的不完善也会导致出现内部控制缺陷,而存在内部控制缺陷的公司为了避免审计单位出具非标准审计意见,往往倾向于聘用中小型事务所,或一旦审计单位出具非标意见,就更换会计师事务所。

值得注意的是,作者发现无内部控制缺陷的上市公司更倾向于负债经营,表现为其财务杠杆率(PRO)、资产负债率(ASSLIA)值相对于有内部控制缺陷的公司来说都更高,而自由现金流量(FREEC)全部资产现金回收率(TOL-

CA)却较低。这可能和无内部控制缺陷的上市公司信誉较好,其财务报表的真实性及非财务信息更容易得到银行等金融机构的肯定,从而更容易得到资本成本率较低的直接融资有关。此外,还可以看到,无内部控制缺陷的上市公司,其平均营业周期(LOGOPE)更长,而净资产收益率(ROE)却更低。根据描述性统计结果,有内部控制缺陷的上市公司,审计委员会的设立情况(ASC、AD、AS)、董事会的规模(SCL)、总经理和董事长是否合一(SAME),以及董事和独立董事的持股情况(BDDI、IDIR)似乎比没有内部控制缺陷的上市公司表现要好,它们普遍设立了审计委员会,董事会规模更大,而总经理与董事长也往往由不同高管担任。最后,作者发现,对于固定资产率(SOLRT)、资产回报率(ROA)、销售增长率(SALGRO)来说,有缺陷的上市公司和没有缺陷的上市公司,其数值几乎是相同的。

对于上述描述性统计结果,笔者认为,不能仅仅观察其表面数值,只有了解变量间的相互关系,才能更好地对其结果进行正确分析。因此,将上述因子集进行逻辑性检验,如表 4-7 所示。

表 4-7 内部控制缺陷影响因子:Logit 回归结果

| 变量 | 系数 | 估计系数 | Z 值 |
| --- | --- | --- | --- |
| AU | −0.008594 | — | −0.226713 |
| LAG | 0.125708** | — | 2.319736 |
| PRO | −0.360206*** | — | −6.253644 |
| CR | 0.090952** | — | 2.140152 |
| CAS | 0.098887** | ? | 2.094004 |
| EI | −0.016988 | — | −0.413656 |
| BOD | −0.011696 | — | −0.270127 |
| MA | 0.065166* | + | 1.548467 |
| OI | 0.072701 | ? | 1.237542 |
| CHG | 0.282471*** | + | 4.563813 |
| FOR | −0.662264*** | + | −5.635941 |
| N | 2 853 | | |

注:*** 表示在 1% 的水平上显著,** 表示在 5% 的水平上显著,* 表示在 10% 的水上显著。

资料来源:作者编制。

表 4-7 列示了 Logit 回归分析结果。可以看到,大部分变量的回归系数方向都与原先预测相同,仅公司规模类因素、变现速度类因素与对外贸易类因素与原先预测相反。其中,审计委员会类因素与内部控制缺陷呈不显著的负相关关系,说明虽然目前我国大部分上市公司已设立了审计委员会,且其已开始对抑制内部控制缺陷发挥作用,但与国外成熟资本市场相比,效果上仍有一定的差距。Krishnan(2005)、B. W. Goh(2009)在对审计委员会特征与其作用效果进行考察后发现,审计委员会规模越大,专业性越强,其对内部控制的监督作用就越好。在研究过程中笔者发现,目前我国部分上市公司未能设立审计委员会,即使设立,其成员的专业性也欠佳,拥有财会专业背景或相关资质证书的仅占一小部分,甚至没有财会专业人员。同时,笔者也发现,我国审计委员会中部分成员存在在关联公司中任职的问题,导致其独立性较差。

让人意外的是,我国公司规模类因素与内部控制缺陷呈非显著正相关,这与国外资本市场情况明显不同。公司规模类因素中含总资产、股票市值、是否由四大会计师事务所审计及经营自由现金流量四个子因素。其中总资产的权重比例最大,对该因子集的实证检验方向起主导作用。在对所涉公司的进一步研究中,笔者发现,在我国,由于 2012 年之前内部控制信息并不要求强制披露,因此很多中小企业出于多种原因考虑并未披露内部控制系统的建设情况,即使披露,其结果的可靠性也相对较低。而大型公司由于受公众监督程度更高,因此其往往有较强的自律意识,对内部控制缺陷的披露也更加严格,且披露信息更加具体、真实、有效。因此,公司规模类因素与内部控制缺陷间就呈现出这种较独特的正相关关系。

收益率类因素、股权激励类因素与内部控制缺陷显著负相关,与国内外学者的结论相同。表明公司受益越高,给董事会股权激励的比例越大,公司存在内部控制缺陷的可能性就越小。变现速度类因素中包含固定资产率、营业周期及全部资产现金回收率,根据因子分析结果,在这三个子因素中,所占权重较大的是固定资产率,另外两个因素占比较小。固定资产率与公司变现速度一般呈反比,而变现速度慢的公司较容易出现资金周转问题,从而导致会计舞弊。因此,如果上市公司固定资产率过高,则其应重视自身潜在的风险。资本结构类因素包含总资产周转率、营业收入对数与资产负债率三个子因素,其与内部控制缺陷显著正相关。在三个子因素中,总资产周转率占比最大,而销售收入和总资产是影响总资产周转率的两个重要方面。由于已知营业收入与内部控制缺陷显著负相关,因此,在销售收入因素固定的基础上,可知总资产与总资产周转率成反比,即总资产越少的公司,其总资产周转率越高。因此,总资产与内部控制缺陷负相关,表明规模小的上市公司往往不重视其内部控制建设,容易出现内部控制缺陷。

董事会特征类因素虽然与内部控制缺陷负相关,但并不显著。这表明尽管我国上市公司董事会能在一定程度上阻止内部控制缺陷的发生,但效果并不明显。从因子分析结果看,独立董事在本因子集中处于主导地位。而本因子集整体呈现出的弱相关性可以从侧面反映出我国的独立董事制度尚不完善,其独立判断的作用还不能得到很好的发挥。在对企业进行的实地调研过程中,笔者也发现,在进行管理层决策时独立董事缺少参与的积极性,为保持其社会地位或高额薪酬,其对公司董事会的决策结果往往无条件支持,这与独立董事制度设立的初衷是相悖的。

同国外学者已有的研究结论一致,兼并重组类因素与内部控制缺陷正相关。因此,近期曾有过兼并重组行为的公司对其内部控制所出现的问题应格外关注。财务杠杆率为经营策略类三个因素中的主导因素,这说明企业财务杠杆越高,负债越多,其经营风险越大,也更容易出现内部控制缺陷。这就提醒企业,在享受财务杠杆给其带来的税赋减少好处的同时,应注意由此会引发的潜在风险。事务所变更类因素与内部控制缺陷显著正相关,说明上市公司更换聘请的事务所在一定程度上能揭示出其存在的内部控制风险,尤其是如果被聘事务所主动要求更换审计对象,这往往预示着其已无法对审计风险进行控制。因此,投资者在投资这类公司时应格外谨慎。

与国外学者的研究结果不同,我国的对外贸易类因素与内部控制缺陷显著负相关。根据国外学者的研究观点,经常进行对外贸易的公司业务一般较复杂,且更善于利用各国法律的差异性进行财务舞弊,因此,其出现内部控制缺陷的概率较没有对外贸易业务的公司高,然而利用我国上市公司数据进行研究,其结果却与之相反。方红星(2010)探讨了交叉上市公司的内部控制缺陷情况,并以2007年及以前兖州煤业股份有限公司在内地、香港和美国三地证券市场的内部控制缺陷披露情况为案例,考察了影响其在内地市场披露的因素。此外,方红星还比较了不同市场投资者对内部控制缺陷信息披露的反应情况。研究结果表明,由于境外及香港市场的市场监察及外部审计监控更加严格,因此交叉上市公司可以更加及时地披露内部控制缺陷并加以改正,同时,市场对这种披露及修正行为也会给予反应。我国资本市场与国外成熟资本市场相比,各项监管规则并不完善,因此,那些需要与别国进行贸易往来的公司,在交易过程中会受到来自他国的严格监督,这对其避免内部控制缺陷而言是有益的。因此,这导致我国的对外贸易类因素与内部控制缺陷间呈现出与国外学者研究结果所不同的负相关关系。

## 第五节 本章小结

本章研究了上市公司内部控制缺陷的主要诱因。研究结果发现,收益质量不佳、变现能力较差的公司一般容易出现内部控制缺陷,其在近期内一般有过兼并重组行为,且经历了事务所变更。对此,应加强审计委员会及董事会建设,因为公司治理质量的提高对抑制内部控制缺陷的产生能起到很好的促进作用。应扩大二者的规模,增加有财务相关专业背景人员的比例并给予其成员以股权激励,以加强他们对公司内部控制系统监管的主动性。在研究的过程中笔者发现,由于在2012年之前我国上市公司内部控制信息披露属自愿范畴,因此,部分中小企业并未对其内部控制建设情况进行披露,这导致本书的研究结果中出现了公司规模与内部控制缺陷正相关这一同以往假设不同的结论。从另一方面也证实了我国政府将内部控制信息列为强制披露内容是十分必要的,因为其能使投资者做出更正确的投资判断。另外,上市公司与发达国家进行外贸交易的行为是值得鼓励的,同时,也应鼓励上市公司在国内、海外交叉上市,因为这可以更好地促进其规范内部控制制度,并及时准确地披露内部控制信息。

内部控制缺陷会导致上市公司出现经营风险隐患,Collins(1997)就认为,内部控制缺陷会对财务信息质量造成负面影响。这是因为,内部控制缺陷会影响公司的流程和岗位安排,造成公司部门、员工对会计信息无意识的错报。比如,缺少会计复核程序,对发生的错误不能在报表报出前改正。或者,对政策的掌握存在偏差,从而使会计处理方法选择发生错误。除此之外,内部控制缺陷还可能会导致有意识的舞弊行为。内部控制的不严谨为管理层进行非法盈余管理及掏空上市公司、实现隧道效应提供了便利。有意识或无意识的会计信息差错都会造成财务报告稳健性的降低。对于这种情况,市场往往会给出直接的反应,比如,股东对股票进行抛售,债权人提高贷款利率等。而内部控制缺陷对上市公司市场价值及债务资本成本产生的影响也是本书接下来要研究的问题。

# 上市公司内部控制缺陷对其市场价值的影响

《萨班斯法案》第 302 号条款及第 404 号条款均要求上市公司建立健全内部控制系统并披露其有效性。其中，302 号条款要求 CEO 和 CFO 评价并报告其内部控制是否真实有效，404 号条款要求每年对管理层出具的内部控制报告进行审计。而我国近年来也出台了《内部控制基本规范》、《内部控制评价指引》等一系列规范指南以督促及规范上市公司的内部控制建设行为。这使得企业各方面的利益相关者开始关注内部控制信息，尤其是内部控制缺陷信息，因为可以从这些信息中直观观察到企业财务报告的真实性及有效性的保障情况。正因如此，上市公司内部控制信息在披露后会往往引起企业利益相关者的一系列反应，这种反应是复杂的、综合性的。

由于内部控制缺陷的披露在一定程度上能反映企业管理方面存在的问题，会影响投资者对公司其他财务信息真实性的判断，因此在公司披露其内部控制存在实质性缺陷后，往往会引起其股价的大幅下跌。J. S. Hammersley 等(2008)指出，投资者的市场反应程度与上市公司披露的内部控制缺陷的严重程度成正比。但如果上市公司的审计师来自四大会计师事务所，公众的不良反应会减弱很多，且越详细的报告越能缓解投资者的不安情绪。我国资本市场与发达国家成熟资本市场的特点显著不同，因此，对内部控制缺陷信息披露后导致的市场价值变化进行研究具有实际意义。

## 第一节 理论分析及假设提出

《萨班斯法案》颁布后,学者们开始对内部控制缺陷是否会影响企业市场价值进行研究。已有的文献表明,内部控制缺陷的严重程度会对公司的股价产生影响。Nayar、Beneish 等及 Hammersley 等探讨了内部控制缺陷与股价的关系,发现当公司宣布其内部控制存在缺陷后,其股价会降低。而 A. Skaife 也认为,存在内部控制缺陷的公司有更多的非正常盈余,而市场是否会对其存在的内部控制缺陷做出反应,要根据其是否在之前就通过该公司的经营状况对公司做出了恰当的判断。

于忠泊、田高良(2009)调查了上交所 499 家上市公司 2007 年度内部控制信息披露后的市场反应情况。他们发现,相比较 2006 年来说,2007 年上市公司在年报中更多地披露了和内部控制有关的信息。而市场对披露内部控制报告与未披露该报告的公司有不同的反应。在平均异常收益率及累计平均异常收益率方面,披露内部控制报告的公司比未披露的公司波动更大。但在控制其他信息后,内部控制报告的披露就不再对异常收益产生显著影响。他们得到的最终结论是,内部控制报告的披露会引起市场反应,但"反应的机理比较复杂,存在着较多的内生关系"[①]。

根据以上文献,我们可以看出,在发达资本市场中,如果企业内部控制良好,它会详细披露内部控制信息,因为这可以降低资本成本,同时向投资者间接传递其财务报告可信度较高、公司治理机制良好的信息,此时投资者会做出正向反应,提高其对该公司的估价,促使股价上升。但如果公司存在内部控制缺陷,则其往往不会披露内部控制信息,或者不进行详细披露,这将使投资者对其财务报告结果的真实性产生怀疑,并认为公司的财务风险较大,他们会调低对该上市公司的预期值,抛售其股票,使该股票价格下跌。但由于我国的资本市场刚刚起步,与发达国家资本市场有本质的区别,且我国部分投资者对内部控制的认识也并不深入,因此,在我国还没有实证结果表明内部控制缺陷与其市场价值等有明确的相关关系。

---

① 于忠泊,田高良.上市公司内部控制报告信息有效性研究[J].统计与决策,2009(4):145-147.

第五章　上市公司内部控制缺陷对其市场价值的影响

在以往的研究中，对内部控制缺陷信息披露后投资者市场反应的研究往往会采取事件研究法，以测度目标公司股票价格的变化情况。而在本书中，我们拟采用托宾 Q 值表示上市公司的市场价值，这是因为托宾 Q 值比单纯的股票市值更能反映公司的综合价值情况，它将资本的预期收益与实际收益相对比，可以很好地反映投资者的投资意愿。并且，我们的最终目的并不是比较内部控制缺陷信息披露后公司股票价值是否会下降，而是旨在比较内部控制缺陷对上市公司实际价值的影响程度。根据以往的研究结果，可以做出如下假设：

H1：内部控制缺陷会降低上市公司的市场价值。

虽然风险管理整合框架是内部控制理论发展的最新成果，对规范企业运营具有一定的效果，但我们也可以看到，在该框架的指引下，财务丑闻仍然频频出现，一些著名的企业也面临或已经经历了破产倒闭的命运。究其原因，一方面是由于企业内部控制设计存在缺陷，因此内部控制制度得不到有效的执行；另一方面，内部控制评价机制缺失，评价模型操作性较差，也造成内部控制缺陷不能被及时发现和改正。因此，企业"内部控制建设的关键环节之一即为建立健全有效的内部控制自我评价体系"[①]。

1992 年 COSO 委员会发布的《内部控制——整体框架》指出，内部控制评价是对内部控制制度本身和执行是否有效进行评价。1996 年，国际内部审计师协会（IIA）在研究报告中将内部控制评价的特征归纳为三点：关注业务过程及控制成效，由内部审计机构和部门员工配合展开，用结构化的方法进行评估。而我国的《内部控制评价指引》也将内部控制定义为"由企业董事会和管理层实施的，对企业内部控制有效性进行评价，形成评价结论，出具评价报告的过程"。

因此，内部控制评价的实质是对一定时期内企业内部控制的合规程度进行考察，以保证企业能顺利实现经营目标的达标性测试过程。在这个过程中，全体员工、管理层及审计人员可以对企业各环节的内部控制影响因素有更深入、持续的了解，以便及时做出适当的调整。为了使该过程更有针对性，更为独立、客观，应令审计人员全程参与，并将其作为内部审计的一种方法和手段。在内部控制评价完成后，审计人员应将测度结果上报给管理层及审计委员会，

---

① 高一斌，王宏.对加快推进内部会计控制建设若干问题的思考[J].会计研究，2005(2)：3-10.

为实现企业目标服务。从经济学上说,企业的运行是一个多利益主体的博弈过程,在博弈的过程中,需要有规则以保证实现博弈各方的合理利益诉求,达到最优均衡,内部控制评价就是这样一种规则。而从契约经济学的角度看,企业本身是一个能使经济利益各方都实现契约目标的集合体,内部控制评价则是契约过程能有效执行、契约目标能够顺利实现的有力保证。它能减少信息不对称程度,降低参与人出现投机倾向的概率,降低交易成本,促进企业可持续发展。因此,其本质是一种规则、一种契约,能最大限度地披露内部控制设计及执行状况,从而能使企业的经营目标顺利实现,并维护企业资产的安全,使企业恪守法律法规,保障企业各经济利益相关者做出正确的决策。

健全的内部控制评价制度对企业来说,也具有重要意义。因此,笔者认为虽然均存在内部控制缺陷,但如果上市公司出具内部控制评价报告,则其在投资者中的被接受程度会比未出具内部控制评价报告的上市公司高,为此,笔者提出假设 2:

H2:如果上市公司存在内部控制缺陷,则出具内部控制评价报告比不出具报告的公司能减少其市场价值降低的程度。

此外,田高良(2011)从内部控制实施、评价和审计师鉴证这三个内部控制的关键角度对内部控制鉴证报告信号失灵的原因及甄别工具进行了实证分析,发现会计信息质量不会影响公司披露鉴证报告的决定,但如果公司聘用的审计师质量较高、声誉较好的话,则一般来说其操控性应更低,即其会计信息质量一般会更高。最终,他得出结论:"内部控制鉴证报告作为传递内部控制信息的二次信号是失灵的,而审计师质量具有信号甄别的作用。"[①]

张然(2012)等也认为管理层可以通过对内部控制进行自评的方式将企业内部控制有效的信息释放出来,以给企业外部利益相关者进行正确的决策提供帮助。此外,管理层披露的内部控制信息的公允性可由注册会计师通过发布内部控制审计报告的方式提供鉴证。其对 2007—2010 年沪深主板的 A 股公司出具的内部控制自评报告和鉴证报告进行了实证研究,以验证披露上述信息是否可以使企业资本成本降低。其研究结果表明,在将其他影响因素控制后,披露内部控制自我评价报告会降低上市公司的资本成本,如果同时出具内控鉴证报告,则其资本成本会进一步降低,无论该公司是国有公司还是非国

---

① 田高良,李留闯,齐保垒.内部控制鉴证报告的信号失灵和甄别——一个本土化的实证研究[J].南开管理评论,2011(5):109-117.

有控股公司。

按照他们的研究结论,经过审计师鉴证的内部控制评价报告,更具有可信性,广大投资者会更愿意相信此类上市公司的内部控制信息披露结果。因此,笔者认为在出具内部控制评价报告的上市公司中,如果其同时出具会计师事务所出具的内部控制审计报告,则其市场价值比未出具审计报告的上市公司高。

由此,笔者提出假设3:

H3:如果上市公司存在内部控制缺陷,则进一步出具内部控制审计报告的公司比只出具内部控制自我评价报告的公司市场价值高。

## 第二节 研究设计与样本选择

### 一、数据来源

为了考察资本市场中投资者对内部控制信息的反应情况,同前章,笔者选取2008—2011年四年间在沪市A股市场连续交易的上市公司作为样本,并对其进行如下处理:(1)由于金融保险企业与其他企业特征明显不同,因此将其剔除;(2)由于研究基于面板数据,因此将2008—2011年间入市、退市的公司剔除。对于数据不全的公司,本书予以保留,其缺失数据以均值代替。经上述筛选程序后,得到820家样本公司数据。对于离群值,笔者采用winsorization方法处理,对小于1%分位数及大于99%分位数,令其等于1%分位数和99%分位数。最后,将数据进行标准化处理。本章所涉及的财务数据采自自国泰安(CSMAR)、万得(WIND)及锐思(RESSET)金融数据库,其他非财务数据由公司财务报表整理得出。

相对于中小板上市公司而言,沪市上市公司更具稳定性,规模较大,上市时间长,因此,不容易被个别因素所影响,以其作为研究样本能更好地检验出内部控制缺陷对上市公司市场价值的影响,同时,相应的,也有利于进一步加强对上市公司内部控制建设进行指导。本书选取上市公司行业分布如表5-1所示。

表 5-1 样本公司行业分布表

| 行业 | 行业样本数量 | 占总样本比例 |
|---|---|---|
| 农林牧渔业 | 21 | 2.56 |
| 采掘业 | 27 | 3.29 |
| 制造业 | 436 | 53.17 |
| 其中:食品、饮料 | 35 | 4.27 |
| 纺织、服装、皮毛 | 32 | 3.90 |
| 木材、家具 | 2 | 0.24 |
| 造纸、印刷 | 16 | 1.95 |
| 石油、化学、塑胶、塑料 | 77 | 9.39 |
| 电子 | 27 | 3.29 |
| 金属、非金属 | 69 | 8.41 |
| 机械、设备、仪表 | 119 | 14.51 |
| 医药、生物制品 | 53 | 6.46 |
| 其他制造业 | 6 | 0.73 |
| 电力、煤气及水的生产和供应业 | 39 | 4.76 |
| 建筑业 | 23 | 2.80 |
| 交通运输、仓储业 | 46 | 5.61 |
| 信息技术业 | 50 | 6.10 |
| 批发和零售贸易 | 59 | 7.20 |
| 房地产业 | 42 | 5.12 |
| 社会服务业 | 22 | 2.68 |
| 传播与文化产业 | 9 | 1.10 |
| 综合类 | 46 | 5.61 |
| 合计 | 820 | 100 |

资料来源:作者编制。

## 二、研究方法选择

本书以内部控制缺陷、内部控制自评报告出具情况、内部控制审计报告出具情况分别作为三个模型的解释变量,检验其对上市企业托宾 $Q$ 值的影响程度,实证研究基于平衡面板数据进行逻辑回归分析。由于因变量为数值变量,因此采用最小二乘模型(least squares model)。由于企业内部控制具有时间性和个体性特征,因此拟采用固定效应的 logit 模型。

### 三、变量界定

(一)因变量界定:上市企业托宾 $Q$ 值

托宾 $Q$ 系数于 1969 年由经济学家托宾提出,它将资本市场与实业经济联系起来,能有效地衡量上市公司的业绩表现及公司的成长性,反映投资者的投资意愿,是政策研究及制定所依据的重要指标之一。J. Wu(2011)等也曾利用托宾 $Q$ 值对美国 2004—2010 年存在内部控制缺陷的上市公司市场价值进行测度。尽管我国的资本市场还不是很成熟,股票市场的进入和退出机制还不均衡,部分上市公司管理并不完善,但不能否认的是,我国的资本市场已逐渐有序化,信息传递通畅化,并具备了使用托宾 $Q$ 指标的基本条件。因此,可以利用该指标对上市公司的综合价值进行度量。托宾 $Q$ 值的基本计算公式为:

$$\text{Tobin } Q = \frac{\text{MV}}{\text{RC}}$$

其中,MV 表示上市公司的市场价值,RC 表示企业的重置成本。

一般的,在实际计算中,托宾 $Q$ 的计算公式为:

$$\text{Tobin } Q = \frac{\text{MVE} + \text{PS} + \text{DEBT}}{\text{TA}}$$

其中:MVE 为公司的流通股市值,PS 为优先股的价值,DEBT 为公司的负债净值,TA 为公司的总资产账面值。

本书采用第二种方法,这是因为在实务中,很少会有财务报表体现与资产重置成本有关的数据。而第二种方法中,所有的数据都是可以获得的,符合会计的可靠性原则。此外,我国优先股的价值主要表现为非流通股的价值,在计算过程中以公司净资产表示。

(二)自变量选择

1. 内部控制缺陷

COSO 报告指出,内部控制应能保证企业财务报告真实可靠,经营业务高效且合法合规,因此,如果上市公司有财务报告重述、修订或者因制度漏洞、违法行为被证监会处罚,则可以认为其存在内部控制缺陷。本书用 Icf 来标示内部控制缺陷,当上市公司存在内部控制缺陷时,其值为1,不存在内部控制缺陷时,其值为0。

2.出具内部控制自我评价报告情况

在进一步的研究中,我们以上市公司是否出具内部控制自评报告作为划分依据,将存在内部控制缺陷的上市公司分为两组,以对其市场价值进行分析。内部控制自我评价报告是上市公司自我检验内部控制系统是否完善的重要手段,可以帮助其完善内部控制系统,改进管理上的不足。我们用 Sec 来代表上市公司出具内部控制自我评价报告的情况,其中,出具自评报告的,用1表示;未出具该报告的,用0表示。

3.出具内部控制审计报告情况

最后,我们把存在内部控制缺陷的上市公司按其在出具内部控制自评报告的同时是否也一并出具审计报告进行进一步划分,考察内控审计报告与上市公司市场价值是否存在相关关系。内部控制审计报告作为对企业内部控制系统的第三方鉴证,能起到审核及监督作用,因此,经过鉴证的内部控制报告与未经鉴证的报告,其公信力是不同的。我们将出具内部控制审计报告的公司用1表示,未出具的用0表示。

(三)控制变量选择

我们选取了部分可能会对内部控制缺陷与公司市场价值相关性检验结果产生影响的指标作为控制变量。

1.公司规模(Size)

公司规模是影响企业市场价值的重要因素,公众对大公司总是给予更多的关注与投资热情,从而使其有更高的市场价值。在这里我们用总资产的自然对数表示该变量。

2.成长性(Growth)

公司的成长性在一定程度上也会对公司价值产生影响,成长性好的公司更容易获得投资者的青睐,从而提高其市场价值。因此,本书对公司成长性可能对其市场价值造成的影响也实施了控制。我们用销售增长率表示该指标,其反映了上市公司的市场竞争力,是投资者对公司评价的最终体现。

3.资本结构(Leverage)

资本结构反映了公司在筹资过程中的态度。由于没有完美的资本市场,因此,交易费用、信息不对称的存在会使资本结构对不同风险偏好投资者对公司的估值产生影响,进而使公司价值发生变化,因此,我们将其也作为控制变量,用资产负债率表示,即公司总负债与总资产的比值。

此外,我们还加入了行业因素,用 Industry dummies 表示。

表 5-2 主要变量及定义

| 变量名称 | 变量符号 | 变量计算方法或定义 |
| --- | --- | --- |
| 公司规模 | Size | 总资产的自然对数 |
| 成长性 | Growth | 销售收入增长率＝(本年销售额－上年销售额)/上年销售总额 |
| 资本结构 | Leverage | 资产负债率＝总负债/总资产 |
| 公司市场价值 | TobinQ | $TobinQ = \dfrac{MVE+PS+DEBT}{TA}$ |
| 内部控制缺陷 | Icf | 存在内部控制缺陷的公司取 1,不存在内部控制缺陷的公司取 0 |
| 出具内部控制自评报告情况 | Sec | 出具内部控制自评报告的公司取 1,未出具内部控制自评报告的公司取 0 |
| 出具内部控制审计报告情况 | Arc | 出具内部控制审计报告的公司取 1,未出具内部控制审计报告的公司取 0 |

资料来源:作者编制。

## 四、模型选择

在对前期文献进行梳理后,作者发现在对内部控制系统以往的研究中,学者们大都采取逻辑回归的方法解释内部控制缺陷与市场价值间的关系。因此,本书也将延续这一做法,采用逻辑回归模型对内部控制缺陷及缺陷上市公司出具内控自评报告及审计报告对其市场价值的影响程度进行测度。J. Wu (2011)曾对内部控制缺陷修复对上市公司市场价值的影响进行研究,以下拟采用他们的模型进行分析。

$$TobinQ = \beta_0 + \beta_1 ICF + \beta_2 Size + \beta_3 Growth + \beta_4 Leverage + Industry\ dummies + \varepsilon \tag{5.1}$$

# 第三节 实证检验结果

为了全面了解上市公司内部控制披露情况,本书首先统计了进行内部控制缺陷披露的上市公司数量。

表 5-3 披露缺陷上市公司数量统计表

| 行业 | 行业样本数量 | 披露缺陷公司数量 | | | |
|---|---|---|---|---|---|
| | | 2008 | 2009 | 2010 | 2011 |
| 农林牧渔业 | 21 | 11 | 6 | 5 | 4 |
| 采掘业 | 27 | 12 | 7 | 7 | 5 |
| 制造业 | 436 | 186 | 91 | 73 | 65 |
| 其中:食品、饮料 | 35 | 17 | 9 | 7 | 5 |
| 纺织、服装、皮毛 | 32 | 13 | 4 | 5 | 4 |
| 木材、家具 | 2 | 1 | 0 | 0 | 0 |
| 造纸、印刷 | 16 | 7 | 3 | 1 | 2 |
| 石油、化学、塑胶、塑料 | 77 | 37 | 18 | 12 | 10 |
| 电子 | 27 | 10 | 7 | 6 | 5 |
| 金属、非金属 | 69 | 22 | 8 | 10 | 9 |
| 机械、设备、仪表 | 119 | 50 | 28 | 20 | 18 |
| 医药、生物制品 | 53 | 28 | 14 | 12 | 12 |
| 其他制造业 | 6 | 1 | 0 | 0 | 0 |
| 电力、煤气及水的生产和供应 | 39 | 19 | 10 | 8 | 7 |
| 建筑业 | 23 | 10 | 3 | 4 | 2 |
| 交通运输、仓储业 | 46 | 19 | 11 | 11 | 15 |
| 信息技术 | 50 | 21 | 8 | 7 | 6 |
| 批发和零售贸易 | 59 | 23 | 8 | 5 | 6 |
| 房地产业 | 42 | 12 | 7 | 8 | 4 |
| 社会服务 | 22 | 5 | 3 | 3 | 3 |
| 传播与文化产业 | 9 | 6 | 0 | 0 | 1 |
| 综合类 | 46 | 13 | 5 | 4 | 6 |
| 合计 | 820 | 337 | 159 | 135 | 124 |

资料来源:作者编制。

从表 5-3 可以看出,总体上,上市公司披露内部控制缺陷的数量在逐年减少,这一方面是因为我国政府正在逐渐完善内部控制制度建设,控制体系已愈加健全;另一方面,我们在统计数据的过程中也发现,由于在2012年之前我国并非强制要求上市公司披露内部控制信息,因此,部分上市公司在披露内部控制信息但未达到预期市场反应后,就不再披露内部控制信息,以降低成本。

## 一、内部控制缺陷对上市公司市场价值的影响

表5-4为解释变量和控制变量的描述性统计。对820家样本公司,我们将其4年间的3 280个样本划分为有缺陷样本组和无缺陷样本组,其中有缺陷样本组样本数量为755个,无缺陷样本组数量为2 525个。将两组样本的均值进行比较可以看出,有缺陷组公司的资产规模、成长性及资本结构均与有缺陷组显著不同。这也从侧面反映出,内部控制缺陷会影响上市公司的总体表现,进而会影响上市公司的市场价值。

表5-4 变量描述性统计

| | 总样本 | | | | 无内部控制缺陷 | | | | 有内部控制缺陷 | | | |
|---|---|---|---|---|---|---|---|---|---|---|---|---|
| | 极小值 | 极大值 | 均值 | 标准差 | 极小值 | 极大值 | 均值 | 标准差 | 极小值 | 极大值 | 均值 | 标准差 |
| ICF | 0.00 | 1.00 | 0.2302 | 0.42101 | 0.00 | 0.00 | 0.0000 | 0.00000 | 1.00 | 1.00 | 1.0000 | 0.00000 |
| TobinQ | -0.61 | 31.51 | -0.0019 | 0.99920 | -0.61 | 17.54 | 0.0154 | 0.92570 | -0.61 | 31.51 | -0.0572 | 1.21292 |
| Size | -4.33 | 4.44 | 0.0082 | 0.98844 | -3.22 | 4.44 | 0.0301 | 0.96657 | -4.33 | 4.07 | -0.0648 | 1.05570 |
| Growth | -0.11 | 9.71 | -0.0341 | 0.21987 | -0.08 | 3.00 | -0.0355 | 0.14277 | -0.11 | 9.71 | -0.0295 | 0.37679 |
| Leverage | -0.69 | 22.63 | -0.0320 | 0.59970 | -1 | 4 | -0.04 | 0.376 | -0.65 | 22.63 | -0.0050 | 1.04518 |

资料来源:作者编制。

从上述描述性统计结果可以看出,存在内部控制缺陷的公司相较于没有内部控制缺陷的上市公司来说,其规模较小,这是因为大公司用于内部控制建设的资源一般较多,并且大公司一般结构更为复杂,其有动力去主动建设内部控制制度,以减少经营风险,降低违规成本。此外,无缺陷上市公司的增长速度也略慢于有缺陷上市公司。这可以理解为,增长速度较快的上市公司,其内部控制的建立滞后于其各项制度、机构和人员的更新,从而会使一些新兴部门、项目等存在内部控制缺陷;而发展速度较慢的公司,一般是比较成熟的公司,相比较而言,其各内部控制关键点的建设会更完善。在资产负债率方面,无内部控制缺陷的上市公司资产负债率会比有内部控制缺陷的资产负债率稍

大。这主要是因为大型公司一般更倾向于使用财务杠杆,因为它在进行财务谈判时有更好的谈判资本,能获得更低廉的借款利息;而小公司往往不具备谈判力,获得银行贷款较为困难,由于我国监管当局对公开市场募集资金的严格要求,小公司也很难通过发行债券的方式进行融资。

为了更好地对其间的关系进行解释,我们对其进行了逻辑回归检验,如表5-5所示。

表5-5 内部控制缺陷对上市公司市场价值的影响检验结果

| 变量 | 系数 | 估计系数 | $t$值 |
| --- | --- | --- | --- |
| C | −0.033639*** | ? | −6.117954 |
| Icf | −0.014517*** | − | −4.320444 |
| Size | −0.018237*** | ? | −3.462377 |
| Growth | 0.042335* | + | 1.858483 |
| Leverage | 0.084981*** | ? | 3.362594 |
| Adjusted-squared | | 0.116045 | |
| F-statistic | | 85.72537 | |

注:***表示在1%的水平上显著,**表示在5%的水平上显著,*表示在10%的水平水上显著。

资料来源:作者编制。

实证结果显示,预测的变量方向与变量的实际检测结果基本一致。可以看到,解释变量内部控制缺陷与被解释变量上市公司市场价值显著负相关,表明有内部控制缺陷的上市公司,其市场价值比没有内部控制缺陷的上市公司要低,这也验证了假设1。

公司是资本市场上的特殊商品,其价值具有资本商品的特殊性,主要体现了公司的成长性和长期获利能力,兼顾了公司所有利益相关者的多元目标,是市场对公司发展现状及前景的综合评价,也是各方博弈的最优均衡。由于公司价值考虑了时间价值和风险价值,因此,内部控制系统的完善程度就成为公司价值水平的重要影响因素之一。健全的内部控制系统能保证企业的经营效率与效果,而内部控制缺陷则反映出公司在设计及执行内部控制方面的程序漏洞,资本市场会据此判断公司可能处于一个非良好的状态,进而向下修正对公司价值的平均预期。因此,内部控制缺陷会对公司的市场价值产生负面影响。

此外，我们还可以看到，公司规模、成长速度及资本结构都会对上市公司价值产生影响。在公司规模方面，由于市场价值主要体现了公司的营利性和成长性，因此中小型公司的市场价值往往会更高，因为投资者对其后市更加看好。在成长速度方面，由于成长性指标在一定程度上反映出公司的未来市场竞争力，因此，其会对公司价值产生正向影响。赵培骞和王德华(2007)以股权分置改革后的深市中小企业板上市公司为样本，研究了不同财务指标对股票价格的影响。其实证结果显示，成长能力对股票价值的提升作用最显著。在控制了其他条件后，成长能力每增长1%，其股票价值就会上升1.09%。这表明成长性强的公司，股票价值也会较高。此外，西方资本结构理论认为，公司价值与资本成本直接相关。而资本成本在一定程度上受资本结构的直接影响，因此，平均资本成本最低的资本结构能促进公司实现价值最大化。根据啄序理论，公司在筹资过程中会首先采用内源融资，其次是债权融资，最后是外部股权融资。因此，这可以解释为什么资产负债率较高的上市公司，其市场价值会更大。

## 二、存在内部控制缺陷的公司出具内控自评报告对其市场价值的影响

在考察了内部控制缺陷对上市公司市场价值的影响后，可以发现，对于存在内部控制缺陷的公司来说，能否认识并主动披露其缺陷水平及改进情况也会影响企业的市场价值。如 J. S. Hammersley 等(2008)认为，当内部控制缺陷披露不明确时，投资者对该公司的信任程度会下降。J. M. Rose 等(2010)也认为，当内控报告有针对控制缺陷的详细讨论时，投资者对于披露缺陷细节较多的公司接受程度较高，而对那些对缺陷讨论较少的公司，则会调高其风险评级。因此，以下对存在内部控制缺陷的上市公司进行进一步细分，以考察披露内部控制自我评价报告能否提升这部分公司的市场价值。

首先对上市公司出具内部控制自评报告和审计报告的情况进行整体统计。表5-6为我国上市公司2008—2011年出具内控自评报告和审计报告的情况：

表 5-6  内部控制评价及审计报告出具情况表

| 行业 | 行业样本数量 | 披露自评报告 | | | | 披露审计报告 | | | |
|---|---|---|---|---|---|---|---|---|---|
| | | 2008 | 2009 | 2010 | 2011 | 2008 | 2009 | 2010 | 2011 |
| 农林牧渔业 | 21 | 3 | 2 | 2 | 1 | 2 | 1 | 1 | 1 |
| 采掘业 | 27 | 3 | 3 | 4 | 2 | 1 | 2 | 1 | 2 |
| 制造业 | 436 | 44 | 28 | 25 | 29 | 17 | 12 | 10 | 17 |
| 其中:食品、饮料 | 35 | 3 | 2 | 2 | 3 | 2 | 1 | 1 | 0 |
| 纺织、服装、皮毛 | 32 | 4 | 3 | 2 | 1 | 0 | 1 | 0 | 0 |
| 木材、家具 | 2 | 0 | 0 | 0 | 0 | 0 | 0 | 0 | 0 |
| 造纸、印刷 | 16 | 1 | 0 | 1 | 1 | 0 | 0 | 0 | 0 |
| 石油、化学、塑胶、塑料 | 77 | 9 | 5 | 5 | 6 | 5 | 2 | 3 | 3 |
| 电子 | 27 | 5 | 2 | 2 | 2 | 2 | 2 | 0 | 1 |
| 金属、非金属 | 69 | 4 | 1 | 2 | 3 | 1 | 1 | 2 | 2 |
| 机械、设备、仪表 | 119 | 16 | 9 | 8 | 8 | 7 | 5 | 4 | 5 |
| 医药、生物制品 | 53 | 2 | 5 | 3 | 5 | 0 | 0 | 0 | 4 |
| 其他制造业 | 6 | 0 | 0 | 0 | 0 | 0 | 0 | 0 | 0 |
| 电力、煤气及水的生产和供应 | 39 | 4 | 2 | 2 | 0 | 3 | 1 | 2 | 0 |
| 建筑业 | 23 | 2 | 2 | 2 | 2 | 1 | 1 | 2 | 2 |
| 交通运输、仓储业 | 46 | 9 | 6 | 7 | 12 | 6 | 5 | 5 | 9 |
| 信息技术 | 50 | 4 | 2 | 3 | 4 | 1 | 0 | 0 | 2 |
| 批发和零售贸易 | 59 | 2 | 3 | 3 | 2 | 2 | 2 | 1 | 1 |
| 房地产业 | 42 | 1 | 3 | 3 | 2 | 0 | 2 | 1 | 2 |
| 社会服务 | 22 | 2 | 2 | 2 | 2 | 1 | 1 | 0 | 1 |
| 传播与文化产业 | 9 | 0 | 0 | 0 | 0 | 0 | 0 | 0 | 0 |
| 综合类 | 46 | 4 | 3 | 2 | 1 | 2 | 0 | 0 | 0 |
| 合计 | 820 | 78 | 56 | 55 | 57 | 36 | 27 | 23 | 37 |

资料来源:作者编制。

信号传递理论认为自愿性信息披露能有效降低公司资本成本,提升企业价值。林斌(2009)也指出,内部控制质量较好的公司更乐于披露其内部控制信息,以向市场传递积极信号。因此,上市公司应将内部控制评价作为完善和改进内部控制程序的必要步骤。但由于信息的高度透明会增加企业的经营风险和法律风险,同时也会提高企业的披露成本,而部分公司又未对内部控制评价改善内部控制系统水平、提高投资者信心的作用有深刻理解,因此,不愿主动披露内控信息,自评动力较差。

从表 5-6 可以看出,我国多行业的内部信息披露情况都不理想,很多上市公司对出具内控报告程序进行了简化,部分公司虽然出具了内部控制评价报告和审计报告,但在后来的年度又减少了相关信息的披露,成本固然是其考虑的主要原因,但也反映出其对内部控制报告重视程度的减弱。

为了考察出具内部控制评价报告和不出具内部控制评价报告的内部控制缺陷公司在公司特征上的差异,我们首先对其进行描述性统计,把有内部控制缺陷的 755 个公司样本继续分为披露内部控制自评报告组和未披露自评报告组,其中披露内部控制自评报告组的样本量为 247 个,未披露自评报告组的样本量为 508 个。首先对这两组样本进行描述性统计:

表 5-7 存在内部控制缺陷公司出具内部控制自我评价报告情况描述性统计

| 分类 | 有内部控制缺陷 | | | | 出具内部控制评价报告 | | | | 未出具内部控制评价报告 | | | |
| --- | --- | --- | --- | --- | --- | --- | --- | --- | --- | --- | --- | --- |
| | 极小值 | 极大值 | 均值 | 标准差 | 极小值 | 极大值 | 均值 | 标准差 | 极小值 | 极大值 | 均值 | 标准差 |
| Sec | 0.00 | 1.00 | 0.3272 | 0.46948 | 1.00 | 1.00 | 1.0000 | 0.00000 | 0.00 | 0.00 | 0.0000 | 0.00000 |
| Size | −2.99 | 3.24 | −0.1013 | 0.96414 | −1.70 | 3.24 | 0.3760 | 1.04546 | −2.99 | 2.92 | −0.3334 | 0.83068 |
| Growth | −1.94 | 2.69 | 0.0795 | 0.99317 | −1.68 | 2.69 | 0.2353 | 1.02228 | −1.94 | 2.68 | 0.0038 | 0.97072 |
| Leverage | −0.65 | 6.62 | −0.0214 | 0.54747 | −0.57 | 1.05 | −0.0904 | 0.21259 | −0.65 | 6.62 | 0.0121 | 0.64836 |
| TobinQ | −0.61 | 3.87 | −0.1010 | 0.38280 | −0.61 | 1.55 | −0.1414 | 0.28863 | −0.48 | 3.87 | −0.0814 | 0.41991 |

资料来源:作者编制。

从表 5-7 可以看出,对于存在内部控制缺陷的上市公司来说,披露内部控制自评报告的公司相较于不披露自评报告的公司,其规模较大,成长速度较快,资产负债率偏低。在前文中,我们曾提出假设,尽管同为存在内部控制缺陷的上市公司,但出具内部控制评价报告会使其公司市场价值高于未出具内部控制评价报告的公司。因此,接下来对出具内部控制自我评价报告与其市场价值的关系进行回归分析：

$$TobinQ = \beta_0 + \beta_1 Sec + \beta_2 Size + \beta_3 Growth + \beta_4 Leverage + \text{Industry dummies} + \varepsilon \quad (5.2)$$

表 5-8  出具内部控制自我评价报告对有缺陷上市公司市场价值的影响检验结果

| 变量 | 系数 | 估计系数 | $t$ 值 |
|---|---|---|---|
| C | -0.086691*** | ? | -4.390178 |
| Sec | 0.023823 | + | 1.158415 |
| Size | -0.030751*** | ? | -2.795508 |
| Growth | -0.206626*** | + | -13.84035 |
| Leverage | 0.225683*** | ? | 3.289267 |
| Adjusted-squared | 0.504604 | | |
| F-statistic | 152.3809 | | |

注：*** 表示在1%的水平上显著，** 表示在5%的水平上显著，* 表示在10%的水平水上显著。

资料来源：作者编制。

实证结果表明，出具内部控制评价报告对上市公司的市场价值虽然会产生正面影响，但并不显著。为了更好地对其进行理解，我们翻阅了上市公司的内部控制自评报告。

COSO报告指出，内部控制系统应使企业经营的效率、效果及财务报告数据的真实可靠性得到保障，并使企业能严谨地遵循既有的法律法规。如果企业在自评报告中得出其内部控制系统有效的结论，则可以认为，其内部控制系统功能能保证企业实现COSO所述目标。如果上市公司因出具虚假财务报告或违反法律法规受到证监会处罚，则其内部控制系统显然不能对以上三类目标提供保障。但有部分此类公司在其自评报告中仍认为"本公司已在所有重大方面建立了适当的内部控制制度，内部控制制度执行有效"。

如在 2008 年中,因当年行为[①]被证监会处罚的 23 家公司中,出具内部控制自我评价报告并自我认定有效的公司有 9 家,比例为 39.13%,虽然在 2009 年中,这一比例下降到 25% 左右,但也反映出上市公司出具的内部控制自评报告存在失真现象。笔者还发现其出具的自评报告内容也有部分雷同,且基本均为文字性描述,未分点分析和评定具体业务流程的合规性。这也是内部控制评价报告未对上市公司市场价值产生显著正向影响的原因。因此,笔者认为,监管部门应尽快完善上市公司内部控制评价制度,给出具体的评价标准及评价工具,使其能形成更精确并具有参考价值的评价结果,以帮助投资人进行正确决策。

### 三、存在内部控制缺陷的公司出具内部控制审计报告对其市场价值的影响

在对有内部控制缺陷的上市公司出具内部控制自评报告能否改善其市场价值进行研究后,再将出具内控自评报告的上市公司按其是否同时出具内控审计报告进一步细分,其中未出具内部控制审计报告的上市公司数量为 125 家,出具内部控制审计报告的为 122 家。我们首先对其进行描述性统计分析:

表 5-9  存在内部控制缺陷并披露内部控制自我评价报告公司出具内部控制审计报告情况描述性统计

|  | 有内部控制缺陷且出具内部控制评价报告 | | | | 出具内部控制审计报告 | | | | 未出具内部控制审计报告 | | | |
|---|---|---|---|---|---|---|---|---|---|---|---|---|
|  | 极小值 | 极大值 | 均值 | 标准差 | 极小值 | 极大值 | 均值 | 标准差 | 极小值 | 极大值 | 均值 | 标准差 |
| ARC | 0.00 | 1.00 | 0.4939 | 0.50098 | 1.00 | 1.00 | 1.0000 | 0.00000 | 0.00 | 0.00 | 0.0000 | 0.00000 |
| Size | −15.37 | 4.07 | 0.4034 | 1.53831 | −15.37 | 4.07 | 0.4938 | 1.85539 | −1.70 | 3.97 | 0.3151 | 1.14870 |
| Growth | −2.15 | 2.69 | 0.2137 | 1.04626 | −1.68 | 2.69 | 0.4487 | 1.00015 | −2.15 | 2.56 | −0.0156 | 1.04318 |
| Leverage | −0.57 | 1.20 | −0.0802 | 0.23536 | −0.57 | 1.05 | −0.0989 | 0.22336 | −0.49 | 1.20 | −0.0620 | 0.24605 |
| TobinQ | −0.40 | 1.25 | −0.1344 | 0.26640 | −0.40 | 0.37 | −0.2151 | 0.15993 | −0.36 | 1.25 | −0.0557 | 0.32122 |

资料来源:作者编制。

---

① 上市公司违规行为发生时间与证监会或其他监管机构对其行为的处罚发生时间往往不一致。处罚行为的发生常滞后于违规行为的发生。上市公司出具内控报告是针对其本年行为。为了使内控报告针对事项与证监会处罚公告针对事项在时间上保持一致性,笔者对证监会非针对当年违规事由的处罚行为进行了剔除。下同。

可以看出，虽然同为内部控制缺陷公司，但出具内部控制审计报告和未出具内部控制审计报告的公司相比，其规模较大，增长速度较快，财务杠杆较低。我们对其进行进一步的回归分析：

$$TobinQ = \beta_0 + \beta_1 Arc + \beta_2 Size + \beta_3 Growth + \beta_4 Leverage + Industry\ dummies + \varepsilon \tag{5.3}$$

结果如表 5-10 所示：

表 5-10　出具内部控制审计报告对上市公司市场价值的影响检验结果

| 变量 | 系数 | 估计系数 | $t$ 值 |
|---|---|---|---|
| C | −0.142820*** | ? | −4.524234 |
| Arc | 0.023669 | + | 0.780000 |
| Size | −0.040513** | ? | −2.549164 |
| Growth | −0.103095*** | + | −3.401955 |
| Leverage | 0.110675 | ? | 0.764767 |
| Adjusted-squared | | 0.296234 | |
| F-statistic | | 18.01564 | |

注：*** 表示在 1% 的水平上显著，** 表示在 5% 的水平上显著，* 表示在 10% 的水平水上显著。

资料来源：作者编制。

实证结果表明，出具内部控制审计报告的公司，其市场价值并未明显高于不出具审计报告的公司。同样的，笔者翻阅了检测期间上市公司的内部控制审计报告。

在笔者考察期间内，沪市上市公司出具自评报告的比例每年均在 40% 左右。大部分公司也同时聘请会计师事务所对其评价结果发表了审计意见。通过对审计报告的查阅，笔者未发现有非标审计意见，这些审计报告均认为被审计单位的内部控制在重大方面是有效的。由于内部控制系统存在固有局限，这些审计报告也指出，"根据内部控制评价结果推测未来内部控制有效性具有一定的风险"。

但是，被出具标准无保留意见的上市公司内部控制系统是否真的不存在缺陷？笔者在仔细考察上市公司年报后发现，2008—2011 年每年均有已被第三方中介机构出具清洁内部控制审计意见的公司又因当年事项被监管机构公开处罚。尽管这部分公司所占比例较小,但也能反映出审计师存在评价方法不恰当、审计结论不谨慎的问题。而对于会计师事务所来说,也存在对上市公司内部控制评价结果审查不尽责的现象。并且,在翻阅内部控制审计报告的过程中,笔者发现审计报告的内容一般较少,且雷同性极高。诚然,客户支付的审计费用是会计师事务所生存和发展的保证。但杨世忠(2008)也指出,在审计行业加剧竞争的情况下,此种利害相关性的存在会对注册会计师的独立性造成严重损害,它会造成对中小投资者的保护能力下降。这可以解释为什么内部控制缺陷公司即使同时出具认定自身内部控制系统有效的自评报告和标准无保留意见的内控审计报告,也不会明显提升其市场价值。因此,笔者建议,会计师事务所应更严格地对上市公司内部控制系统进行审查,并出具更详细、更真实的审计报告,相关监管部门也应不断对内部控制审计进行规范,使其真正对内部控制系统的完善起到促进作用。

## 第四节 稳健性检验

为了检验本书结果是否可靠,笔者还进行了稳健性检验,上市公司市场价值除了可以用托宾 $Q$ 值表示外,其还可以表示为股权价值与净负债的合计。即:企业价值=股权价值+净负债=(当前股价×发行在外股数)+(短期债务+长期债务+少数股东权益+优先股+融资租赁-现金-现金等价物),本书用其替代托宾 $Q$ 值作为被解释变量,对模型 1 进行回归分析,结果如表 5-11 所示:

表 5-11 稳健性检验

| 变量 | 系数 | 估计系数 | $t$ 值 |
| --- | --- | --- | --- |
| C | 6.637354*** | ? | 10.39079 |
| ICF | -0.554963** | - | -2.185698 |
| Size | 22.75005*** | ? | 11.93965 |
| Growth | -4.323052*** | + | -3.676381 |
| Leverage | -0.245974 | ? | -1.306641 |
| Adjusted-squared | 0.203176 | | |
| F-statistic | 160.3125 | | |

注:*** 表示在1%的水平上显著,** 表示在5%的水平上显著,* 表示在10%的水平

水上显著。

资料来源:作者编制。

稳健性结果依然显著,解释变量符号也未发生变化,表明本书的回归结果稳健性较好,研究结果具有广泛的适用性。

## 第五节　本章小结

本章对内部控制缺陷与上市公司市场价值之间的关系进行了研究,研究结果表明,存在内部控制缺陷的上市公司市场价值较低,这是因为内部控制缺陷的存在会影响上市公司经营管理的合规性,使其经营风险加大,导致投资者对上市公司价值重新评估,造成估值重心下移。此外,出具内部控制评价报告及审计报告不会显著提高上市公司市场价值,这是因为,我国上市公司出具的自评报告和审计报告较多为格式化的文件,内容雷同,没有针对性,对实质性内容往往一笔带过,不能很好地为投资者提示风险及规避风险,因此,中小投资者在信息不对称的背景下,往往不会因为报告的出具而提高对上市公司的估值。

# 内部控制缺陷对债务资本成本的影响

内部控制相关规范在我国实施以来,为推动企业标准化建设起到了重要作用。它能提高公司经营效率,保证公司战略目标的实现,同时也能更好地保证公司财务及非财务信息的真实性、完整性及合法合规性。B. W. Goh 等(2011)曾指出,存在内部控制缺陷的公司盈余稳健性低于不存在内部控制缺陷的公司。此外,披露内部控制缺陷并改正的公司相比较那些一直存在内部控制缺陷的公司,其盈余有较高的稳健性。佟岩(2013)也指出,企业良好的内部控制系统可以通过其对会计信息的收集、传递、报告等程序的规范,提高会计盈余质量。他们的研究发现,较好的内部控制质量能有效降低盈余管理程度,提高会计盈余质量;反之,当公司盈余管理行为较多、盈余质量较低时,一般来说,其内部控制的质量也不佳。

对于债权人来说,相较于股东,尽管其承担的风险仅限于自身债权的可回收程度,并且有优先求偿权,但是,由于其不参与企业经营事务的管理,因此,对债务人履约情况的监管具有间接性,这使得财务信息成为其与企业唯一的联系纽带。在信息不对称的情况下,债务双方容易产生逆向选择和道德风险问题。债权人为其缺失信息可能造成的违约成本会要求更高的风险溢价率。Easley(2004)等曾指出,由于信息不对称会产生信息风险,因此,处于信息劣势的投资者会要求更高的期望报酬予以补偿,而高质量的内部控制正是缓解这一问题的有效手段。一方面,债权人通过考察内部控制的严密情况,可以对债务人财务信息的真实性及经营活动的合规性有所了解,这在一定程度上降低了债务人的违约风险,因此,良好的内部控制会使债权人减少对债务企业的风险溢价要求,从而降低企业的债务资本成本,使债务企业能更顺畅地获得融资。另一方面,债务企业也应积极建设自身的内部控制系统,确保履行债务合同,并积极披露内部控制信息,以获得债权人在贷款方面的更多优惠。Healy等(1999)就曾对企业是否可以从增加信息披露量中获益进行过时间序列检验。他们发现,披露评级的增加和企业股票报酬率的提高、机构投资者及分析师的增加正相关,并且其还可以增加股票的流动性。这说明信息的对称程度越高,企业获得的优惠政策就会越多。

可以说,信息不对称是内部控制对公司资本成本产生影响的基本原因之一。由于内部控制可以在一定程度上弥补内部人与外部利益相关者之间的信息地位不平等的状况,给予外部利益相关者以判断公司经营状况的途径,因此,内部控制质量的高低往往会影响利益相关者对公司的资本成本要求。

本章拟对我国上市公司内部控制缺陷与债务资本成本之间的关系进行探讨,以明确在我国资本市场上,债权人是否会因为内部控制缺陷的存在而修正其对债务人的还款预期,进而影响其债务资本成本。

## 第一节 理论分析及假设提出

如果上市公司内部控制系统健全有效,则其在一定程度上会抑制企业内部人员进行有意识的舞弊和犯无意识的差错;反之,则会使管理人员有较多机会实施超出公司风险偏好程度的行为,导致公司处于较高的风险中。在对上市公司进行债务定价时,这显然是债权人考虑的因素之一。Elbannan(2009)及 S. M. El-Gazzar(2011)等曾对内部控制与债务成本的关系进行研究,发现良好的内部控制有助于提高企业的债务评级,从而使上市公司能够以更低的利率进行融资,进而降低公司的债务资本成本。

我国利率市场化启动较晚,因此,S. M. El-Gazzar(2011)等学者的研究结果并不完全适用于我国的资本市场。而我国学者也更倾向于对内部控制与权益资本成本之间关系进行研究。如吴益兵(2009)、张然(2012)等,袁放建(2013)等,以及方红星(2011)等均分析了内部控制对权益成本的直接影响和间接影响,其得出的普遍结论是良好的内部控制能降低投资者的风险预期,从而降低交易成本,反之则会使交易成本上升。这是因为内部控制缺陷会使投资者对公司的经营管理效果产生怀疑,为补偿其可能承担的潜在风险,投资者会要求更多的收益,这最终会导致企业权益资本成本的增加。而在对债务资本成本的研究中,李晓慧(2013)及程智荣(2012)也发现,如果企业内部控制质量较好,则会给予债权人更多的安全信号,使其放宽对企业的债务约束条件。当然,也有学者持反对观点。M. Ogneva(2007)等就曾发现在加入一些和内部控制缺陷有关的控制变量后,权益资本成本不再与内部控制缺陷正相关。因此,他们指出内部控制缺陷并不直接影响权益资本成本。

我国作为新兴经济体,资本市场特征与西方成熟经济体显著不同。并且,在我国现有的研究中,对内部控制与权益资本成本之间的交互关系研究较多,而对内部控制与债务资本成本的研究较少。那么,我国上市公司内部控制缺陷与其债务资本成本间会呈现出怎样的关系?内部控制缺陷是否会对债务资本成本产生消极影响?针对上述问题,提出假设1:

H1:内部控制缺陷会对上市公司债务资本成本产生消极影响。

此外,同第五章的研究思路一致,本书接下来将考察对于那些有内部控制缺陷的公司来说,如果出具内部控制评价报告,其债务资本成本是否比不出具内部控制评价的公司要低。由于债权人和普通股股东身份不同,因此,第五章的研究结论,笔者认为也许和本章的研究结论不尽相同。

J. S. Hammersley等(2008)认为当内部控制缺陷披露不明确时,投资者对该公司的信任程度会下降。J. M. Rose等(2010)检验了在公司披露实质性控制缺陷、一般性控制缺陷,以及针对一般性缺陷进行解释后,投资者是否会调整其对该公司投资风险评估。他们发现了实质性缺陷、一般性缺陷的披露细节与投资者利润预期之间的关系,即:当披露报告有针对控制缺陷的详细讨论时,投资者对于披露缺陷解释较多的公司接受程度较高,而对披露缺陷讨论较少的公司则调高了他们的风险评级。这与投资者对管理者的信任程度不同有关。因此,可以说信息的充分对称有助于缓解投资者的不安情绪。而内部控制评价显然可以使投资者更深入地对上市公司的内部控制状况进行了解,因此,按照上述学者的研究结论,笔者有理由认为内部控制自我评价报告的披露会降低信息不对称程度,从而降低上市公司的债务资本成本。

于忠泊(2009)等以会计信息稳健性、可操控应计利润及资源配置效率为切入点,对内部控制评价报告的作用进行了考察。他们发现披露内部控制评价报告并不能明显提高会计信息稳健性、降低可操控应计利润、提高资源配置效率。因此,延伸其观点,可以得出内部控制评价报告对上市公司债务资本成本的改善没有帮助这一论点。

我国资本市场状况与国外资本市场不同,因此,有必要对我国上市公司披露自我评价报告的情况与其债务资本成本的高低进行比较分析。本书提出假设2：

H2：在存在内部控制缺陷的情况下，披露内部控制评价报告的上市公司比不披露该报告的公司债务资本成本更低。

最后，本书仍要对存在内部控制缺陷且披露了内部控制评价报告的上市公司进行研究，以判定如果其同时披露内部控制审计报告，是否会降低其债务资本成本。

McMullen(1996)曾考察了内部控制报告对财务报告的影响。他指出，内部控制报告可以传递给市场以有利信号，因此，如果没有成本约束，上市公司可以对其披露状况进行随意修改，以向市场传递对自己有利的消息。因此，审计就成为对内部控制自评报告真实性的有力约束。

张然(2012)等也认为管理层可以通过对内部控制进行自评的方式释放企业内部控制有效的信息，从而帮助企业外部利益相关者做出正确的决策。此外，审计师出具的内部控制审计报告可以为管理层披露的内部控制信息提供公允的鉴证。他们对2007—2010年沪深主板的A股公司出具的内部控制自评报告和审计报告的情况进行了实证研究，以验证披露上述信息是否可以使企业资本成本降低。其结果表明，当将其他影响因素进行控制后，上市公司披露内部控制自我评价报告会降低其资本成本，如果上市公司还出具了内控审计报告，则其资本成本会进一步降低，无论该公司是国有公司还是非国有控股公司。

通过上述学者的研究，可以看到，尽管在现有条件下，内部控制自我评价可以提高上市公司内部控制信息的透明度，缓解借贷双方的信息不对称的局面，但由于上市公司属于理性经济人，出于自利性原因，其必然倾向于选择对自己有利的信息进行披露。因此，对其进一步鉴定是很有必要的。经过审计师鉴证的内部控制报告，其真实性更为可靠，因此，可以初步认为，由于出具内部控制审计报告能更有效地传递上市公司真实的经营状况和财务成果情况，因此出具该报告的公司应具有更高的市场认可度和更低廉的债务资本成本，由此，提出假设3：

H3：在存在内部控制缺陷且出具了内部控制评价报告的上市公司中，同时出具内部控制审计报告的上市公司债务资本成本更低。

## 第二节 研究设计与样本选择

### 一、数据选择与数据来源

为了考察资本市场中债权人对内部控制信息的反应情况,同前章,本书选取 2008—2011 年四年间在沪市 A 股市场连续交易的上市公司作为样本,并对其进行如下处理:(1)由于金融保险企业与其他企业特征明显不同,因此将其剔除;(2)由于研究基于面板数据,因此将 2008—2011 年间入市、退市的公司剔除。对于数据不全的公司,本书予以保留,其缺失数据以均值代替。经上述筛选程序后,得到 820 家样本公司数据。对于离群值,笔者采用 winsorization 方法处理,对小于 1‰分位数及大于 99‰分位数,令其等于 1‰分位数和 99‰分位数。最后,将数据进行标准化处理。本章所涉及的财务数据采自国泰安(CSMAR)、万得(WIND)及锐思(RESSET)金融数据库,其他非财务数据由公司财务报表整理得出。

### 二、研究方法选择

本书以内部控制缺陷、有缺陷上市公司出具的内部控制评价报告及审计报告情况为解释变量,检验其对上市公司债务资本成本的影响程度,实证研究基于面板数据进行逻辑回归分析。由于因变量为数值变量,因此采用最小二乘模型。由于企业内部控制具有时间性和个体性特征,因此本书拟采用固定效应的 logit 模型。

### 三、变量界定

(一)因变量界定:上市公司债务资本成本(Debtcost)

债务资本成本是指企业进行借款或发行债券等筹资行为时所发生的利息或其他支出,是资本成本的重要组成部分,也是企业进行经济决策时应考虑的重要因素。在筹资方面,债务资本成本影响了企业的资金来源与构成;在投资方面,其可以衡量项目的优劣,确定企业的投资范围与投资对象。此外,它还可以通过与经营利润率相比较来测度企业的经营成果。

由于之前我国学者对权益资本成本讨论较多,因此,本书选择了债务资本成本作为解释变量。李海燕(2008)等、李晓慧(2013)等采用利息支出率作为债务资本成本的衡量标准。本书将延续这一做法,其具体的计算公式为:利息支出率＝利息支出/长期负债总额＋短期负债总额。其中,短期负债为短期借款和一年内到期的长期借款总和,长期负债为长期借款、应付债券、长期应付款及其他长期负债之和。

(二)自变量选择:内部控制缺陷(ICF)

COSO报告指出,内部控制应能保证企业财务报告真实可靠,经营业务高效且合法合规,因此,如果上市公司有财务报告重述、修订行为或者因制度漏洞、违法违规行为被证监会处罚,则可以认为其存在内部控制缺陷。本书用ICF来表示内部控制缺陷,当上市公司存在内部控制缺陷时,其值为1,不存在内部控制缺陷时,其值为0。

(三)控制变量选择

根据Ogneva等(2007)、Beneish等(2008)和李晓慧等(2013)的研究,本书选取了以下对内部控制缺陷与公司债务资本成本相关性检验结果影响较大的指标作为控制变量。

1. 公司规模(Size)

公司规模是影响企业债务资本成本的重要因素,大公司在进行债务资本成本定价时,相较于小公司而言谈判力更强。由于其一般具有较高的信誉度,因此公众会认为大公司在还款及股利分配方面更有保障。反之,如果公司规模较小,公众则会认为其承受了更多的风险,这部分风险价值将体现在其对该公司的债务资本定价中。因此,本书将对公司规模进行控制,该变量用总资产的自然对数表示。

2. 成长性(Growth)

公司的成长性在一定程度上也会对公司价值产生影响。由于公众会对公司的未来有所预测,因此成长性好的公司融资相对容易,债务资本成本相对较低。因此,本书对公司成长性可能对其债务资本成本造成的影响也实施了控制。这里用销售收入增长率表示公司成长性。

3. 资本结构(Leverage)

资本结构反映了公司的资金来源。由于投资者风险偏好不同,因此,资本结构也是其确定风险要价的重要因素。一般而言,负债水平低的公司较容易获得低成本的新增债务。因此,本书将其也作为控制变量。用资产负债率表示,即公司总负债与总资产的比值。

4. 盈利能力(Profit)

盈利能力是债权人在进行放款时需要考虑的因素,因为其在一定程度上决定了该公司是否能持续产生用以偿还贷款本金及利息的利润。本书用总资产收益率作为衡量盈利能力的变量。

5. 偿债能力(Debtpay)

对于债权人来说,企业的偿债能力是其关心的重要问题,这关系到其到期债务及利息能否按期收回。本书用利息保障倍数来代表企业的偿债能力,用以衡量债权的安全程度。

6. 流动性(CR)

流动性反映了企业的变现能力,也是金融机构最常用于衡量企业短期偿债能力的指标,该指标在一定程度上影响了其对企业的信用政策,因此本书将其作为控制变量,用流动比率来表示该指标。

此外,本书还加入了行业因素,用 Industry dummies 表示。

表 6-1　主要变量及定义

| 变量名称 | 变量符号 | 变量计算方法或定义 |
| --- | --- | --- |
| 公司规模 | Size | 总资产的自然对数 |
| 成长性 | Growth | 销售收入增长率=(本年销售额-上年销售额)/上年销售总额 |
| 资本结构 | Leverage | 资产负债率=负债总额/资产总额 |
| 盈利能力 | Profit | 总资产收益率=净利润/平均资产总额 |
| 偿债能力 | Debtpay | 利息保障倍数=息税前利润/利息费用 |
| 流动性 | CR | 流动比率=流动资产/流动负债 |
| 债务资本成本 | Debtcost | 利息支出率 |
| 内部控制缺陷 | ICF | 存在内部控制缺陷的公司取1,不存在内部控制缺陷的公司取0 |
| 出具内部控制自评报告情况 | Sec | 出具内部控制自评报告的公司取1,未出具内部控制自评报告的公司取0 |
| 出具内部控制审计报告情况 | Arc | 出具内部控制审计报告的公司取1,未出具内部控制审计报告的公司取0 |

资料来源:作者编制。

## 四、模型选择

在对前期文献进行梳理后,作者发现在对内部控制系统以往的研究中,学者们大都采取逻辑回归的方法解释内部控制缺陷与公司债务资本成本之间的关系。因此,本书也将延续这一做法,采用逻辑回归模型来测度内部控制缺陷的影响因素。

$$\text{Debtcost} = \beta_0 + \beta_1 \text{ICF} + \beta_2 \text{Size} + \beta_3 \text{Growth} + \beta_4 \text{Leverage} + \beta_5 \text{Profit} + \beta_6 \text{Debtpay} + \beta_7 \text{CR} + \text{Industry dummies} + \varepsilon \quad (6.1)$$

## 第三节 实证检验结果

**一、内部控制缺陷对上市公司债务资本成本的影响**

表 6-2 为解释变量和控制变量的描述性统计。本书将 820 家样本公司 4 年间的 3 280 个样本划分为有缺陷样本组和无缺陷样本组,其中有缺陷样本组样本数量为 755 个,无缺陷样本组数量为 2 525 个。将两组样本的均值进行比较,可以看出,有缺陷组公司的债务资本成本、规模、成长性、资本结构、盈利能力、偿债能力及流动性均与无缺陷组显著不同。这也从侧面反映出内部控制缺陷会影响上市公司的总体表现,进而会影响上市公司的债务资本成本。

表 6-2 沪市上市公司变量描述性统计

| | 总样本 | | | | 无内部控制缺陷 | | | | 有内部控制缺陷 | | | |
| --- | --- | --- | --- | --- | --- | --- | --- | --- | --- | --- | --- | --- |
| | 极小值 | 极大值 | 均值 | 标准差 | 极小值 | 极大值 | 均值 | 标准差 | 极小值 | 极大值 | 均值 | 标准差 |
| Debtcost | −1.30 | 34.28 | 0.0409 | 1.41666 | −1.07 | 34.28 | 0.0425 | 1.57584 | −1.30 | 6.81 | 0.0353 | 0.64414 |
| ICF | 0.00 | 1.00 | 0.2302 | 0.42101 | 0.00 | 0.00 | 0.0000 | 0.00000 | 1.00 | 1.00 | 1.0000 | 0.00000 |
| Size | −15.37 | 4.44 | −0.0095 | 1.02520 | −30.93 | 4.44 | 0.0204 | 0.98211 | −15.37 | 3.44 | −0.1095 | 1.15282 |
| Growth | −0.11 | 9.71 | −0.0346 | 0.21966 | −0.08 | 3.00 | −0.0361 | 0.14234 | −0.11 | 9.71 | −0.0295 | 0.37679 |
| Leverage | −0.65 | 31.47 | −0.0105 | 0.97047 | −0.64 | 31.47 | 0.0066 | 1.09700 | −0.65 | 1.20 | −0.0677 | 0.25115 |
| Profit | −9.08 | 14.59 | 0.0145 | 0.73614 | −2.74 | 14.59 | 0.0423 | 0.69783 | −9.08 | 4.15 | −0.0785 | 0.84573 |
| Debtpay | −0.24 | 15.02 | −0.0009 | 0.40671 | −0.23 | 15.02 | 0.0055 | 0.46145 | −0.24 | 0.91 | −0.0221 | 0.07723 |
| CR | −1.00 | 23.87 | −0.0083 | 0.96446 | −1.00 | 23.87 | 0.0167 | 1.02775 | −0.99 | 5.13 | −0.0919 | 0.70866 |

资料来源:作者编制。

可以看到,存在内部控制缺陷的上市公司,相较于不存在内部控制缺陷的公司来说,其规模较小,增长速度较快,资产负债率偏低,利润率较低,利息支出较低,流动性较差。这是因为中小型公司相较于大型公司来说,一般资源较少,为了进行成本控制,往往会让员工身兼数职,无法做到不相容职务相分离,且所有权与经营权高度统一,董事会、监事会无法发挥作用,治理结构不完善,容易出现内部控制缺陷。新兴公司由于成长速度较快,规章制度的制定速度与发展速度不匹配,且组织结构与成熟公司相比变化较大,因此容易出现内部控制缺陷。存在内部控制缺陷的公司由于经营不善,往往难以通过借债融资,因而资产负债率较低。由于盈利较差,其关注点往往是如何提高利润水平,对内部控制系统建设投入较少。而其流动性水平一般也较差,现金及现金等价物数量较少,容易出现资金链断裂风险。下面继续对其进行回归分析。

$$Debtcost = \beta_0 + \beta_1 Sec + \beta_2 Size + \beta_3 Growth + \beta_4 Leverage + \beta_5 Profit + \beta_6 Debtpay + \beta_7 CR + \text{Industry dummies} + \varepsilon \qquad (6.2)$$

表6.3 内部控制缺陷对上市公司债务资本成本影响的检验结果

| 变量 | 系数 | 估计系数 | t值 |
|---|---|---|---|
| C | 0.065131*** | ? | 10.18937 |
| Icf | 0.009646*** | + | 2.436209 |
| Size | −0.083836*** | − | −34.34694 |
| Growth | −0.006500 | − | −0.831624 |
| Leverage | 0.403744*** | + | 19.78380 |
| Profit | 0.032345*** | − | 3.834913 |
| Debtpay | −0.097279 | − | −3.321739 |
| CR | −0.106653 | − | −27.13419 |
| Adjusted-squared | 0.501341 | | |
| F-statistic | 381.9176 | | |

注:***表示在1%的水平上显著,**表示在5%的水平上显著,*表示在10%的水平水上显著。

资料来源:作者编制。

通过实证检验可以发现,内部控制缺陷与债务资本成本的关系显著为正,这与作者的预测是一致的。Elbannan(2009)及S. M. El-Gazzar(2011)都认为,内部控制缺陷的披露会使公司债权人降低对其的债务评级,调高利息率,进而增加公司的债务资本成本。这是因为公司财务报告的真实性和经营风险的可控性在一定程度上取决于内部控制的有效性。高质量的内部控制可以保证公司的经营有效,减少债权人本金、利息无法回收的风险。Lambert 等(2007)认为,信息质量对资本成本有直接影响和间接影响。其中直接影响表现在信息质量较低会导致投资者对企业现金流估计的方差增大,这种效应还会传导至投资者,影响其对企业及其他企业现金流之间协方差的估计,最终会造成风险系数的提高,导致资本成本上升。而内部控制无疑是提升公司信息质量的有效途径。良好的内部控制会提高债权人与企业的信息对称程度,可以使债权人对企业未来发展情况进行准确评估,进而降低债权人与公司博弈过程中的代理成本,使其实现效用最大化。因此,上市公司应积极建设内部控制系统,尽快弥补内部控制缺陷,以获得成本更低的资金来源,增加公司利润,实现公司经营目标。

另外,还可以看到,公司规模越大,其债务资本成本越低,因为大型公司信誉保障程度比小型公司高,往往有更好的谈判权,这不难解释为什么近年来集团公司更乐于将子公司的资金上收,建立资金池,并通过集团整体与银行等金融机构进行谈判,以获得更低的贷款利息。此外,成长速度与债务资本成本也成反比,成长速度快的公司,往往给人以可以提供充裕的未来现金流的印象,使债权人更愿意向其贷款。资产负债率和债务资本成正比,这是因为,过高的财务杠杆会给债权人以危险信号,使之担心公司债务过多无法偿还,此时会出现债权人惜贷现象,即使向其放款,也会要求较高的利息率。利润率和债务资本成本成反比,这是因为高利润意味着有充裕的还款来源。同样的,息税前利润越高,流动性越好,也意味着上市公司的还款能力越强,因此它们与债务资本成本均成反比。

## 二、内部控制缺陷公司出具内部控制自评报告对其债务资本成本的影响

进一步来看,可以将有内部控制缺陷的上市公司分为出具内部控制评价报告组和未出具内部控制评价报告组两组,其中,出具内部控制评价报告的样本数量为 247 个,未出具内部控制评价报告的样本量为 508 个。首先对其进行描述性统计,如表 6-4 所示。

表 6-4 存在内部控制缺陷公司出具内部控制自我评价报告情况描述性统计

| | 有内部控制缺陷 | | | | 出具内部控制评价报告 | | | | 未出具内部控制评价报告 | | | |
|---|---|---|---|---|---|---|---|---|---|---|---|---|
| | 极小值 | 极大值 | 均值 | 标准差 | 极小值 | 极大值 | 均值 | 标准差 | 极小值 | 极大值 | 均值 | 标准差 |
| Debtcost | −1.30 | 6.81 | 0.0353 | 0.64414 | −0.04 | 0.18 | −0.0254 | 0.02021 | −0.04 | 1.52 | −0.0254 | 0.07457 |
| Sec | 1.00 | 1.00 | 1.0000 | 0.00000 | 1.00 | 1.00 | 1.0000 | 0.00000 | 0.00 | 0.00 | 0.0000 | 0.00000 |
| Size | −15.37 | 3.44 | −0.1095 | 1.15282 | −1.70 | 3.16 | 0.3498 | 1.01347 | −2.87 | 2.92 | −0.3275 | 0.82234 |
| Growth | −0.11 | 9.71 | −0.0295 | 0.37679 | −0.08 | 0.20 | −0.0508 | 0.02649 | −0.09 | 0.65 | −0.0443 | 0.05528 |
| Leverage | −0.65 | 1.20 | −0.0677 | 0.25115 | −0.57 | 1.20 | −0.0802 | 0.23536 | −0.65 | 1.83 | −0.0548 | 0.28159 |
| Profit | −9.08 | 4.15 | −0.0785 | 0.84573 | −1.89 | 3.20 | 0.0906 | 0.49787 | −7.80 | 4.15 | −0.1428 | 0.87491 |
| Debtpay | −0.24 | 0.91 | −0.0221 | 0.07723 | −24.72 | 44.58 | −0.2393 | 4.50697 | −32.79 | 34.85 | 0.0968 | 4.19397 |
| CR | −0.99 | 5.13 | −0.0919 | 0.70866 | −0.94 | 3.95 | −0.0556 | 0.64562 | −0.99 | 6.53 | −0.0720 | 0.88873 |

资料来源：作者编制。

从表 6-4 可以看到，虽然同为内部控制缺陷公司，但出具内部控制评价报告的公司，相较于未出具内部控制评价报告的公司来说，其规模更大，成长速度稍慢，资产负债率较低，盈利情况更好，债务支出更少，流动性更高。对其进行回归分析如下：

$$\text{Debtcost} = \beta_0 + \beta_1 \text{Arc} + \beta_2 \text{Size} + \beta_3 \text{Growth} + \beta_4 \text{Leverage} + \beta_5 \text{Profit} + \beta_6 \text{Debtpay} + \beta_7 \text{CR} + \text{Industry dummies} + \varepsilon \tag{6.3}$$

表 6-5 出具内部控制自我评价报告对有缺陷上市公司债务资本成本的影响检验结果

| 变量 | 系数 | 估计系数 | $t$ 值 |
|---|---|---|---|
| C | 0.144228*** | ? | 3.622217 |
| Sec | −0.063319** | — | −2.265562 |
| Size | −0.039365** | — | −1.985961 |
| Growth | −0.025899** | — | −3.413968 |
| Leverage | 0.631069*** | ? | 6.773516 |
| Profit | −0.094709*** | — | −3.228973 |
| Debtpay | −0.351782*** | — | −3.353639 |
| CR | −0.089638*** | — | −3.788265 |

续表

| 变量 | 系数 | 估计系数 | $t$ 值 |
| --- | --- | --- | --- |
| Adjusted-squared | | 0.324540 | |
| F-statistic | | 41.62095 | |

注：\*\*\* 表示在1%的水平上显著，\*\* 表示在5%的水平上显著，\* 表示在10%的水平水上显著。

资料来源：作者编制。

实证结果表明，出具内部控制评价报告会降低上市公司的债务资本成本，这与作者的预测相同。有效的内部控制需基于几个关键环节：首先是符合企业特征的内部控制设计，其次是精准无疏漏的执行过程，再次是有效的可以约束行为人的监督与惩罚机制，最后是可以使内部控制不断完善的反馈改进方法。而内部控制评价的作用即在于此。内部控制评价是上市公司对自身内部控制情况做出的总结，其根本目的在于监测企业内部控制系统的运行情况，并使该系统能为公司的控制活动提供有效保障。在评估过程中，需表明自身内部控制在重大方面有效，且对资产的安全性和财务报告的真实性无重大不利影响。这一方面可以提高财务报告的可靠性，另一方面便于管理当局查找自身内部控制缺陷，并对其加以弥补。内部控制评价可以为提高内部控制质量提供帮助，并给予其有价值的建议，同时它也是在内部控制基础上对企业运行质量进行的二次监督。因此，出具内部控制评价报告会使债权人更乐于给予企业低息贷款。之所以出具内部控制评价报告对债务资本成本的影响比对市场价值的影响显著，是因为债权人比中小股东信息对称的程度高，其基本了解企业的事务经营情况，因此，也更容易相信企业的控制情况在其可接受的范围内。

### 三、内部控制缺陷公司出具内控审计报告对其债务资本成本的影响

最后，本书将有内部控制缺陷且出具了内部控制自评报告的上市公司分为两组，一组出具了内部控制审计报告，样本量为122个；一组未出具审计报告，样本量为125个。

表 6-6　存在内部控制缺陷且同时出具内部控制自我评价报告和审计报告的上市公司情况描述性统计

|  | 出具内部控制评价报告 | | | | 出具内部控制鉴证报告 | | | | 未出具内部控制鉴证报告 | | | |
| --- | --- | --- | --- | --- | --- | --- | --- | --- | --- | --- | --- | --- |
|  | 极小值 | 极大值 | 均值 | 标准差 | 极小值 | 极大值 | 均值 | 标准差 | 极小值 | 极大值 | 均值 | 标准差 |
| Debtcost | −0.04 | 0.18 | −0.0254 | 0.02021 | −0.04 | 0.05 | −0.0266 | 0.01728 | −0.04 | 0.18 | −0.0243 | 0.02273 |
| Arc | 0.00 | 1.00 | 0.4939 | 0.50098 | 1.00 | 1.00 | 1.0000 | 0.00000 | 1.00 | 1.00 | 1.0000 | 0.00000 |
| Size | −1.70 | 3.16 | 0.3498 | 1.01347 | −1.60 | 3.16 | 0.5319 | 1.06288 | −1.70 | 2.37 | 0.1721 | 0.93319 |
| Growth | −0.08 | 0.20 | −0.0508 | 0.02649 | −0.07 | 0.17 | −0.0518 | 0.02290 | −0.08 | 0.20 | −0.0499 | 0.02964 |
| Leverage | −0.57 | 1.20 | −0.0802 | 0.23536 | −0.57 | 1.05 | −0.0989 | 0.22336 | −0.49 | 1.20 | −0.0620 | 0.24605 |
| Profit | −1.89 | 3.20 | 0.0906 | 0.49787 | −1.84 | 2.03 | 0.1038 | 0.42988 | −1.89 | 3.20 | 0.0777 | 0.55776 |
| Debtpay | −24.72 | 44.58 | −0.2393 | 4.50697 | −24.72 | 9.02 | −0.6258 | 4.40131 | −15.94 | 44.58 | 0.1380 | 4.59398 |
| CR | −0.94 | 3.95 | −0.0556 | 0.64562 | −0.93 | 3.95 | −0.0330 | 0.69025 | −0.94 | 2.71 | −0.0777 | 0.60085 |

资料来源：作者编制。

可以看到，出具内部控制审计报告的上市公司与未出具审计报告的公司相比，其规模较大，成长速度较慢，财务杠杆较低，盈利情况较好，利息支出更少，流动性更强。下面继续对其进行回归分析，如表 6-7 所示。

表 6-7　出具内部控制审计报告对上市公司债务资本成本的影响检验结果

| 变量 | 系数 | 估计系数 | $t$ 值 |
| --- | --- | --- | --- |
| C | 0.067963* | ? | 1.696698 |
| Arc | −0.059292* | — | −1.724735 |
| Size | −0.037400 | — | −1.520107 |
| Growth | −0.025354*** | — | −4.124605 |
| Leverage | 0.350474*** | ? | 3.058244 |
| Profit | −0.065119 | — | −1.485342 |
| Debtpay | −0.363600*** | — | −4.069160 |
| CR | −0.055865 | — | −1.245937 |
| Adjusted-squared | 0.286707 | | |
| F-statistic | 10.85263 | | |

注:$^{***}$表示在1%的水平上显著,$^{**}$表示在5%的水平上显著,$^{*}$表示在10%的水平水上显著。

资料来源:作者编制。

可以看到,出具内部控制审计报告与债务资本成本成反比,也就是说,虽然同为内部控制缺陷公司,且均出具了内部控制自评报告,但出具内部控制审计报告可以进一步降低公司的债务资本成本。这是因为虽然管理层出具的内部控制自我评价报告能传递企业内部控制有效的信息,但由审计师签发的内部控制审计报告更能证实管理层所披露的内控信息的真实性。张然(2012)曾指出,在对其他影响因素进行控制的情况下,内部控制自我评价报告的披露会降低公司资本成本,而同时披露内部控制鉴证报告的公司,其资本成本会进一步降低。吴益兵(2009)也认为,由于保障机制的缺失,虽然内部控制自愿性披露并不能对资源配置效率及效果进行优化,但通过强制要求企业对其内部控制信息进行审计,可以使资本市场运作效率提高,从而增强投资者的信心。

因此,建议管理层在出具内部控制自评报告后,继续聘请会计师事务所出具内部控制审计报告,以使债权人获得更多的公司控制活动信息,降低自身风险水平,从而降低预期回报率,使公司获得更低廉的债务资本成本。同时,监管部门也应进一步对内部控制审计加以规范,使其能更好地起到监管作用,进而促进资本市场资源的优化配置。

## 第四节 稳健性检验

为了检验本书结果是否可靠,作者进行了稳健性检验,上市公司债务资本成本除了可以用利息支出率表示外,其还可以表示为财务费用与营业收入的比值。即:债务资本成本=财务费用/营业收入,本书用其替代利息支出率作为被解释变量,对模型6.1进行回归分析,结果如下:

表6-8 稳健性检验结果

| 变量 | 系数 | 估计系数 | $t$值 |
| --- | --- | --- | --- |
| C | 0.653577$^{***}$ | ? | 6.746912 |
| Icf | 0.497913$^{***}$ | + | 3.148142 |

续表

| 变量 | 系数 | 估计系数 | $t$ 值 |
|---|---|---|---|
| Size | $-0.000745$ | — | $-0.012845$ |
| Growth | $1.439024^{**}$ | — | $2.281647$ |
| Leverage | $0.929437^{**}$ | ? | $2.368725$ |
| Profit | $-0.753403^{***}$ | — | $-4.997025$ |
| Debtpay | $-0.011851$ | — | $-1.371649$ |
| CR | $-0.505180^{***}$ | — | $-6.401072$ |
| Adjusted-squared | 0.123361 | | |
| F-statistic | 52.57391 | | |

注：\*\*\*表示在1%的水平上显著，\*\*表示在5%的水平上显著，\*表示在10%的水平水上显著。

资料来源：作者编制。

稳健性结果依然显著，解释变量符号也未发生变化，表明本书的回归结果稳健性较好，研究结果具有广泛的适用性。

## 第五节　本章小结

本章对公司内部控制缺陷与债务资本成本之间的关系进行了研究。研究结果表明，存在内部控制缺陷会提高上市公司的债务资本成本，这是因为内部控制系统存在缺陷的公司一般经营管理秩序相对较差，财务风险较高，为获得风险回报，债权人往往会提高贷款利率，以补偿未来可能遭受的损失，因此，借款公司的债务资本成本将在一定程度上上升。此外，出具内部控制评价报告和审计报告会在一定程度上降低有内控缺陷上市公司的债务资本成本，由于债权人相比较中小股东而言，对上市公司内控情况更加了解，可以分辨出上市公司披露的内部控制信息质量的高低，因此对于出具真实内部控制评价报告及审计报告的上市公司，其可以在一定范围内降低对该公司的利益诉求。

# 内部控制有效性评价体系构建研究

在进行内部控制自我评价的过程中,恰当的内部控制框架能在很大程度上提升内部控制效果,而各国也纷纷设立了基于本国国情的内部控制框架。如美国的 COSO 内控框架及风险管理框架,英国基于风险和控制的 Tumbull 报告等。我国也建立了改善企业内生性管理活动、防止串通舞弊的以《企业内部控制基本规范》为代表的一系列法律法规。在第五章中,我们分析了我国上市公司内部控制评价的特点,部分内部控制评价报告失真的现状,说明尽管我国的内部控制自我评价体系取得了一定程效,然而由于纯文字性评价存在难以量化的固有缺陷,导致其结果的准确性仍有待提升。因此,建立定量的内部控制评价体系成为我国内部控制建设亟待解决的问题。

## 第一节 内部控制评价体系概述

内部控制评价体系是指企业将内部控制相关的因素相互联系成为一个有机整体,它是评价和监督企业内部控制效果的反馈机制,是企业内部控制内涵与外延的统一。内部控制评价系统在内部控制的基础上能很好地对企业的经营活动进行二次监督,是企业有效、健康运营和发展的可靠保证。

## 一、内部控制评价系统的作用

企业内部控制评价系统能对内部控制的执行情况进行检查,其具体的作用有以下几点:

### (一)保证企业目标的实现

从经济学的角度看,企业在本质上是一种契约关系。因此,在企业运营的过程中,应建立各种合理的契约机制,并有效执行,这样就可以减少交易费用,即减少企业内部管理的运行费用。而内部控制其评价系统正是这样的一种契约机制,它可以更进一步保证企业财务报告的真实性,防止会计差错及财务舞弊的发生,可以加强企业管理,使企业高效率、持续快速发展,保证企业资产的安全完整,并使企业能更好地遵循法律法规。良好的内部控制评价系统可以提高企业内部控制效果,从而提升企业的信誉度,使企业能够生存、发展与营利,实现企业的可持续发展与企业价值的最大化,完成企业目标。

### (二)保证内部管理者的信息需求

企业的所有者与管理者之间存在着受托责任关系,如果公司内部信息沟通不畅,一旦经营出现问题,所有者不能辨别问题产生的原因,则会认为管理者借助自己职务的特殊优势隐藏"信息"和"行为",进而更换管理者,因此管理者有必要也有动机使公司内部信息沟通顺畅,时时对内部控制机制的有效性进行评价,发现公司沟通渠道中不畅通的环节,从而减少逆向选择的产生。同时,管理者作为受委托人,他在受托公司的表现会直接影响其作为职业经理人的内在价值,所以,他也会倾向于建立一个完善的契约并通过对其的评价使之得到有效的执行,以规范公司内部员工的行为,及时了解企业各方面的漏洞,并加以改善,这样才能更有效地管理企业,从而保证他在经理人市场上的价值不被降低。

### (三)保护股东、债权人及其他利益相关者的权益

Fama 提出的有效市场假说将资本市场分为三类。第一类为弱式有效市场,即当前的股票市场价格可以反映证券过去所有的历史价格信息,但投资者无法通过对该价格实施技术分析而获得超额收益。第二类为半强式有效市场,即当前的股票价格可以反映该公司已公开的运营信息,投资者无法通过公开披露的财务信息及非财务信息获得超额收益,此时,只有了解内幕消息才能得到额外的收益。第三类为强式有效市场,即当前的股票价格反映了公司所有消息,包括公开消息和未公开的内幕消息,此时,没有投资者可以再获取超额利润。

在一般的学术研究中,往往会假设市场为强式有效市场,即假设各经济主体均拥有完整的信息。但在现实中,信息不对称却是普遍存在的,交易中的各方,其拥有的信息量往往存在明显差异,有信息优势的一方往往会利用这种优势对处于信息劣势的一方进行利益侵害。这种侵害在大部分的情况下表现为公司管理层及大股东利用内部消息或关联交易对中小股东、债权人及利益相关者的共益权的损害,即对股东以自己的利益并兼以公司的利益为目的权益进行损害。此时,对内部控制进行评价可以使内部控制更加有效,从而使中小股东、债权人及利益相关者能获得最及时、准确的信息,保证其利益不被侵害。当然,作为信息劣势的一方,其在某些时候也会对信息优势方进行伤害,表现为中小股东、债权人及利益相关者的有限理性和投机倾向给企业运营带来的危害,不良的内部控制会使其对财务信息的真实性产生怀疑,不透明的信息传导机制也会使其放弃与企业的契约关系,抛售股票,不延展债务期限而使企业的利益受损。因此,为保障企业、股东、债权人及利益相关者的共赢,就必须建立有效的内部控制评价机制。

(四)找出企业内部控制缺陷漏洞

内部控制评价系统的基本作用之一是测度,即通过缜密的内部审计程序和灵活的内部审计方法,寻找内部控制系统中可能存在的会影响内部控制目标实现的漏洞,如财务造假、经营管理不善等。它作为企业审计人员的一种有效的审计方法和管理手段,可以强化审计对企业内部控制的作用,动态地监督企业内部控制制度的执行情况,发现其存在的问题,并及时反馈给管理层,促使其加以改善,从而不断地优化企业的内部控制机制。

(五)使内外部审计师实现资源共享

会计师事务所进行外部审计时一般有接受业务委托、计划审计工作、实施风险评估程序、实施控制测试和实质性程序、完成审计工作和编制审计报告几个环节。

在接受业务委托及计划审计工作阶段,一般会进行基础资料的收集工作。此时,经过评价的内部控制由于更具规范性和透明性,因此可以保证相关责任人能提供给外部审计师以更多有关企业各环节的隐性信息,从而帮助其了解被审计单位环境,降低审计风险。

而在实施风险评估程序、实施控制测试和实质性程序阶段,具有良好的经过评价的内部控制的被审计单位,其重大错报风险及其他有关风险出现的概率都较之没有内部控制机制或内部控制机制执行不佳的公司要低,从而会大大降低审计师进行控制测试及实质性测试程序的复杂程度,节约审计资源,减少不必要的审计成本,提高审计工作效率。在前几个阶段,可以体现出内部审计资源的外部共享。

最后,在完成审计工作和编制审计报告环节,审计人员根据审计工作底稿和财务报表,汇总审计差异,与管理层进行沟通,并要求管理层对发现的差异进行调整或披露,运用职业判断形成适当的审计意见并编制审计报告。在这个阶段中,由于注册会计师较之内部审计师一般专业性更强,有更加丰富的内部控制评价和内部控制审计知识,因此他可以根据之前所做的审计,对内部控制建设及企业自行的内部控制评价给予指导,帮助其弥补漏洞,改进系统。在最后的两个环节中,可以体现出外部审计成果的内部共享。

## 二、内部控制评价系统建设注意事项

### (一)内部控制评价体系建设应具备完整性特征

系统论的提出者美籍奥地利生物学家贝塔朗菲认为,系统是若干要素相互联系、相互作用而组成的有机集合,具有整体性、动态性、有序性和目的性的特征。他认为,实际存在于系统中的因素及其间的相互关系必然是动态而非静态的,而只有这种动态联系趋于有序性发展,并形成若干层次时,其系统的组织程度才会更高,而稳定性也会更好。但不管其如何运动,系统内的因素最终会表现为运动规律的统一性,即整体性是系统的核心属性。也就是说,内部控制评价系统作为系统来说,它首先应是一个完整的整体。

完整的内部控制评价系统包括调查、设计、执行、评价及改进五个方面,它在本质上是一个带有反馈回路的闭环控制过程(张宜霞,2004)。同内部控制系统一样,调查是构建有效内部控制评价系统的前提条件,在正式搭建内部控制评价系统前,相关人员应仔细审查企业内部控制环境,评估内部控制风险,以使内部控制评价系统更具有针对性。在调查过企业内部控制系统后,进行内部控制评价体系设计时,企业应着重关注自身的内部控制薄弱环节,防止出现全面但低效的情况。而若想使内部控制评价体系得到有效的执行,管理层和相关人员应自上而下对该系统进行积极推进,重视该系统的重要作用。评价是该闭环控制过程中的关键一环,它可以为内部控制评价系统的持续改进提供信息反馈。通过将内部控制评价意见的输出信息返送回控制主体,可以使控制主体及时发现评价执行中的偏差,对系统进行有效的纠正和调节,这也是该过程中的最后一个环节,即改进。因此,内部控制评价系统是一个完整的、动态的系统,对该系统的设计必须紧密结合企业内部控制系统的变化和实际情况不断改进。

## （二）内部控制评价系统应注重全局性目标

内部控制评价系统建设的目的是为了给内部控制系统的有效性提供更好的保证，因此内部控制评价系统应全面考虑影响内部控制系统质量的全部因子。它不仅应包括财务报告层面的内部控制，还应涵盖包括企业管理层建设等会影响企业目标实现的全部重要控制点。而且，内部控制评价系统建设应充分考虑该体系的执行效果，观测其能否反映内部控制体系的特征，寻找其存在的薄弱环节，并可以将内部控制系统的运行情况有层次地从不同角度、不同层面给予真实体现，使评价结果能很好地反映企业内部控制的现实质量和管理水平。

## （三）内部控制评价建设应以成本效益性为基本原则

一个好的内部控制评价系统必须兼顾经济性与有效性。没有经济性的有效性是无法很好地实现内部控制目标的。在《萨班斯法案》第404号条款颁布后，以美国联邦储备局前任主席格林斯潘和资本市场大鳄巴菲特为首的19位代表对第404号条款就持完全反对态度，因为他们觉得第404号条款监管过度，这会导致上市公司运营成本的大幅提升。

内部控制评价过程本身是企业成本效益与经营风险的博弈过程，它涉及企业的全部业务流程，如果过于强调评价系统的完整性，则需要投入大量的人力物力，这可能会提高评价本身的成本，影响评价的效率。因此，对于企业来说，只要其能采取特定的控制方法和控制程序将风险降低或将风险避免，就可以获得内部控制的预期利益，而不需要在进行内部控制审计、内部控制系统改进或其他以观测内部控制执行效果为目的的工作时反复对内部控制做不同角度的评价，避免由于内部控制耗时过长而影响企业的生产经营和管理工作，给企业造成严重的效率损失。

## （四）内部控制评价建设应突出个体特征并保证企业目标的实现

企业风险主要来源于两方面。首先是企业违背国家强制性规定，造成其法律遵循性、财务报告真实性不佳而引发的无法实现企业目标的风险；其次是由于企业内部管理系统不具备决策相关性、合理性、适应性、闭合性等特征而导致企业无法达到预期的管理效果的风险以及经营效率低下的风险。内部控制系统正是为了避免或降低这两种风险而产生的。但由于每个企业的背景、性质、经营范围、运营理念等都存在很大差异，因此，其风险控制的重点都是不同的。内部控制系统设计应突出其个性特征。同理，内部控制评价系统建设也应随着内部控制系统侧重点的不同而进行相应的突出公司特点的设计。在进行内部控制系统构建前，应与企业各部门进行沟通，在清楚理解企业文化、运营环境的宏观面基础上,充分了解微观各环节的业务内容、风险点和控制目标,并有针对性地采取不同控制措施,以预防和改正企业内部控制中的错误和弊端,保证企业财务报告真实、资产安全、法律遵循等企业目标的实现。

## 第二节 企业内部控制评价系统的构建

企业内部控制系统具有多层次的特点,在具体的构建过程中需要运用多种技术方法。近年来,国内外学者对内部评价的构建从管理学、统计学、系统工程学等多角度进行了研究,而一些新的研究方法的加入,如神经网络、决策数、灰色系统理论等也增加了内部控制评价系统的准确性与可执行性。在内部控制评价体系建立的过程中,评价指标的选取、评价方法的选择和评价指标数据的处理是企业最应关注的部分。如前文评价方式由定性向定量方向的转化,是提高内控自评报告质量的关键,也是构建内部控制评价体系必须解决的问题。本章拟利用模糊数学和调查问卷两种方法对内部控制指标进行量化,以期能构建有效、合理的内部控制评价系统。

**一、基于层次分析法的内部控制评价体系构建**

内部控制系统,对于保证会计信息的真实可靠和资本市场的有效运营都起到了重要作用。对内部控制系统进行正确的评价打分,及时找出系统漏洞,能很好地帮助企业控制风险。鉴于企业内部控制系统有分层交错且目标值难于定量描述的特点,因此首先拟采用层次分析法对内部控制系统打分做权重设计。这种方法将总目标作为一个系统,并将其分解成准则、方案等多个层次,通过定性指标模糊量化方法计算出层次单排序(权数)和总排序,并在此基础之上进行定性和定量分析,符合内部控制系统特征。

(一)层次分析法的概念

层次分析法(Analytic Hierarchy Process),简称 AHP,是在 20 世纪 70 年代初期,由美国国家工程院院士、运筹学家 T. L. Saaty 教授提出的。该分析法将复杂事件中的决策问题作为一个系统,并将这种无结构的复杂问题分解为多个目标或准则,并按照目标和准则的特性及隶属关系将其按顺序分解为递阶层次结构,使各因素间的关系层次化、有序化、条理化并能很好地相互联系,通过权重设计,由最低层向最高层逐级映射评分,最终实现总体综合评价。层次分析法可将定性、半定性的问题转化为定量问题进行研究,已在经济、管理、工程等领域广泛应用,它特别适用于那些层次复杂、难以完全采用定量方法进行分析的问题研究。

(二)层次分析法的实施步骤

1. 建立递阶层次结构模型

应用层次分析法,首先应对所要分析的问题进行深入的调查研究,以便对决策问题所包含的范围、影响因素及因素间的相互关系进行了解,将其按照不同属性自上而下分解为目标层、准则层及指标层,如需构建更多层次,还可设立方案层等。

由于层次分析法是将各因素自上而下进行分解,上层因素对下层因素具有支配和影响的作用,因此,往往层次越向上,其包含的因素越少,如目标层往往只包含一个因素,它往往是所进行 AHP 分析的预定目标;而越往下的层次,包含的因素越多,如准则层往往包含须考虑的子准则,指标层则包括为实现目标所备选的措施、决策方案等(如图 7-1 所示)。但一般来说,每个层次中因素所支配的子因素的个数不宜超过 9 个,否则会使两两判别矩阵所比较的准确性受到影响。如果子因素超过 9 个,则应进一步分解出子准层、指标层及方案层等。

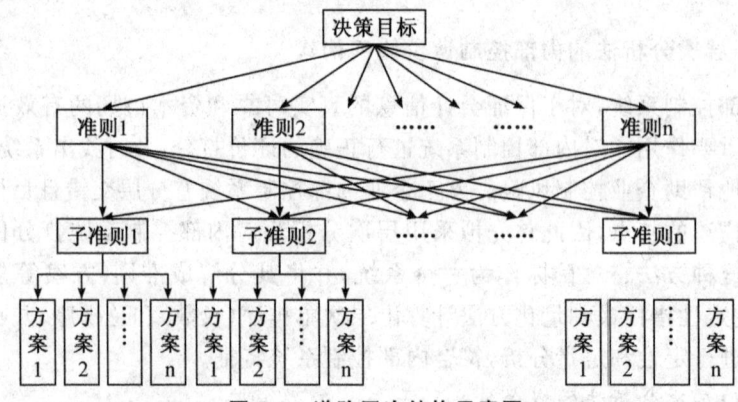

图 7-1 递阶层次结构示意图

资料来源:作者编制。

2. 构造两两对比判别矩阵

层次构建可以很好地反映因素间的关系,但准则层和方案层在实现目标过程中的权重却并不容易确定,因为大多数社会经济问题,其元素都是难以很好量化的,因此在不同决策者的心目中,其重要程度也并不相同。因此,我们需要通过构造判别矩阵,通过两两元素之间重要性的比较,对所涉及方案的相应重要程度做出判断,这也是决策目标由定性过渡到定量的关键步骤。

假设我们需要比较 $n$ 个元素 $X=\{x_1,x_2,\cdots,x_n\}$ 对决策目标 $T$ 的影响,则首先可以通过元素间的两两比较构建判别矩阵。即针对目标 $T$,运用德尔菲专家评议法或引导会议法等方法反复比较元素 $x_i,x_j$ 之间的重要性,并将比较结果以 $a_{ij}$ 表示,这样,将全部比较结果归集成集,就可以得到比较矩阵 $A$,$A=\{a_{ij}\}_{m\times n}$。若 $x_i$ 与 $x_j$ 之比为 $x_{ij}$,同理,我们可以得出 $x_j$ 与 $x_i$ 之比为 $a_{ji}=\dfrac{1}{a_{ij}}$。此时,对于比较结果,我们可以应用 T. L. Saaty 教授提出的 1～9 比例标度对重要性程度进行赋值。

表 7-1 判别矩阵元素赋值标准

| 量化值 $a_{ij}$ | 比较结果 | 量化值 $a_{ij}$ | 比较结果 |
| --- | --- | --- | --- |
| 1 | 因素 $x_i$ 与 $x_j$ 同等重要 | 6 | 因素 $x_i$ 与 $x_j$ 的重要性之比介于明显重要与非常明显重要之间 |
| 2 | 因素 $x_i$ 与 $x_j$ 的重要性之比介于同等重要与稍微重要之间 | 7 | 因素 $x_i$ 较 $x_j$ 非常明显重要 |
| 3 | 因素 $x_i$ 比 $x_j$ 稍微重要 | 8 | 因素 $x_i$ 与 $x_j$ 的重要性之比介于非常明显重要与极端明显重要之间 |
| 4 | 因素 $x^i$ 与 $x_j$ 的重要性之比介于稍微重要与明显重要之间 | 9 | 因素 $x_i$ 与 $x_j$ 相比极端重要 |
| 5 | 因素 $x_i$ 较 $x_j$ 明显重要 | | |

资料来源:作者编制。

对于两两判别矩阵 $A=\{a_{ij}\}m\times n$ 来说,其应具有 $a_{ij}>0$,$a_{ji}=\dfrac{1}{a_{ij}}$,$a_{ii}=1$ 等特征。此时,我们称该矩阵为正互反矩阵。对于这种矩阵,当我们对 $n$ 个元素进行判断时,需要做出 $\dfrac{n(n-1)}{2}$ 个判断。

3.进行层次单排序的权向量确定及一致性检验

接下来,我们要根据 $n$ 个元素 $x_1,x_2\cdots x_n$ 对于决策目标 $T$ 的判别矩阵 $A$ 来计算其相对权重 $W_n$,用集合 $W$ 表示相对权重集合,即 $W=\{w_1,w_2,\cdots,w_n\}^T$。这一步首先是计算本层次中对于上一层次的某要素而言与之相关的各层次要素之间的相对重要性次序的权向量。进而,要对权向量结果进行检验。如果 $A$ 为非一致矩阵,则其特征根 $\lambda_{\max}$ 对应的标准化特征向量也就不能准确地反映其因素集 $X=\{x_1,x_2\cdots x_n\}$ 对决策目标 $T$ 的影响程度,即权重,在这种情况下,需要重新构建判别矩阵。

我们可以用其特征根 $\lambda_{\max}$ 是否等于 $n$ 来检验判断 $n$ 阶正互反矩阵 $A$ 是否为一致矩阵。具体步骤为:

(1)计算一致性指标 CI

$$CI=\frac{\lambda_{\max}-n}{n-1}$$

显然,当 CI=0 时,判断矩阵具有完全一致性。而当其分母 $\lambda_{\max}-n$ 数值变大时,CI 值也会相应变大,此时,矩阵的一致性会变差。

(2)查找相应的平均随机一致性指标 RI

T. L. Saaty 教授曾用 100~500 个样本矩阵计算出 $n=1\sim11$ 时的平均随机一致性指标 RI 值,并将其定义为 $RI=\frac{\lambda'_{\max}-n}{n-1}$。其中,$\lambda'_{\max}$ 为最大特征根 $\lambda_{\max}$ 的平均值。T. L. Saaty 教授给出的平均随机一致性指标表如表 7-2 所示。

表 7-2 平均随机一致性指标表

| $n$ | 1 | 2 | 3 | 4 | 5 | 6 | 7 | 8 | 9 | 10 | 11 |
| --- | --- | --- | --- | --- | --- | --- | --- | --- | --- | --- | --- |
| RI | 0 | 0 | 0.58 | 0.90 | 1.12 | 1.24 | 1.32 | 1.41 | 1.45 | 1.49 | 1.52 |

(3)计算一致性指标 CR

$$CR=\frac{CI}{RI}$$

当 CR<0.10,认为判别矩阵的一致性是可以接受的,据此计算出的权重向量 $W_n$ 是能反映各因子对其上一层相关元素的重要程度的。否则,若 CR>0.10,则矩阵的一致性将不被接受,应对判别矩阵进行修正,直至 CR<0.10 一致性检验通过为止。

4.进行层次总排序及一致性检验

通过层次单排序,我们可以得到某组元素对其上级层次元素的权重向量。而进行层次总排序,则可以得到所有元素对总目标的排序权重,因此可以很好地反映低层方案中的元素对总目标的合成权重。合成权重的计算需要自上而下逐层进行,具体计算方法如下:

假定已计算出 $m-1$ 层中的 $n_{m-1}$ 相对于总目标 T 的层次单排序权重为 $w^{(m-1)}=(w_1^{(m-1)},w_2^{(m-1)},\cdots,w_{nm-1}^{(m-1)})^T$，则第 $m$ 层上的 $n_m$ 个元素对 $m-1$ 层第 $t$ 个元素的层次单排序向量为 $p_t^{(m)}=(p_{1t}^{(m)},p_{2t}^{(m)},\cdots p_{nmt}^{(m)})^T$，其他不受 $t$ 元素控制的子元素权重为零。令 $p^{(m)}=(p_i^{(m)},p_2^{(m)},\cdots p_{nm-1}^{(m)})^T$，此时，其为 $n_m \times n_{m-1}$ 阶矩阵，表示第 $m$ 层上的元素对 $m-1$ 层上元素的排序。而其对总目标 T 的组合权重向量 $w^{(m)}$ 为：

$$w^{(m)}=(w_1^{(m)},w_2^{(m)},\cdots w_{nm}^{(m)})^T=p^{(m)}w^{(m-1)}$$

或

$$w_i^{(m)}=\sum_{t=1}^{n_{m-1}} p_{it}^{(k)} w_t^{(m-1)} \qquad t=1,2,\cdots,n$$

在计算出层次总排序后，我们也需要对其一致性进行检验。我们已算出 $m-1$ 层中以第 $t$ 个元素为准则的层次单排序权重向量 $CI_t^m$，查表得出平均随机一致性指标 $RI_t^m$，及一致性比例 $CR_t^m$，则第 $m$ 层的层次总排序相关指标分别为：

$$CI^m=(CI_1^m,CI_2^m,\cdots,CI_{nm-1}^m)w^{(m-1)}$$

$$RI^m=(RI_1^m,RI_2^m,\cdots,RI_{nm-1}^m)w^{(m-1)}$$

$$CR^m=\frac{CI^m}{RI^m}$$

如果当 CR<0.10，则检验通过，据此计算出的权重向量 $w_n$ 是能反映各因子对总目标 T 的重要程度的。否则，若 CR>0.10，则矩阵的一致性将不被接受，应考虑重新构造模型，直至 CR<0.10 一致性检验通过为止。

层次分析法通过将复杂问题结构化，很好地解决了在多重因素影响下，由于部分影响因素无法量化而造成主观判断失误的问题，是一种层次化、结构化的决策方法，能将群决策中不同形式的偏好信息转化为同一表示形式的偏好信息，并最终经过一致性检验，能有效提高主观决策的可靠性和科学性。

(三) AHP 方法在构建内部控制评价系统中存在的问题

由于内部控制及其评价系统具有难以量化的特征，因此，在研究中很早便引进了 AHP。Helliar(1996)曾提出利用财务报告和账户及交易两个层级，对 42 个元素进行 9 级量度，以利用 AHP 的方法对内部控制的固有风险进行探讨。Stringer(1995)提出对 19 个环境要素和 15 个控制活动要素按 7 级量度，以评价随着环境变化，各控制要素相对重要程度的变化。El Paso(2002)借鉴了内部控制整合框架，他提出了由 93 个元素组成的 5 级量度的内部控制评价体系。这 93 个元素中，控制环境元素 43 个，风险评估元素 12 个，控制活动元素10个,信息与沟通元素14个,监视元素14个。而我国的张先治(2011)也利用内部控制目标将内部控制评价体系分解为4级61个要素,其中战略目标9个,财务报告的可靠性25个,经营活动的效率、效果21个,法律法规的遵循性6个。而张兆国(2011)则将内部控制目标分为2级25个,其中战略目标6个,经营目标8个,报告目标4个,合规性目标3个,资产安全性目标4个。

上述研究利用COSO的先进成果,主要是从两个角度,即内部控制要素角度和内部控制目标角度对内部控制评价体系进行了构建。对于内部控制评价的这些研究大多是站在外部审计或者外部监管的角度,而不是基于管理的视角,其结果是"要我控制"、"被动控制"的思想在企业中仍然普遍存在,尽管COSO提出的《内部控制——整合框架》和《企业风险管理——整合框架》是目前对内部控制有效性进行评价较流行的模型,被广泛接受,但也有其不足之处。如美国学者Steven J. Root(1998)认为,内部控制整合框架只是一个由三个目标加五个要素所组成的广泛定义而已,其在实践中的具体应用还需要再进一步探讨;而Parveen P. Gupta博士(2006)通过问卷调查也发现,由美国SEC和PCAOB倡导的能够降低评估成本的风险导向评价方法的实际应用情况并不理想,企业管理者仅仅依赖COSO的1992框架很难做出公允和一致的评价(池国华,2010)。我国学者认为,如果"内部控制评价系统模式局限于会计审计视角研究内部控制而忽略从管理控制角度"(杨雄胜,2005)构建的话,会产生问题,是一种"治标不治本"的举措(池国华,2010)。只有超越外部监管和外部审计的视角,真正站在内部管理的视角构建具有普遍适用意义的企业内部控制评价系统模式,才能从根本上解决问题(池国华,2010)。

因此,笔者认为内部控制与公司治理不能割裂,需将内部控制纳入公司治理路径之上;公司治理机制有效,才能保证不同层次控制目标的一致性(程新生,2004)。

(四)对内部控制评价体系的改进

1.层次设计

笔者拟从公司治理的角度,对内部控制系统的评价要素进行整合。因为外部治理机制和内部治理机制是公司治理结构中相互联系、相互依赖的两个方面,二者缺一不可(王永海,2000),而且内部控制评价同样属于业绩评价的一种类型,是对内部控制有效性的评价(池国华,2010)。因此,笔者将平衡积分卡的思想引入到内部控制系统评价中。平衡积分卡要求企业在财务目标和非财务目标、长期目标和短期目标、外部组织与企业内部组织、结果性指标与动因性指标之间达到平衡。这符合企业的可持续发展原则。如果根据企业内控特点将平衡积分卡中的四要素进行调整,即可以形成满足企业内部治理和外部治理要求的内部控制评价体系。修改后的四要素分别是:财务角度、(中小)投资者角度、内部经营流程角度、长期发展与成长角度。田高良(2010)将影响内部控制缺陷存在的经济因素分为三大类,分别是经营复杂性、内部控制建设和会计风险。这和笔者的分类在某种程度上具有一致性。之所以将顾客角度改为投资者角度,是由于我国资本市场存在特殊性和不健全性,中小投资者利益往往会受到大股东的侵害。因此,把顾客角度改为(中小)投资者角度,希望管理层可以从中小投资者保护的视角对内部控制系统进行改进。

笔者设计的层次分析法决策层指标为:对企业内部控制系统进行有效评估。准则层指标为:财务角度、(中小)投资者角度、内部经营流程角度、长期发展与成长角度。在确定了决策层和准则层后,对于方案层指标的选取,笔者参考了2010年5月5日财政部发布内部控制应用指引中的18项具体内容,这些内容基本覆盖了企业资金流、实物流、人力流和信息流等各项业务和事项,符合我国市场经济特征,可以使企业按照内部控制原则和内部控制"五要素"建立健全本企业内部控制体系及内部控制制度。笔者将这18项具体指引合并归纳为财务角度、内部经营流程角度、长期发展与成长角度三类。18项指引具体如下:

(1)组织架构(ORG):企业是否可以合理设置内部职能机构,明确各机构职责权限,制定内部管理制度或相关文件并实行集体决策审批制度。

(2)发展战略(DEV):企业是否已制定发展目标和战略规划,设立战略委员会,发展战略方案由董事会严格审议,并经股东(大)会批准实施。

(3)人力资源(HR):企业是否有明确的岗位职责和任职要求,是否已规范企业的招聘、培训、离职与考核制度,并有良好的激励机制。

(4)社会责任(SOC):企业是否已建立安全生产管理体系,保证安全生产,确保产品质量,建立环境保护与资源节约制度,促进就业与员工权益保护。

(5)企业文化(ENT):企业是否已进行企业文化建设,建立企业文化评估制度。

(6)资金活动(CAP):企业是否可以合理防范和控制投资、筹资及营运过程中的资金风险,保证资金安全。

(7)采购业务(PRO):企业是否能够规范采购、付款行为,防范采购风险。

(8)资产管理(ASS):企业是否能够保证存货、固定资产、无形资产等资产的安全,提高资产使用效能。

（9）销售业务(SEL)：企业是否能够规范销售行为，防范销售及收款的相关风险。

（10）研究与开发(RES)：企业是否能够自主创新，有效控制立项与研究、开发与保护等过程中的研发风险。

（11）工程项目(CON)：企业是否能够加强工程立项、工程招标、工程造价、工程建设、工程验收等工程项目管理，提高工程质量。

（12）担保业务(GUA)：企业是否能够防范担保业务在调查评估与审批、执行与监控等过程中的相关风险。

（13）业务外包(OUT)：企业是否能够规范业务外包中承包方的选择以及业务外包实施中的相关行为，防范业务外包风险。

（14）财务报告(FIN)：企业是否能够严格规范财务报告的编制，保证财务报告的真实、完整，以及报出的及时性，做好财务报告的分析利用。

（15）全面预算(BUD)：企业是否已建立和完善预算编制工作制度，规避预算执行中的风险，严格执行预算考核制度。

（16）合同管理(CMA)：企业是否能够防范合同在订立、履行中发生的有关风险，切实维护企业的合法权益。

（17）内部信息传递(IIT)：企业是否已经建立科学的内部信息传递机制，能够合理防范合同形成及使用过程中的风险，促进内部报告的有效利用。

（18）信息系统(SYS)：企业是否已经制定信息系统建设整体规划，能够有效防范在信息系统的开发、运行与维护方面的风险，全面提升企业现代化管理水平。

对于投资者角度，由于内部控制指引中没有具体可以参考的指标，因此笔者对以往文献的相关指标进行了梳理。

厦门大学管理学院"公司财务管理若干基础问题研究"课题组曾对1 250家上市公司所公布的自查报告和整改计划进行了问卷调查。该课题组根据La Porta等人的理论分析，将股东权利法律保护分成了两大类，一是股东权利。包括是否采用网络投票，是否有过征集投票权，是否采用累积投票权以及是否有过3%和10%临时股东大会，是否有过重大事项绕过股东大会，股东大会是否违规以及是否建立防止大股东占用上市公司资金的机制，公司各项决策是否独立于控股股东等。二是信息披露。包括是否建立信息披露制度，有无主动披露信息，财务报告有无补丁，定期报告是否及时，是否被出具非标准无保留意见等五项问题。鉴于此，我们将股东权利和信息披露作为中小投资者这一要素的前两个子要素。另外，公司聘请的事务所，作为独立第三方，也对中心投资者保护起到了关键的作用。上市公司是否自愿更换事务所，所聘请事务所的排名、规模、性质,也会对上市公司财务报表的审计质量产生影响(刘明辉,2011;雷光勇,2006;温国山,2007),因此,我们将会计师事务所作为第三个子要素。另外,公司出具的内控自评报告代表其对自身内部控制系统的真实反映,我们希望了解中小投资者对此的认可程度。所以,将上市公司是否出具内部控制自评报告作为第四个子要素。在设计完四个子要素后,为了调查中小投资者对这四个指标的认同度,笔者将其制成调查问卷,并通过现场随机和定向邮件的方式发放给100名非专业投资者。问卷采用了修改后的李克特五级量表,分别为:非常好(4分),较好(3分),较差(2分),差(1分)。共回收有效问卷87份。克朗巴哈系数大于0.7,说明本问卷的可靠性可以得到保证。①

表7-3 信度分析表

| 克朗巴哈系数 | 问卷项目数 |
| --- | --- |
| 0.706 | 4 |

资料来源:作者编制。

表7-4 内部控制评价指标体系表

| 目标层指标 | 准则层指标 | 方案层指标 |
| --- | --- | --- |
| 企业内部控制评价体系指标设计 | 财务角度 | 1.财务报告(FIN):企业是否能够严格规范财务报告的编制,保证财务报告的真实、完整,以及报出的及时性,做好财务报告的分析利用。<br>2.全面预算(BUD):企业是否已建立和完善预算编制工作制度,规避预算执行中的风险,严格执行预算考核制度。<br>3.资金活动(CAP):企业是否可以合理防范和控制投资、筹资以及营运过程中的资金。<br>4.资产管理(ASS):企业是否能够保证存货、固定资产、无形资产等资产的安全。<br>5.合同管理(CMA):企业是否能够防范合同在订立、履行中发生的有关风险,切实维护企业的合法权益。 |

---

① 吴统雄.态度与行为研究的信度与效度:理论、应用、反省[J].民意学术专刊夏季号,1985:29-53.

续表

| 目标层指标 | 准则层指标 | 方案层指标 |
|---|---|---|
| | 投资者角度 | 1. 内部控制自评报告(SER)：上市公司是否出具内部控制自评报告，自评报告评价结果，会计师事务所对此审计意见是否清楚。<br>2. 股东权利(SHR)：是否采用网络投票，是否有过征集投票权，是否采用累积投票权以及是否有过3%和10%临时股东大会，是否有过重大事项绕过股东大会，股东大会是否违规及是否建立防止大股东占用上市公司资金的机制，公司各项决策是否独立于控股股东等。<br>3. 信息披露(INF)：是否建立信息披露制度，有无主动披露信息，财务报告有无补丁，定期报告是否及时，是否曾被出具非标准无保留意见等。<br>4. 会计师事务所(FOA)：上市公司是否自愿更换事务所，所聘请事务所的排名、规模、性质等。 |
| | 内部流程角度 | 1. 工程项目(CON)：企业是否能够加强工程立项、工程招标、工程造价、工程建设、工程验收等工程项目管理，提高工程质量。<br>2. 销售业务(SEL)：企业是否能够规范销售行为，防范销售及收款的相关风险。<br>3. 采购业务(PRO)：企业是否能够规范采购、付款行为，防范采购风险。<br>4. 业务外包(OUT)：企业是否能够规范业务外包中承包方的选择以及业务外包实施中的相关行为，防范业务外包风险。<br>5. 担保业务(GUA)：企业是否能够防范担保业务在调查评估与审批、执行与监控等过程中的相关风险。<br>6. 内部信息传递(IIT)：企业是否已经建立科学的内部信息传递机制，能够合理防范合同形成及使用过程中的风险，促进内部报告的有效利用。<br>7. 信息系统(SYS)：企业是否已经制定信息系统建设整体规划，能够有效防范在信息系统的开发、运行与维护方面的风险，全面提升企业现代化管理水平。 |

续表

| 目标层指标 | 准则层指标 | 方案层指标 |
|---|---|---|
| | 长期发展与成长角度 | 1. 人力资源(HR):企业是否已制定人力资源总规划,完善企业人力资源引进开发、使用和退出制度。<br>2. 社会责任(SOC):企业是否已建立安全生产管理体系,保证安全生产,确保产品质量,建立环境保护与资源节约制度,促进就业与员工权益保护。<br>3. 组织架构(ORG):企业是否可以合理设置内部职能机构,明确各机构职责权限,制定内部管理制度或相关文件并实行集体决策审批制度。<br>4. 发展战略(DEV):企业是否已制定发展目标和战略规划,设立战略委员会,发展战略方案由董事会严格审议,并经股东(大)会批准实施。<br>5. 研究与开发(RES):企业是否能够自主创新,有效控制立项与研究、开发与保护等过程中的研发风险。<br>6. 企业文化(ENT):企业是否已进行企业文化建设,建立企业文化评估制度。 |

资料来源:作者编制。

2. 判别矩阵、权重设计与指标体系构建

依据上述介绍,笔者给出第一层次的分析图,各层级判别矩阵均由5名内部控制领域专家打分,将其结果加权平均后按平均值大小排列。

决策层分析图见图7-2:

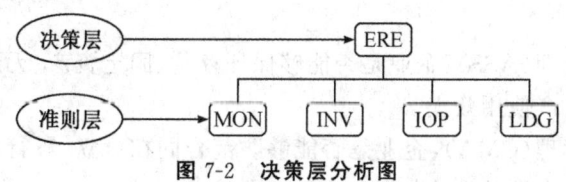

图7-2 决策层分析图

决策层目标:对企业内部控制系统进行有效评估(ERE);

准则层:财务角度(MON)、投资者角度(INV)、内部经营流程(IOP)、长期发展与成长角度(LDG)。

构造比较判别矩阵：

| ERE | MON | INV | IOP | LDG |
|-----|-----|-----|-----|-----|
| MON | 1 | 3 | 1/2 | 1/2 |
| INV | 1/3 | 1 | 1/2 | 1/2 |
| IOP | 2 | 2 | 1 | 1/2 |
| LDG | 2 | 2 | 2 | 1 |

$W=(0.214,0.124,0.274,0.388)$
$\lambda_{max}=4.215$
$CI=0.072$
$RI=0.900$
$CR=0.080<0.1$
通过一致性检验

经过层次分析法分析得出，在实现有效率的内部控制自我评估的准则层上，四个角度排序应为：长期发展与成长、内部流程、财务和投资者。其权重分别是：38.8%、27.4%、21.4%、12.4%。

企业内部控制总得分表达式：
$S=38.8\%\times LDG+27.4\%\times IOP+21.4\%\times MON+12.4\%\times INV$ （1）

类似的，可以得到各方案层的得分表达式。

准则层1：从财务角度对企业进行内部控制评价（见图7-3）：

方案层1：

(1) 财务报告(FIN)：企业是否能够严格规范财务报告的编制，保证财务报告的真实、完整，以及报出的及时性，做好财务报告的分析利用。

(2) 全面预算(BUD)：企业是否已建立和完善预算编制工作制度，规避预算执行中的风险，严格执行预算考核制度。

(3) 资金活动(CAP)：企业是否可以合理防范和控制投资、筹资及营运过程中的资金。

(4) 资产管理(ASS)：企业是否能够保证存货、固定资产、无形资产等资产的安全，提高资产使用效能。

(5) 合同管理(CMA)：企业是否能够防范合同在订立、履行中发生的有关风险，切实维护企业的合法权益。

准则层1——财务角度如图7-3所示：

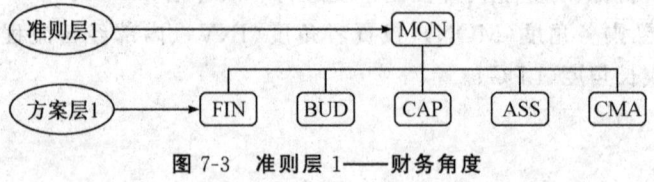

图7-3 准则层1——财务角度

构造比较判别矩阵:

| MON | ASS | BUD | CMA | CAP | FIN |
|-----|-----|-----|-----|-----|-----|
| ASS | 1 | 1/2 | 1/2 | 1/2 | 2 |
| BUD | 2 | 1 | 2 | 2 | 1 |
| CMA | 2 | 1/2 | 1 | 2 | 2 |
| CAP | 2 | 1/2 | 1/2 | 1 | 2 |
| FIN | 1/2 | 1 | 1/2 | 1/2 | 1 |

$W = (0.144, 0.289, 0.251, 0.190, 0.126)$
$\lambda_{max} = 5.378$
$CI = 0.094$
$RI = 1.120$
$CR = 0.084 < 0.1$
通过一致性检验

经过层次分析法分析得出,在财务角度的层面上,五个指标的排序应为:全面预算、合同管理、资金活动、资产管理、财务报告。根据向量结果确定所占权重,分别是:28.9%,25.1%,19.0%,14.4%,12.6%。

准则层2:从投资者角度对企业进行内部控制评价(见图7-4):

方案层2:

(1)内部控制自评报告(SER):上市公司是否出具内部控制自评报告,自评报告评价结果,会计师事务所对此审计意见是否清楚。

(2)股东权利(SHR):是否采用网络投票,是否有过征集投票权,是否采用累积投票权以及是否有过3%和10%临时股东大会,是否有过重大事项绕过股东大会,股东大会是否违规以及是否建立防止大股东占用上市公司资金的机制,公司各项决策是否独立于控股股东等。

(3)信息披露(INF):是否建立信息披露制度,有无主动披露信息,财务报告有无补丁,定期报告是否及时,是否曾被出具非标准无保留意见等。

(4)会计师事务所(FOA):上市公司是否自愿更换事务所,所聘请事务所的排名、规模、性质等。

准则层2——投资者角度如图7-4所示:

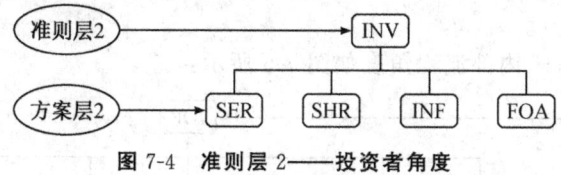

图7-4 准则层2——投资者角度

构造比较判别矩阵:

| INV | SER | SHR | INF | FOA |
|---|---|---|---|---|
| SER | 1 | 1/2 | 1/2 | 2 |
| SHR | 2 | 1 | 2 | 1/3 |
| INF | 2 | 1/2 | 1 | 2 |
| FOA | 1/2 | 3 | 1/2 | 1 |

$W=(0.208, 0.266, 0.295, 0.231)$
$\lambda_{max}=4.121$
$CI=0.040$
$RI=0.900$
$CR=0.044<0.1$
通过一致性检验

经过层次分析法分析得出,在投资者角度的层面上,四个指标的排序应为:信息披露,股东权利,会计师事务所,内部控制自评报告。根据向量结果确定所占权重,分别是:29.5%,26.6%,23.1%,20.8%。

准则层3:从内部流程角度对企业进行内部控制评价(见图7-5):

方案层3:

(1)工程项目(CON):企业是否能够加强工程立项、工程招标、工程造价、工程建设、工程验收等工程项目管理,提高工程质量。

(2)销售业务(SEL):企业是否能够规范销售行为,防范销售及收款的相关风险。

(3)采购业务(PRO):企业是否能够规范采购、付款行为,防范采购风险。

(4)业务外包(OUT):企业是否能够规范业务外包中承包方选择以及业务外包实施中的相关行为,防范业务外包风险。

(5)担保业务(GUA):企业是否能够防范担保业务在调查评估与审批、执行与监控等过程中的相关风险。

(6)内部信息传递(IIT):企业是否已经建立科学的内部信息传递机制,能够合理防范合同形成及使用过程中的风险,促进内部报告的有效利用。

(7)信息系统(SYS):企业是否已经制定信息系统建设整体规划,能够有效防范在信息系统的开发、运行与维护方面的风险,全面提升企业现代化管理水平。

准则层3——内部流程角度如图7-5所示:

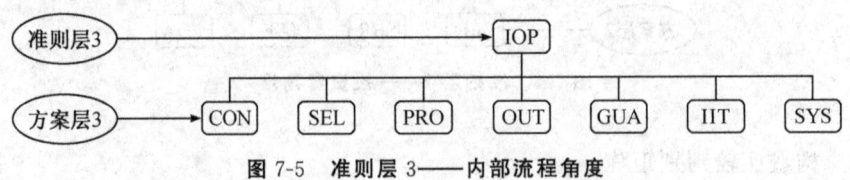

图7-5 准则层3——内部流程角度

构造比较判别矩阵：

| IOP | CON | GUA | OUT | IIT | SEL | PRO | SYS |
|-----|-----|-----|-----|-----|-----|-----|-----|
| CON | 1   | 1/2 | 2   | 1/2 | 1/3 | 1/2 | 1/2 |
| GUA | 2   | 1   | 1/2 | 1/2 | 1/2 | 1/2 | 1/2 |
| OUT | 1/2 | 2   | 1   | 1/2 | 1/2 | 1/3 | 1/2 |
| IIT | 2   | 2   | 2   | 1   | 1/2 | 1/2 | 1/2 |
| SEL | 3   | 2   | 2   | 2   | 2   | 1   | 2   |
| PRO | 2   | 2   | 3   | 2   | 1/2 | 1   | 2   |
| SYS | 2   | 2   | 2   | 2   | 2   | 2   | 2   |

$W = (0.084, 0.089, 0.084, 0.132, 0.208, 0.208, 0.196)$

$\lambda_{max} = 7.528$

$CI = 0.088$

$RI = 1.320$

$CR = 0.067 < 0.1$

通过一致性检验

经过层次分析法分析得出，在内部流程角度的层面上，七个指标的排序应为：销售业务，采购业务，信息系统，内部信息传递，担保业务，业务外包，工程项目。根据向量结果确定所占权重，分别是：20.8%，20.8%，19.6%，13.2%，8.9%，8.4%，8.4%。

准则层4：从长期发展与成长角度对企业进行内部控制评价(见图7-6)：

方案层4：

(1)人力资源(HR)：企业是否已制定人力资源总规划，完善企业人力资源引进开发、使用和退出制度。

(2)社会责任(SOC)：企业是否已建立安全生产管理体系，保证安全生产，确保产品质量，建立环境保护与资源节约制度，促进就业与员工权益保护。

(3)组织架构(ORG)：企业是否可以合理设置内部职能机构，明确各机构职责权限，制定内部管理制度或相关文件并实行集体决策审批制度。

(4)发展战略(DEV)：企业是否已制定发展目标和战略规划，设立战略委员会，发展战略方案由董事会严格审议，并经股东(大)会批准实施。

(5)研究与开发(RES)：企业是否能够自主创新，有效控制立项与研究、开发与保护等过程中的研发风险。

(6)企业文化(ENT)：企业是否已进行企业文化建设，建立企业文化评估制度。

准则层 4——长期发展与成长角度如图 7-6 所示：

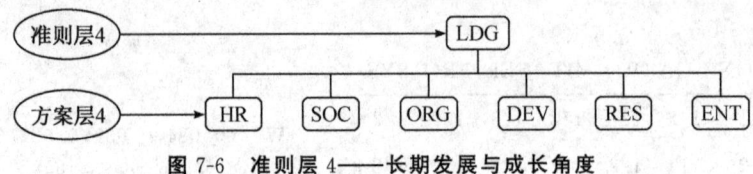

图 7-6 准则层 4——长期发展与成长角度

构造比较判别矩阵：

| LDG | HR | SOC | ORG | DEV | RES | ENT |
|-----|----|----|----|----|----|----|
| HR  | 1  | 1/4 | 1/2 | 1 | 1/2 | 2 |
| SOC | 4  | 1  | 1  | 1 | 1/2 | 2 |
| ORG | 2  | 1  | 1  | 3 | 1 | 2 |
| DEV | 1  | 1  | 1/3 | 1 | 1/2 | 2 |
| RES | 2  | 2  | 1  | 2 | 1 | 1 |
| ENT | 1/2 | 1/2 | 1/2 | 2 | 1 | 1 |

$W = (0.111, 0.198, 0.238, 0.131, 0.222, 0.099)$

$\lambda_{max} = 6.467$

$CI = 0.093$

$RI = 1.240$

$CR = 0.075 < 0.1$

通过一致性检验

经过层次分析法分析得出，在长期发展与成长角度的层面上，六个指标的排序应为：组织架构，研究与开发，社会责任，发展战略，人力资源，企业文化。

根据向量结果确定所占权重，分别是：23.8%，22.2%，19.8%，13.1%，11.1%，9.9%。

总得分确定过程如下：第一步，企业和审计机构确定方案层各因素分值；第二步，根据方案层得分表达式计算准则层因子分数；第三步，通过权重确定的总分值公式：$S = 38.8\% \times LDG + 27.4\% \times IOP + 21.4\% \times MON + 12.4\% \times INV$ 计算企业内部控制评价总分值（两级层次因素赋分均采用百分制）。

表 7-5　内部控制评价指标体系表

| 目标层指标 | 准则层指标 | 方案层指标 |
| --- | --- | --- |
| 企业内部控制评价体系指标设计 | 长期发展与成长角度 38.8% | (1)组织架构(ORG)23.8%<br>(2)研究与开发(RES)22.2%<br>(3)社会责任(SOC)19.8%<br>(4)发展战略(DEV)13.1%<br>(5)人力资源(HR)11.1%<br>(6)企业文化(ENT)9.9% |
| | 内部流程角度 27.4% | (1)销售业务(SEL)20.8%<br>(2)采购业务(PRO)20.8%<br>(3)信息系统(SYS)19.6%<br>(4)内部信息传递(IIT)13.2%<br>(5)担保业务(GUA)8.9%<br>(6)业务外包(OUT)8.4%<br>(7)工程项目(CON)8.4% |
| | 财务角度 21.4% | (1)全面预算(BUD)28.9%<br>(2)合同管理(CMA)25.1%<br>(3)资金活动(CAP)19.0%<br>(4)资产管理(ASS)14.4%<br>(5)财务报告(FIN)12.6% |
| | 投资者角度 12.4% | (1)信息披露(INF)29.5%<br>(2)股东权利(SHR)26.6%<br>(3)会计师事务所(FOA)23.1%<br>(4)内部控制自评报告(SER)20.8% |

资料来源：作者编制。

根据我们的研究结果，对于一个企业来说，应在进行内部控制体系设计时着重关注符合长期发展与成长性的指标。这涉及企业如何通过内部控制系统的改进使其自身更具成长性的问题。古典经济学理论的代表者美国经济学家米尔顿·弗里德曼认为，企业是不需要对社会产品负责的，只需要追求利润最大化，否则会影响社会机制。但这个观点与可持续发展观是相悖的。企业不但要健康地生存与发展，更应对其他企业乃至社会产生积极影响并感化其他企业紧随自己采取同样行动，以赢得消费者的支持和社会的广泛认同(杨雄胜，2006)。找好自己的市场定位，承担起对社会、政府、员工、投资者、环境等应有的责任,对企业的"长治久安"是有益处的。投资者,这里主要指中小投资者,虽然因为我国资本市场发展不健全而在交易中处于劣势地位,不能对企业内部控制系统的设计产生重大影响,但是从长期发展角度看,投资者对资本市场的信心是企业得以存在和发展的保障。未来要提高管理层对从投资者保护的角度进行内部控制系统设计的重视程度。

以上依据我国内部控制应用指引,利用平衡计分卡的思想对内部控制的主要影响因素进行分类,构造了一个带有指标的内部控制自我评价体系,并用层次分析法对权重指标进行了设计,这在一定程度上解决了内部控制评价体系各影响因素难以量化的问题,有效弥补了单纯进行定性分析的不足。但由于判断矩阵打分需要依靠主观评价和赋值,所以,专家选择不同,其两两指标间的相对重要程度可能会有所变化。因此,在用 AHP 法对指标的权重进行设计后,还应用大量的上市公司数据对其进行检验和改进,以确定更为精准的指标选择和权重赋值,这也是有效应用这一方法的关键。

## 二、基于因子分析的内部控制评价方法与自评报告质量改进

近年来,为了更准确地对企业内部控制系统进行评价,很多学者对如何构建内部控制评价体系采用多种方法进行了尝试,如因子分析法、决策树等。由于因子分析法的大量数据具有易获得性和客观性的特点,因此,采用这种分析方法获得的分析结果较为真实可靠。下面拟用因子分析法对内部控制体系从企业运作流程角度对内部控制评价体系进行构建,以期能丰富内部控制评价体系构建视角。

因子分析法的具体计算步骤在前文已经介绍过,在此不再赘述。以下只简要介绍问卷调查法的相关概念。

### (一)问卷调查法概念

调查问卷的方法是采用书面形式搜集被调查对象的意见或想法,然后通过信息的回收、整理、统计、分析得出被调查问题普遍规律的一种研究方法。

调查问卷按照填写形式分,可分为自填法和代填法。自填法即由受访者自行填写问卷,一般通过现场发送、电子邮件和报纸刊登等途径实现;代填法即由除受访者以外的其他人代为填写问卷,一般通过电话采访等途径实现。按照填写内容分,可以分为限定性问卷和非限定性问卷。限定性试卷即已进行答案设定,被调查者只需根据自己的情况进行选择即可;非限定性问卷则不设定备选答案,或在设定若干备选答案的基础上,留有"其他"选项,可以由被调查者根据自己的见解填写较为详细的意见、建议或要求等。按照调查的范

围分,可分为全面调查和非全面调查。全面调查即向和问题有关的所有对象发放问卷,这样可以对被调查对象的整体状况进行把握,这种问卷是整体分析的可靠依据,但是如果调查群体过大,则调查成本会大幅提高;非全面调查即向部分有关群体发放问卷,如典型调查和随机抽样调查,这种问卷适用于样本量过大的情况,可以在调查结果基本反映问题实质的基础上,节约调查成本。

(二)问卷调查的基本步骤

1. 设计调查问卷

进行问卷调查,首先要根据调查目标设计调查问卷,其中问题要尽量简明易懂,避免使用专业词汇,或对专业词汇做出解释;答案要尽量采用选择题的形式,方便受访者作答,并能完整体现所有的可能性,而且答案之间有明显的互斥关系。

2. 选择调查对象

如果是全面调查,则调查对象是全体有关人员;如果是非全面调查,则应采取抽样方法对调查对象进行选取。抽样方法分为随机抽样和非随机抽样。其中,随机抽样方法有简单随机抽样、分层抽样、分群抽样等方法;非随机抽样方法有配额抽样、任意抽样和判断抽样等方法。调查人应根据需要对抽样方法进行选择。

3. 发放问卷

为确保问卷的回收,应尽量采用当面呈送问卷的方式。有数据表明,该方式问卷的回收率几乎为100%。其次,可采用电话、email的方式,而通过报刊刊登问卷是最不提倡的方法,该方法的问卷回收率一般只有10%。

4. 回收、审查问卷

问卷回收后,应由调查人员对问卷进行逐份检查,剔除无效问卷,保留有效问卷,并总结无效问卷产生的原因,以便改进下一次的问卷调查效果。对于有效问卷,应对其进行统一编号,便于进行接下来的数据统计。

5. 进行统计分析和理论研究

将有效调查问卷的数据录入计算机,形成统计表或图形。利用统计结果,按照调查目标要求,进行全面的分析工作。

(三)基于因子分析的内部控制评价方法改进

南京大学会计与财务研究院课题组曾将内部控制评价的内容分两种思路:一是框架式,即"对内部控制按其基本结构建立规范统一的评价模式",但这种模式"在实践中已陷入困境",由于其"过于口号式",因此"作为一个指导企业内控制度建设的框架显然失之概括,不够实用",这同笔者对上市公司内控自评信息披露状况的调查结果相吻合。二是问题式评价模式,即"把内部控制过程中的问题定义为'可理解、可计量和可检验的评价标准'",他们指出:"中国最终发布的《企业内部控制评价指引》,形式上采纳了框架评价意见,但又要求重点关注主要风险点,这似乎又体现了问题式(应急式)评价的特点。"根据以上分析结果,笔者认为,我国上市公司出具的内部控制自我评价报告在评价方式上还应从描述性、经验型的定性评价向较为具体直观的定量化评价发展。这可以为企业进行内部控制系统评分提供更为统一的标准,也便于投资者对公司进行比较选择。

首先,通过问卷调查方法得出内部控制影响因素重要程度评价数据;其次,采用因子分析方法利用调查数据对内部控制影响因子进行分类,并确定权重;最后,设计出内部控制评价影响因素评分表,用于确定内部控制评价指标的调整系数。

1. 内部控制影响因素重要程度数据搜集:问卷调查

由于内部控制指引基本覆盖了企业整体建设、资金管理、业务管理、人力管理和信息管理等方面,符合我国的经济发展特征,可使企业建立健全其内部控制体系及内部控制制度,因此,笔者仍以这18项具体指引作为内部控制评价因素重要程度的调查因子。具体如下:

问卷设计采用了李克特五级量表,即每个因素的重要性均有5项选择,分别是:非常重要(用5分来表示),比较重要(用4分来表示),重要(用3分来表示),比较不重要(用2分来表示),不重要(用1分来表示)。要求被测者按照自己对内部控制有关因子重要性的认识如实作答。

内部控制评价及改进过程涉及公司管理层,公司员工,独立的第三方审计机构,该领域专家、学者及广大投资者,考虑到他们可以从不同的视角和立场对内部控制评价体系的构建提出建议,因此,我们向这部分人群采用随机现场及定向邮件的方法发放了调查问卷。

2. 内部控制评价影响因素的权重:因子分析

(1)本次问卷调查通过随机现场及定向邮件的方法共发放问卷128份,收回有效问卷110份,有效回收率85.94%。其中公司问卷58份,审计机构问卷32份,专家学者问卷20份。数据来源于问卷调查结果,检验使用软件SPSS。

表 7-6　KMO 和 Bartlett 检验

| Kaiser-Meyer-Olkin Measure of Sampling Adequacy | | 0.705 |
|---|---|---|
| Bartlett's Test of Sphericity | Approx. Chi-Square | 567.822 |
| | df | 153 |
| | Sig. | 0.000 |

资料来源:作者编制。

表 7-6 中 KMO 值为 0.705 大于 0.7,Bartlett 球度检验显著($P=0.000$),说明整体效度良好,问卷数据适合作因子分析。

(2)公因子提取。碎石图可观测提取公因子的数量,见图 7-7:

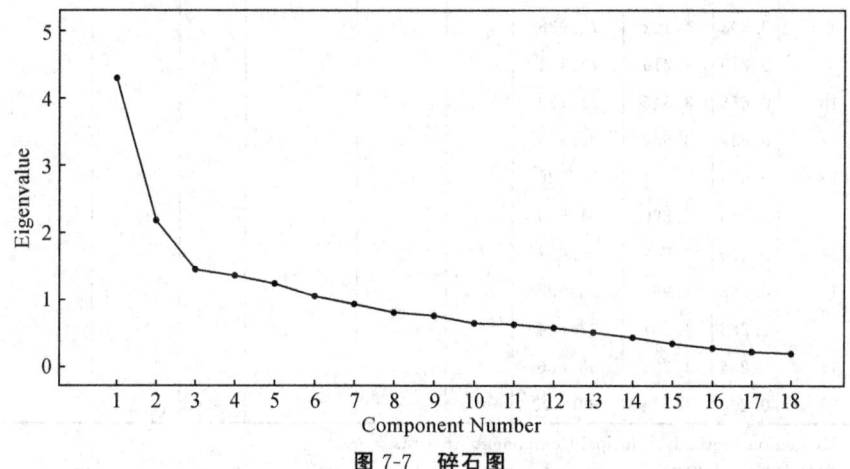

图 7-7　碎石图

资料来源:作者编制。

从图 7-7 可以看出,自第 6 个公因子后,曲线开始趋于平坦。因此,应提取下降速度较快的特征值所对应的 6 个公因子。同时,我们以特征值大于 1 作为公因子提取标准,通过计算得出有 6 个指标特征值大于 1。见表 7-7:

表 7-7  特征值分析表

| Component | Initial Eigenvalue | | | Extraction Sums of Squared Loadings | | | Rotation Sums of Squared Loadings | | |
|---|---|---|---|---|---|---|---|---|---|
| | Total | % of Variance | Cumulative % | Total | % of Variance | Cumulative % | Total | % of Variance | Cumulative % |
| 1 | 4.277 | 23.760 | 23.760 | 4.277 | 23.760 | 23.760 | 3.311 | 18.396 | 18.396 |
| 2 | 2.154 | 11.967 | 35.727 | 2.154 | 11.967 | 35.727 | 2.019 | 11.215 | 29.611 |
| 3 | 1.465 | 8.136 | 43.863 | 1.465 | 8.136 | 43.863 | 1.926 | 10.701 | 40.311 |
| 4 | 1.367 | 7.592 | 51.455 | 1.367 | 7.592 | 51.455 | 1.591 | 8.838 | 49.149 |
| 5 | 1.253 | 6.959 | 58.414 | 1.253 | 6.959 | 58.414 | 1.440 | 7.999 | 57.148 |
| 6 | 1.055 | 5.863 | 64.278 | 1.055 | 5.863 | 64.278 | 1.283 | 7.129 | 64.278 |
| 7 | 0.936 | 5.199 | 69.476 | | | | | | |
| 8 | 0.803 | 4.462 | 73.938 | | | | | | |
| 9 | 0.759 | 4.216 | 78.154 | | | | | | |
| 10 | 0.656 | 3.645 | 81.799 | | | | | | |
| 11 | 0.639 | 3.552 | 85.352 | | | | | | |
| 12 | 0.589 | 3.274 | 88.626 | | | | | | |
| 13 | 0.518 | 2.880 | 91.506 | | | | | | |
| 14 | 0.450 | 2.502 | 94.007 | | | | | | |
| 15 | 0.358 | 1.990 | 95.997 | | | | | | |
| 16 | 0.286 | 1.587 | 97.584 | | | | | | |
| 17 | 0.234 | 1.302 | 98.886 | | | | | | |
| 18 | 0.200 | 1.114 | 100.000 | | | | | | |

Extraction Method: Principal Component Analysis.
资料来源:作者编制。

综合碎石图和特征值分析,我们共提取 6 个公因子。

(3)通过旋转矩阵,将各个因子分为 6 类,因子重分类以后的结构,见表 7-8:

表 7-8  重分类结构

| 控制环境因素 | 1. 组织结构(ORG) |
| | 2. 发展战略(DEV) |
| | 3. 企业文化(ENT) |
| | 4. 研究与开发(RES) |
| | 5. 社会责任(SOC) |
| | 6. 人力资源(HR) |

续表

| | |
|---|---|
| 财务因素 | 1. 资产管理(ASS)<br>2. 财务报表(FIN)<br>3. 资金活动(CAP) |
| 供销业务因素 | 1. 销售业务(SEL)<br>2. 采购业务(PRO) |
| 其他日常业务因素 | 1. 工程项目(CON)<br>2. 业务与外包(OUT) |
| 信息与沟通因素 | 1. 内部信息传递(IIT)<br>2. 信息系统(SYS) |
| 管理因素 | 1. 担保业务(GUA)<br>2. 全面预算(BUD)<br>3. 合同管理(CMA) |

资料来源：作者编制。

(4) 因子重分类信度检验。对内部控制评价影响要素进行重分类后，可以看到，分类结果在很大程度上可以揭示内部控制评价要素的相对重要性。我们针对以上结果进行信度检验，以进一步验证已分类内部要素的同质性。信度检验结果如下：

经检验，第一类控制环境因素中的 6 个子指标信度检验值 Cronbach's Alpha 为 0.566，表明问卷调查结果可信[①]；第二类财务因素中的 3 个子指标信度检验值 Cronbach's Alpha 为 0.582，表明结果可信；第三类供销业务因素中的 2 个子指标的信度检验值 Cronbach's Alpha 为 0.792，表明信度良好；第四类其他日常业务因素中的 2 个子指标信度检验值 Cronbach's Alpha 为 0.664，表明结果可信；第五类信息与沟通因素中的 2 个子指标信度检验值 Cronbach's Alpha 为 0.545，表明结果可信；第六类管理因素中的 3 个子指标信度检验值 Cronbach's Alpha 为 0.526，表明结果可信。

(5) 影响因素权重确定：

①公因子表达式确定。$F_1$（控制环境因素）＝ 0.827 × 组织结构 ＋

---

① 吴统雄. 态度与行为研究的信度与效度：理论、应用、反省[J]. 民意学术专刊夏季号，1985：28-53.

0.696×发展战略+0.688×企业文化+0.671×研究与开发+0.651×社会责任-0.500×人力资源+0.014×资产管理-0.324×财务报表-0.007×资金活动-0.061×销售业务+0.113×采购业务-0.041×工程项目-0.270×业务与外包+0.052×内部信息传递-0.045×信息系统+0.092×担保业务-0.429×全面预算-0.390×合同管理 (1)

类似的,可以得到其他5类因素($F_2, F_3, F_4, F_5, F_6$)的表达式。

②公因子权重确定。经因子分析,可将上述18个内控评价影响因素归纳为6个综合影响因子指标:控制环境因素($F_1$),财务因素($F_2$),供销业务因素($F_3$),其他日常业务因素($F_4$),信息与沟通因素($F_5$),管理因素($F_6$)。

通过加权平均,可以得到评价对象的价值总分 $S$(满分为100分)。

我们用 $P_1$、$P_2$、$P_3$、$P_4$、$P_5$、$P_6$ 表示各综合因素的权重,以反映 $F_1$、$F_2$、$F_3$、$F_4$、$F_5$、$F_6$ 在总体评价中的相对重要程度。则评价的总指标为:

$$S = P_1 \times F_1 + P_2 \times F_2 + P_3 \times F_3 + P_4 \times F_4 + P_5 \times F_5 + P_6 \times F_6$$

权重指标 $P_1$、$P_2$、$P_3$、$P_4$、$P_5$、$P_6$ 的具体数值为:

$P_1 = 18.396/64.278 = 0.29$

$P_2 = 11.215/64.278 = 0.17$

$P_3 = 10.701/64.278 = 0.17$

$P_4 = 8.838/64.278 = 0.14$

$P_5 = 7.999/64.278 = 0.12$

$P_6 = 7.129/64.278 = 0.11$

最终我们得到评价的总得分:

$$S = 0.29 \times F_1 + 0.17 \times F_2 + 0.17 \times F_3 + 0.14 \times F_4 + 0.12 \times F_5 + 0.11 \times F_6$$

(2)

③内部控制影响因素评价表

根据前面的因子分析,我们可以确定内部控制影响因素的分类构成及权重。为了使企业及审计机构能更好地对企业内部控制系统进行打分,我们设计了基于上述研究结果的内部控制影响因素评价表,如表7-9所示。

表7-9 内部控制影响因素评价表

| | |
|---|---|
| 控制环境因素<br>($P_1 = 0.29$) | 1.组织结构(ORG)<br>2.发展战略(DEV)<br>3.企业文化(ENT)<br>4.研究与开发(RES)<br>5.社会责任(SOC)<br>6.人力资源(HR) |

续表

| 财务因素<br>($P_2=0.17$) | 1. 资产管理(ASS)<br>2. 财务报表(FIN)<br>3. 资金活动(CAP) |
|---|---|
| 供销业务因素<br>($P_3=0.17$) | 1. 销售业务(SEL)<br>2. 采购业务(PRO) |
| 其他日常业务因素<br>($P_4=0.14$) | 1. 工程项目(CON)<br>2. 业务与外包(OUT) |
| 信息与沟通因素<br>($P_5=0.12$) | 1. 内部信息传递(IIT)<br>2. 信息系统(SYS) |
| 管理因素<br>($P_6=0.11$) | 1. 担保业务(GUA)<br>2. 全面预算(BUD)<br>3. 合同管理(CMA) |

资料来源:作者编制。

总得分确定过程如下:第一步,企业和审计机构确定二级指标分值;随后,根据公因子表达式[参见影响因素权重确定公因子表达式(1)],计算一级指标分值;第三步,通过公因子权重确定的总分值公式:$S=0.29\times F_1+0.17\times F_2+0.17\times F_3+0.14\times F_4+0.12\times F_5+0.11\times F_6$ 计算企业内部控制评价总分值(两级指标赋分均采用百分制)。

需要注意的是,对于二级指标的赋分,目前并没有统一的标准可以参考。笔者建议,可以参照内部控制应用指引的具体要求,统一评价过程中的得分点与失分点,并确定每个评分点的分值,以便使上市公司间的内部控制评分更具可比性和一致性。

## 第三节 本章小结

现代企业经营环境日趋复杂,投资者对于资金安全和投资回报的考虑,应不仅限于对企业财务报表数据的关注,还应对公司内部控制系统的完善性进行考量。健全的内部控制系统对于提高企业的抗险能力和长期发展水平都极为重要。本章依据我国内部控制应用指引,首先利用平衡计分卡的思想对内部控制主要影响因素进行分类,构造了一个带有指标的内部控制自我评价体系,并用层次分析法对权重指标进行了设计,这在一定程度上解决了内部控制评价体系各影响因素难以量化的问题,有效弥补了单纯进行定性分析的不足。但由于判断矩阵打分需要依靠主观评价和赋值,所以,专家选择不同,其两两指标间的相对重要程度可能会有所变化。因此,在用AHP法对指标的权重进行设计后,还应用大量的上市公司数据对其进行检验和改进,以确定更为精准的指标选择和权重赋值,这也是有效应用这一方法的关键。其次,本书采用问卷调查的方式,对影响内部控制系统质量的指标利用因子分析方法进行聚类分析并赋予权重,实现了内部控制指标体系的构建,完成了由定性、局部化到定量、系统化的转变,提高了评估的公允性和科学性,为企业进行内部控制自我评价和审计机构对自评报告出具审计意见提供了参考依据。在使用过程中,由于企业的规模、行业、性质具有多样性,因此,还应根据企业的具体情况对该模型进行进一步的改进和完善。

# 研究结论与政策建议

## 第一节 研究结论

内部控制是生产、经济和企业管理发展到一定阶段的产物。从内部控制发展史来看,美国是世界上最早产生内部控制,并且理论和实务都发展得相对完善的国家。其中,COSO 于 1992 年发布的《内部控制整合框架》和 2002 年颁布并通过的《萨班斯法案》对世界范围内的内部控制发展都产生了巨大的影响和推动作用。

我国由于市场化经济体制起步较晚,因此,在公司制引进初期并未对内部控制加以重视,直至 21 世纪初期才开始着手制定相关法案。2008 年,由财政部等五部委联合发布的《企业内部控制基本规范》、《内部控制评价指引》及《内部控制审计指引》等法律展开了我国内部控制制度建设的进程,为我国企业内部控制系统的设计、评价及审计工作提供了法律上的支持与依据。但是,由于我国上市公司缺乏内部控制建设的相关经验,因此,部分上市公司还存在内部控制系统缺陷,影响了其财务报告的真实性与经营的安全性,给公司造成隐患。

本书对内部控制缺陷、内部控制评价的概念、相关理论知识及法律条文进行梳理,并深入研究了中美两国内部控制缺陷治理及内部控制评价的发展历程。

本书认为,首先由于中美两国的经济制度环境有很大不同,因此,中国的内部控制建设及缺陷治理应有自己的特点。

本书选取2008—2011年在沪市主板A股市场交易的上市公司作为研究对象,以容易导致内部控制缺陷的财务指标和非财务指标为解释变量,基于平衡面板数据进行逻辑回归分析,检验其对内部控制缺陷的影响程度。研究结果发现,我国内部控制缺陷诱因与国外发达资本市场公司相比,既有相同点也有其特殊特征。

在我国资本市场中,大型上市公司比中小型上市公司披露内部控制缺陷的比例更高,这是让人费解的。但通过审查上市公司出具内部控制报告的情况,也可以很好地对其进行解释。我国上市公司的内部控制信息在2012年之前不属于强制披露内容,因此,部分中小型上市公司出于成本或其他原因考虑,并不出具内部控制自评报告和内部控制审计报告,但这并不代表其内部控制系统不存在缺陷。而大型上市公司在各项法规法律的遵循度上更强,当监管机构要求其自愿进行内部控制信息披露时,其往往积极响应并认真审查、改进内部控制系统,对于内部控制系统存在的问题也更愿意揭示,以传递给市场一个不断完善内控系统的健康形象。因此,虽然我国上市公司内部控制受规模因素影响的表现结果与国外上市公司不同,但其本质上还是一致的。

在发达资本市场中,上市公司普遍重视完善公司治理结构,而我国虽然在形式上也引入了如独立董事、审计委员会等制度,但其实质性功能还不健全。较好的独立董事制度应使独立董事与监事会在职能上互为补充,使独立董事能以专业知识或丰富的从业经历为公司提供中肯的决策建议,并能对公司管理层进行有效监督。但我国上市公司内部人现象较为严重,内部董事及管理层倾向于向独立董事隐瞒或歪曲信息以削弱其监督能力,而独立董事自身由于薪酬等原因也有被同化为内部人的风险,其为了不被公司解聘,往往不会对董事会或经理层决策提出异议。Tejade(1997)曾通过实证分析指出,在日本企业中,对经理层行为经常提出批评的独立董事往往在其任期届满后就被解聘,不对经理层发表意见的独立董事反而经常可以得以连任。而就审计委员会来说,我国仅有一部分上市公司设立了审计委员会,同国外公司相比,我国审计委员会成员专业化程度较低,持有财务相关证书或学历的较少,且独立性较差,部分在关联公司中任职,这造成其决策资源损失,决策效果不佳。

一些财务因素对公司内部控制的影响也很大。如利润因素,一个健康成长、利润丰厚的企业往往会有更多的资源去建设内部控制系统,而入不敷出的企业往往更重视如何扭亏为盈,不被强制退市,其没有能力建设内部控制系统,因为会增加企业的成本,耗费企业资源。还比如,资本结构因素,财务杠杆可以使企业用较少的资金获得较大的收益并获得节税效应,但如果财务杠杆使用不当则会给企业带来灾难性的后果。一个常常为到期本息无法支付而被债权人诉讼的公司,是没有意图去建设内部控制系统的。因此,在发掘有内部控制缺陷的上市公司时,应对资产负债率、固定资产率等财务比率也格外关注。

此外,近期内有兼并重组行为的公司,往往由于处于磨合期而尚不能对两公司的企业文化、战略、业务及员工配置等方面进行整合,因此较容易出现内部控制缺陷。此外,会计师事务所的选择也在一定程度上反映了上市公司内部控制系统质量的高低。由于四大会计事务所审计质量较高,审计程序审慎规范,因此,选择其进行审计的公司,往往内部控制系统质量较好。而频频更换事务所的上市公司往往是内部控制出现了问题,为了刻意隐瞒舞弊信息,往往选择对自身经营信息了解不多的新事务所,而如果这种更换是事务所主动提出的,则更表明上市公司的审计风险已经超出了其承受能力。

对于有大量对外贸易的企业,国外学者往往认为,这表明该企业企图运用不同国家的法律差异掩饰自身的经营漏洞,但对于我国的上市公司来说,由于我们的资本市场建设较晚,因此,同国外企业进行外贸交易反而会促进我国企业的内部控制建设,使其更好地了解国外资本市场对内部控制的要求以及国外企业的内部控制建设情况。

此外,本书还对内部控制缺陷对上市公司市场价值及债务资本成本的影响进行了分析。实证结果表明,存在内部控制缺陷的公司,其市场价值低于、债务资本成本高于不存在内部控制缺陷的公司。这也直接体现出建设并完善内部控制系统的重要性。内部控制系统是公司财务报告真实有效、经营合法合规的必要保证。良好的内部控制可以降低信息不对称程度,减少交易成本及代理成本,提高股权投资者及债权人对企业未来现金流量的预见能力,降低风险系数,进而降低其期望报酬,提高其对公司的投资信心,增加公司市场价值,降低公司债务资本成本。

本书还对有内部控制缺陷的上市公司按出具内部控制评价报告的情况进行了分类,分析结果表明,出具内部控制评价报告对提升公司市场价值有不显著的促进作用,但对降低债务资本成本的作用明显。这是因为目前小部分上市公司出具的内部控制评价报告有失真现象,不能很好地实现管理者对公司控制系统稳妥运行的保证作用,因此,广大投资者对其认可度并不高,而债权人相对而言更清楚企业的真实运行情况,因而更容易相信内部控制评价报告所呈现出的企业运营状态。

另外，本书对出具内部控制评价报告后进一步出具内部控制审计报告是否会影响存在内部控制缺陷上市公司的市场价值及债务资本成本进行了测试。结果表明，出具审计报告会继续显著降低企业的债务资本成本，但不会提升企业市场价值。原因与内部控制评价报告相似，部分事务所为承揽业务，对企业内部控制审查并不严格，小部分已受到证监会处罚的上市公司仍会被其出具内部控制有效的审计报告。这种现象的存在，降低了审计结果的公信力，阻碍了审计报告对上市公司市场价值的提升作用，但债权人由于有较多的知情权，因此对问题审计报告的认可度比中小投资者高，导致其会降低预期利息率。

由于我国公司存在治理结构缺陷、投资者保护机制不健全、资本市场配置效率较低等问题，使作为内部控制系统有效性保障环节的内部控制自我评价及内部控制审计，呈现出一种较为特殊的形态。由于并非强制性披露，因此几乎一半左右的上市公司选择放弃出具这两项报告，有的上市公司虽然披露了内部控制报告，但却不能连续披露，其在披露内部控制信息却没有得到市场响应的情况下，往往不再继续披露。而从披露的内容上看，其内容也往往过于空洞，没有实质意义，经常是套用规则或指引的原文，不能详细具体地揭露自身内部控制的实质问题。

此外，我国相关的法律法规尚不健全，内部控制有效的标准及内部控制缺陷的等级划分都尚未确定，这也为内部控制的准确评价增添了困难。内部控制的有效性，尽管在《内部控制评价指引》中有简单规定[①]，但说法却未免过于泛泛，而有效的概念也过于模糊。事物没有绝对性，而内部控制是否有效，也是在相对范围内。因此，有效等级的划分是必要的。而内部控制缺陷也同样应划分等级。我国《内部控制审计指引》虽然指出可以将内部控制缺陷分为重大缺陷[②]和应关注缺陷[③]，但这种划分方法亦不甚科学。"严重性不如重大缺

---

[①]《内部控制评价指引》指出：内部控制设计的有效性是指为实现控制目标所必需的内部控制要素都存在，并且设计恰当；内部控制运行的有效性是指现有内部控制按照规定程序得到了正确执行。

[②] 重大缺陷：指内部控制中存在的、具有合理可能性导致企业年度或中期财务报表出现重大错报不能被及时防止或发现的某项缺陷或几项缺陷的组合。

[③] 应关注缺陷：指内部控制存在的、其严重性不如重大缺陷但却足以值得负责监督企业财务报告的人员关注的某项缺陷或几项缺陷的组合。

陷"如何判断？除主观判断外，是否还需要客观数据进行佐证？笔者认为，仅仅靠企业或审计师的主观感受来判断缺陷是否重大是有失公平、公正的。没有客观的划分标准，就无法判断企业内部控制缺陷的严重程度。

最后，本书用两种方法对内部控制评价体系进行了构建。良好的内部控制评价体系可以准确评估企业内部控制系统的有效性，以测试企业的内部控制风险是否在可以容忍的范围内，即是否对企业运营的风控起到了合理保证。笔者在对上市公司内部控制评价效果进行调研时发现，在未强制要求的前提下，部分上市公司不会主动出具内部控制评价报告，即使出具，也往往只有内部控制自我评价报告，而没有由外部审计师出具的内部控制鉴证报告，这反映出我国上市公司对内部控制评价的重视程度较低，还未深刻认识到内部控制评价对内部控制系统的改进作用。并且，上市公司往往对内部控制评价的主体、客体及评价目标等认识不清，也未有可以适用的评价体系。因此，本书用层次分析法和因子分析法从不同角度对企业内部控制评价体系进行了构建，希望能帮助企业更好地对自身内部控制体系的质量进行评估，以查找内部控制缺陷，及时弥补内部控制漏洞，保护公司股东、债权人及其他利益相关者的权益。层次分析法能将复杂问题分解成递阶层次结构，并通过两两比较的方法确定其在所有因素中的相对重要性，最终通过使用者的判断，对决策方案中所有要素的相对重要性进行总排序。此种方法简单、容易掌握和实施，并且在一定程度上可以改进单纯定性研究方法的不足。但其缺点是受个人主观因素影响较大，会影响最终结果的客观性。因此，本书在用层次分析法从管理的角度对内部控制评价体系进行构建后，又从国家的规章制度角度用因子分析法对其进行了重塑。因子分析法可以将大量原始信息进行归类，形成较少的有共同特性的因子变量，能有效化简数据，并保证在此期间能最低限度地防止信息丢失，因此可信度较高，解释性较强。但是由于最小二乘法固有的局限性，因此该种方法有时无效，因此会首先对其信度进行检验。在用因子分析法构建了内部控制评价体系后，本书从两个视角、用两种方法初步为企业构建了内部控制评价体系，为企业进一步改进其内部控制评价系统提供了依据。

## 第二节 政策建议

**一、明确评价主体,建立责任追究机制,要求强制披露内部控制缺陷**

我国法律应明确规定上市公司内部控制评价主体,包括内部评价主体和外部评价主体,并对其评价失真的责任进行规定。由于内部控制评价报告在2012年之前并没有作为强制披露信息,因此,部分企业负责人选择不对其进行披露,尤其是存在内部控制缺陷、经营状况不好的公司。如前文所述,通过对上市公司披露内部控制评价报告情况进行调查,笔者发现,已出具内部控制评价报告的上市公司,均认为其内部控制系统有效,包括财务报告重述公司及部分违法违规公司也认为其内部控制在重大方面有效。在2012年以后,内部控制信息被列为强制披露信息,因此,要重点防范经营业绩较差、内部控制系统有实质性缺陷的上市公司出具虚假内部控制评价报告,或不披露内部控制缺陷。

对于内部控制评价主体而言,除规定董事会和管理层应对内部控制评价报告和财务报告的真实性、完整性负责外,还应特别强调董事长、总经理和财务总监的相应责任,包括刑事责任和民事责任,并建立责任追究机制。应完善职业经理人信息系统,及时、透明地将其公司管理者情况录入数据库,加大违法违规成本,促使其自身利益与公司利益相一致。还应不断加强审计委员会及监事会的建设,加强其董事会成员对内部控制缺陷的重视程度和监管力度。审计委员会应对内部控制运行情况及内部控制实施人员的资格、能力、品质进行检查监督,监事会应对董事会和经理层的内部控制实施情况进行评价。应通过上述部门的配合,对企业潜在风险进行识别,并通过协调,使内部控制目标同企业长期战略规划一致。

对于外部评价主体而言,应在注册会计师审计的基础上,加设政府监督机构审计。对于注册会计师来说,在宏观上,他们代表了广大投资者的利益;而在微观上,他们也有自己的利益诉求。因此,应对其进行道德及法律上的双重约束。在道德上,应首先使其了解内部控制信息的重要意义,提高其对内部控制审计的重视程度,并积极建立注册会计师信息系统,建立诚信档案,以减少注册会计师的违规行为。在法律上,要加大惩罚力度,并对审计师出具虚假内控审计报告的责任进行明确,保证其报告结果的完整性及公允性。另外,对部分为企业提供内部控制系统设计的事务所和注册会计师,应避免其为同一企业提供内部控制审计服务。此外,应建立相应的政府监督机构,并由其对上市公司的内部控制评价报告进行抽查检验,避免事务所为追求利益,出具虚假报告,隐瞒内部控制缺陷而使投资者造成损失,使内部控制评价报告及审计报告真正具有公共产品的特征。

## 二、建立良好的独立董事制度和审计委员会制度

### (一)应不断完善独立董事制度

独立董事制度的引进旨在使独立董事能从专业的角度提高公司治理水平,保护中小股东的合法权益,提高企业经营效益,独立董事制度一直被认为是解决内部人控制,即股东和经理层之间代理问题的有效机制之一。然而笔者在对我国上市公司进行考察后,却发现事实并非如此。由于独立董事薪金由管理层发放,且两者之间有信息不对称的关系,因此,独立董事并未对我国内部控制水平的提升起到显著的作用。

虽然我国相关法规要求上市公司公布独立董事对董事会议案发表意见的具体内容,包括议案事项、董事会表决结果、未到董事及其代理人名称、投反对票及弃权票董事姓名及理由等。但叶康涛等(2011)通过对我国独立董事决策行为的研究,指出"仅有约4%的公司曾经有独立董事对董事会议案提出过公开质疑","绝大部分情况下独立董事并不会公开质疑管理层行为",但"存在异议独立董事的公司市场价值更高"[①]。因此,应制定合理的激励政策,鼓励独立董事提出自己的意见与建议。监管当局可以考虑对独立董事实施收入激励与声誉激励相结合的激励方式。在收入激励方面,可以在固定收入的基础上增加风险收入,如鼓励其在合法的范围内购买所在公司的股票,使其能切实代表股东利益。在声誉激励方面,可以建立职业经理人市场,并建立独立董事信息数据库,提高其风险厌恶程度。还应提高独立董事中实务界董事比例。目前我国独立董事中,高校教授的比例较大,他们虽然有丰富的专业理论知识,但却缺乏实践经验。如果能将高校教授的知识与实务专家的经验相结合,对提高独立董事的决策效率和效果是大有好处的。并且,还应进一步限制独立董事的任职企业数量,因为如果独立董事在过多企业任职的话,将没有能力和

---

① 叶康涛,祝继高,陆正飞,张然.独立董事的独立性:基于董事会投票的证据[J].经济研究,2011(1):126-139.

时间对任职企业的经营状况进行了解,难免会出现不能尽责的情况。此外,对于独立董事的权利配置,也是监管当局需要解决的问题。应通过法律规定给予独立董事更多的自由裁量权,防止管理层利用内部人的身份对独立董事的独立性进行损害。

(二)加快审计委员会制度建设

2002年1月7日,中国证监会颁布了《上市公司治理准则》,建议上市公司设立审计、战略、提名、薪酬考核等专门委员会。经过多年来的发展,审计委员会制度在我国得到了较充分的发展,在一定程度上提高了审计师的独立性,但仍存在一些问题。张阳等(2007)在对审计委员会基本情况进行调查后指出,"无论是在设立审计委员会还是未设立审计委员会的上市公司中,前一年获得非标准审计意见是导致本年审计师更换的最为显著的因素,说明审计委员会的设立未能如预期制约独立性威胁,未能有效保护独立性高的审计师免受被改聘的命运"[①]。

审计委员会的设立在于保障审计师的独立性及审查公司财务报告的真实性,检验内部控制的设计、执行情况,保证公司资源配置最优,以实现企业目标。因此,公司最高领导层应赋予审计委员会较高的权限,使其能不受公司管理层的干预,独立选择注册会计师,并协助其检查公司财务及内部控制系统,保障审计师的知情权和话语权。此外,在进行审计委员会选举时,应采取大股东回避制度,防止大股东利用提名权对审计委员成员进行操纵,损害其独立性。还可引入市场竞争机制,形成独立董事人才市场,并建立独立董事名誉评估机制,防止独立董事与内部人合谋。同样的,在增加激励方面,也可以采用固定收入与变动收入相结合的薪酬制度或股权激励的办法,对审计委员会成员进行激励。

对于审计委员会的成员来说,他们还应具备良好的专业知识。我国《上市公司治理准则》明确规定,"审计委员会至少应有一名独立董事是财会专业人士"。因此,应设立严格的选拔考核制度,对审计委员会成员的道德品质、专业素养等进行严格筛查,在其入选审计委员会后还应建立持续的知识评估机制,加强对其进行后续教育,使其能定期接受会计专业知识的培训,以熟练、专业地履行自己的职责。值得注意的是,对于公司内部相关的财务人员,应限制其

---

① 张阳,张立民.独立性威胁、审计委员会制约有效性:理论分析与实证研究[J].会计研究,2007(10):87-96.

担任审计委员会的重要职务。因为内部财务人员参与了公司财务报告的编制过程,因此,就不应由其再组成审计委员会对财务报表的真实性进行复核,否则对审计委员会的监督职能会有所影响。

### 三、重视企业财务数据所揭示的风险,对企业的兼并重组、对外贸易及事务所选择等提供指导

企业的董事会、管理层、内部审计人员、注册会计师及广大投资者应对企业的财务数据给予足够重视,因为财务数据能在一定程度上反映公司的内部控制情况。一般来说,利润数据可以反映企业的盈利情况,而盈利是企业进行内部控制建设的基本物质条件,有较多利润的企业有条件进行内部控制建设,因此其内部控制效果一般会优于亏损企业。当然,作者并不赞同企业在盈利后才开始进行内部控制建设,因为内部控制与企业的成长、发展相辅相成。良好的内部控制能够最大限度地抑制企业潜在风险的产生,促进企业实现经营目标,达到股东价值最大化,对企业利润的实现是有帮助的,因此,应在企业设立初期即进行内部控制建设。而资本结构数据或者说偿债能力数据,如资产负债率、财务杠杆系数等可以在一个侧面反映企业的自有资金状况,这也是债权人识别风险的关键信号。过度的负债经营容易造成资金链断裂,会给企业带来巨大的财务风险;而过多利用自有资金又会使企业发展缓慢,难以扩大规模,不能享受税收减免的优惠政策。企业应保持良好的资本结构和偿债能力,使之既能为企业提供成长所需的资金支持,为企业带来节税效应,又能降低企业财务风险,进而降低企业内部控制风险。此外,还应格外注意企业的流动资金比率,以防止由于其不能给付到期利息和本金而导致的破产、清算风险。

兼并是市场竞争机制发展到一定阶段的结果,由于市场资源的有限性,优质企业往往试图通过兼并重组来扩大企业规模,但兼并也会给企业带来整合困境。文化、战略、岗位设置、薪金报酬等的差异会使企业的兼并收益下降,也会造成其内部控制职能紊乱。因此,监管当局应出台详细的法律法规指导企业的兼并行为,并对兼并后企业运作的各个环节及内部控制状况进行及时的评估、改进,以使兼并达到预期效果。此外,由于我国引入内部控制制度比西方国家稍晚,因此,监管当局应鼓励我国企业对外贸易,去海外上市。由于发达资本市场对内部控制系统完善性的要求较高,监管更加严格,因此,这将促进我国企业对外学习,引进先进理论、理念、掌握经验、教训,更快地提高自身内部控制水平。

此外,上市公司事务所的选择与更替也是广大投资者需要关注的因素。四大会计师事务所出具的审计报告往往被认为更具可靠性,因此选择四大会

计事务所审计的上市公司,其内部控制系统建设情况一般较好。而对于频繁更换会计事务所的上市公司,投资者应关注其更换原因,是否是因为审计师认为审计风险过大,所以主动要求终止与上市公司的合作关系?或是上市公司由于审计师无法出具令其满意的无保留意见报告,因此选择更换事务所,以进行信息隐瞒或舞弊?投资者在投资这类公司时应格外谨慎。

**四、完善内部控制信息披露制度,制定内部控制有效性标准及内部控制缺陷等级划分标准**

健全的内部控制系统会帮助企业提高运营效率,降低委托代理成本和交易成本,防止舞弊及滥用职权等问题,使企业能够更好地实现经营目标,保护投资者权益。但内部控制系统信息在企业内部人和外部投资者之间具有不对称的状况。因此,监管当局应强制规定上市公司至少应在年度报告中增加内部控制信息披露的内容。

我国上市公司出具内部控制报告至今已有近七年的时间,但目前其内容中披露的实质性内容仍然较少。由于内部控制信息具有公共产品的特性,因此,应由政府介入,以缓解投资者和公司经营者的信息不对称状况。我国上市公司所处的市场环境、法律背景及公司治理水平与国外发达国家有很大不同,因此,应制定符合我国资本市场特点的具体的内部控制信息披露规范。

从我国目前的内部控制信息披露情况看,基本上所有上市公司的内部控制评价报告都只是简单地援引了指引中关于缺陷认定的相关规定,并未划分内部控制缺陷的严重等级,这使得投资者无法直观认识企业内部控制的完善程度。政府不应仅仅规定"内部控制设计有效性是指为实现控制目标所必需的内部控制要素都存在并且设计恰当;内部控制运行有效性是指现有内部控制按照规定程序得到了正确执行",而应根据定性与定量的原则,参照一定的数量指标,如企业的销售增长率、销售利润率、财务杠杆系数等,并综合观察企业重要业务环节内部控制的完善性,如高管有无违规、违法的舞弊行为,企业在重大战略、投资等方面有无严重偏差,内部控制评价在以前年度的测评中有无发生重大缺陷的历史,以及已发生缺陷是否得到改正等,对企业内部控制缺陷标准进行划分,并采用具体分数或等级评定的办法对企业内部控制缺陷程度进行明确认定;应规定详细的得分点、扣分点,并对最后的得分、扣分结果给定标准区间。如果企业的内部控制评价结果在有效区间范围内,则认为其内部控制系统可以为企业目标的实现提供合理保证;如果不在有效区间内,则认为其内部控制次有效或无效,以使投资者能更准确地对上市公司内部控制风险进行定位。同样的,对于企业内部控制缺陷而言,尽管我国《内部控制审计指引》已对内部控制缺陷进行了简单的划分,但还不够具体,因此也应参照上述方法进行具体的分数区间评定。

**五、尽快出台《内部控制工具指引》,制定具体的内部控制评价方法和程序**

内部控制评价的最终目的在于为投资者揭示上市公司可能潜在的各类风险、内部控制缺陷、其财务报告的相对真实可靠程度以及企业已实施的风险应对措施等,以使不同类型的风险偏好者做出正确的投资决策。应采取适当的评价方法对内部控制进行评价,改变我国目前以定性为主的内部控制评价方法,将定性评价与定量评价相结合,并以定量为主,减少评价人员主观判断对评价结果的影响,增强评价结果的客观性,充分揭示企业风险。

应加强对内部审计人员及注册会计师数据处理技能的培训,提高其统计软件使用水平,并采用较为先进的内部控制评价工具。为了帮助企业正确评定内部控制系统运行情况,政府还应参照COSO指引并结合我国国情,出台详细的《内部控制工具使用指引》,并借鉴COSO《内部控制整合框架》的做法,提供给企业及注册会计师一套有明确测试内容和步骤的内部控制测试表单、一本参考手册以及一个通用经营模式,并给予一个已填写好内容的案例示范,以使上市公司及审计师尽快掌握分析方法。只有创建符合我国国情的内部控制评价工具,才能使我国的内部控制评价工作实现标准化和同一化,从而使上市公司及审计师更规范地完成评价工作。

此外,监管当局对内部控制信息披露的范围、内容及格式也应做出详细规定。《内部控制基本规范》指出"内部控制自我评价的方式、范围、程序和频率,由企业根据经营业务调整、经营环境变化、业务发展状况、实际风险水平等自行确定",这给了企业很大的自由选择区间,会造成企业间信息披露差异性过大。为了使内部控制信息披露内容更具可比性,要制定更为详尽的内部控制信息披露规定,要求企业更全面地对其各个业务环节的内部控制情况进行披露。

**六、应加大造假成本,培养专业内部控制评估人才**

为了提高内部控制信息披露的真实性,应明确内部控制信息披露的责任主体,并加大其造假成本。《内部控制基本规范》虽然笼统地指定了内部控制责任人①,但除此之外还应参照《萨班斯法案》,明确指出最终责任人,如董事长或总经理,这样能防止在出现内部控制缺陷后发生管理层互相推诿责任的情况。对于企业最终责任人及对企业内部控制进行评估的审计师来说,由于其可以利用隐瞒内部控制信息为自己谋利或避免失去某些既得利益,因此其有动机进行内部控制信息隐瞒或造假,所以还应加大其造假成本,提高造假的民事责任及刑事责任量刑,使其造假成本大于造假收益,以遏制这一情况的发生。

此外,还应尽快培养内部控制评价的专业人才。内部控制评价主要由企业自评和审计师鉴证两方面组成。对于企业来说,应定期对内部审计部门及审计委员会等监督机构进行培训,并对入选人员进行严格筛查,加大其成员中有内部控制相关经验的财务专家比例。对于注册会计师而言,应加强其职业道德教育,并通过后续教育或增加内部控制知识考核来提升其专业素养和责任心,使其能对企业的内部控制披露报告的真实性有更好的分辨力,真正成为中小投资者利益的保护者。

**七、使内部控制缺陷挖掘符合经济性原则**

《萨班斯法案》在颁布初期,曾受到社会各界的质疑,其中反对派中较为知名的代表是美联储前主席格林斯潘和投资家巴菲特,他们反对该法案的原因,很大一部分是由于执行成本过高。在该法案颁布后,SEC 曾估算"所有上市公司内部控制信息揭示成本最高将为 4 950 万美元,每家公司年报和季报将平均增加 5 小时额外工时"。而在后来的调查中发现,该条款的运行成本远高于估计数字。因此,降低内部控制评价的执行成本非常重要。如果内部控制缺陷治理的执行成本过高,即使其可以帮助企业避免潜在风险,但控制风险带来的总收益却低于其花费的总成本,则这一控制亦是无效或低效的。2006年,美国政府出台了《管理层内部控制评估概念公告》及其解释性指南,旨在指导管理层的评估行为,规范的评估程序也间接节约了企业的评估成本。

企业的根本目的在于获得经济效益,因此,应在风险评估的基础上,对风险点进行充分的分析,以对风险关键点进行识别,从而设计出合理的风险控制

---

① 《内部控制基本规范》第十二条规定:董事会负责内部控制的建立健全和有效实施。监事会对董事会建立与实施内部控制进行监督。经理层负责组织领导企业内部控制的日常运行。

流程,达到成本与收益的有效平衡。但遵循成本效益原则的问题是,可能在内部控制系统内存在一定的风险剩余,因此需要有一套风险处理的备案,以便在发生风险后能够对风险进行及时的处理。同理,由于会计师事务所是以盈利为目的的,并非是单纯的监管机构,所以尽管周密的审计计划和审计步骤能降低审计风险,但却会增加其成本,因此,审计的内部控制评价也需遵循经济性原则。

符合经济性原则的内部控制评价体系,应该针对不同环节、不同客户采用不同的评价方案,对于优质客户或极少可能发生内部控制缺陷的环节,应简化评价程序。但省略评价步骤的前提是剩余的步骤可以为内部控制目标的实现提供合理保证,既不能因为设置的岗位及配备的员工过多造成过分牵制浪费资源,也不能单纯为节省成本而减少岗位设置造成企业组织功能失效。同样,在外部评价的过程中,审计师也应就企业关键环节进行重点审计,而不是平均分配审计资源,造成资源浪费。

可以用曲线图来表示内部控制评价的经济性原则,如图 8-1 所示。

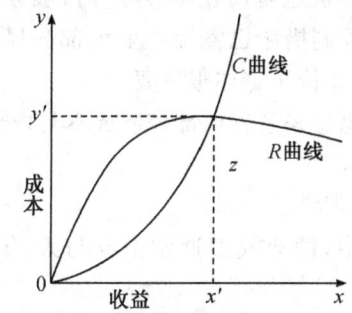

图 8-1　企业内部控制评价成本效益图

资料来源:作者编制。

在图 8-1 中,$x$ 轴表示建立内部控制系统给企业带来的收益,包括保证财务报告真实、完整,减少高管舞弊,提高企业经营效率效果,提高产品质量,规范各环节员工行为,保障企业经营管理的合法合规性,减少企业违规操纵利润行为,保护企业资产安全,防止资产流失等。$y$ 轴表示企业建立内部控制制度所需支出的主要成本,包括内部控制体系的流程设计、测试、执行及评价监督成本,内部控制信息系统的硬件购买成本及软件培训成本,注册会计师的咨询及审计成本等。可以看到,内部控制建设及缺陷发掘成本是在不断上升的,而收益在上升到一定程度后开始下降。因为此时,由于内部控制系统相对完善,企业的潜在风险已经很小,随着评价力度增加,可以避免的损失逐渐减少,但挖掘控制点的发现成本和执行成本却不断上升,此时,企业的内部控制评价系统是不经济的。应继续需要寻找成本与效益的平衡点 $z$,以使企业的内部控制实现经济性,并使企业的运营风险降低到其风险承受度以内。

同理,内部控制的外部评价曲线图如图 8-2 所示。

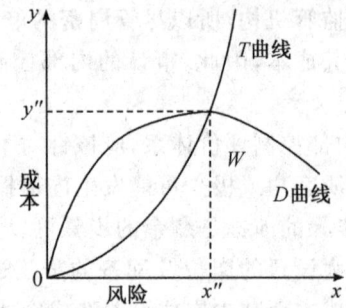

图 8-2　事务所内部控制评价成本效益图

资料来源:作者编制。

在图 8-2 中,$x$ 轴表示事务所的审计风险,$y$ 轴表示事务所采取审计程序所花费的成本。可以很清楚地看出在 $W$ 点过后,事务所的成本持续增加,但审计风险却因为之前的控制措施已涵盖企业大部分风险而持续降低。因此,对于事务所而言,合理的评价步骤亦很重要。

也可以用博弈论的思想来解释内部控制成本与内部控制收益之间的平衡关系。

(1)博弈模型基本元素

在经济问题的研究中,博弈模型通常由参与人、策略与支付三个要素组成。

第一,参与人集合:$N=\{1,2,\cdots n\}$,其中 $i \in N$,参与人是博弈中的决策主体,其在博弈中的最终目的是取得收益最大化。

第二,策略集:$S=\{S_1,\cdots,S_n\}$,策略集是参与人针对其他参与人的行动做出的行动反应,其表示参与人在特定时候可选择的策略集合。

第三,支付集:$U=\{u_1,\cdots,u_2\}$,表示在特定策略集合中参与人能得到的效用。

通过博弈计算,可以得到均衡策略组合,通常用 $S^*=\{S_1^*,\cdots,S_n^*\}$ 表示。

(2)企业建立内部控制评价体系的混合策略博弈矩阵

如上文所述,当企业建立完全内部控制评价体系时,会取得良好的控制效果,避免全部内部控制缺陷,但却可能由于控制过程过于烦琐,使监督成本过高,从而导致企业运营的不经济;而如果建立相对合理的内部控制评价体系,会降低监督成本,但潜在经营风险和内部控制缺陷出现的概率会升高。而对于审计师来说,采用简化的审计程序会节约审计资源,但会增加审计风险;而采用过于审慎的审计步骤,尽管降低了审计风险,却会大大增加审计成本,降低审计收益。

表 8-1　内部控制评价的混合策略博弈矩阵

|  |  | 审计师 | |
|---|---|---|---|
|  |  | 采用详尽的审计步骤 | 采用合理的审计步骤 |
| 企业 | 建立完全的内部控制评价体系 | (1,1) | (1,3) |
|  | 建立合理的内部控制评价体系 | (3,1) | (3,3) |

资料来源:作者编制。

矩阵中的参与者为审计师和企业,矩阵中每个战略表达式都是两个数字组成的数组,表示双方博弈行为的收益,其中第一个数字表示企业的收益,第二个数字示审计师的收益。假设企业建立完全内部控制评价体系及审计师采用详尽审计步骤的成本为3,企业建立合理内部控制体系及审计师采用合理审计步骤的成本为1。

可以看出,建立完全内部控制体系及采取详尽审计步骤的成本比建立合理的内部控制体系及采取合理审计步骤的成本高,而当企业出现营运问题概率较小的时候,这种资源上的浪费将尤为明显。因此,企业可以随着某运营环节风险概率及内部控制缺陷概率的增加而相应增加控制措施,却不应面面俱到,这种资源配置上的浪费在某种程度上和运营中的风险一样,会使企业目标难以实现。所以,将风险降低至企业的风险承受度之内即可认为其内部控制评价系统基本有效。而从审计师的角度看,其在对企业内部控制有概括性的了解后,不应采用千篇一律的审计程序,而应针对企业的特点进行审计程序设计,简化非关键步骤,强化高风险领域的审计关注度,使审计资源得到更好的分配,这样才能达到博弈的最优解。另外,还应注意的是,经济性要求充分利用内部评价成果和外部评价成果。上市公司的内部审计机构及管理层对内部控制制度进行的评价,能从内部角度找到企业控制缺陷,但由于缺乏专业性,因此可以借鉴审计师的评价结果。而审计师受证券监管部门及企业委托对企业内部控制体系所做出的评价,是对企业内部控制质量的认定环节,其结果会为广大投资者提供保障。审计师在评价的过程中,可以以企业内部控制评价结果为基础,辅以穿行测试,减少审计工作量。

此外,审计人员或公司内部控制人员在进行内部控制体系设计时,应将风险控制点前移,在内部控制缺陷出现后,不应只针对该缺陷进行事后补救,而应探寻缺陷或舞弊的根源,对其进行有效防范,这才是最符合经济性的做法。

### 八、提高投资者对内部控制信息的重视程度

投资者应提高对内部控制信息的重视程度,因为其是分析内部控制系统执行效果、测评企业内部控制风险的重要依据。而内部控制风险较高的企业,其财务报告的真实性、法律法规的遵循性、资产的安全性、经营的效率效果及战略目标的实现性都得不到很好的保障。近年来,上市公司的经营复杂性大大提高,仅根据财务报告和相关信息已不能对公司的投资回报和风险做出正确的判断,而通过对内部控制信息的分析,可以了解企业内部管理系统的适应性、管理者的风险偏好和经营理念,更全面地对企业的经营状况进行了解。因此,监管当局应通过各种媒体渠道,如报纸、电视讲座等形式,宣讲内部控制信息的重要性及内部控制系统质量判断标准等,加深投资者对内部控制的认识,扩展其内部控制知识,以使其更好地做出投资判断。

## 第三节 研究不足与展望

受本书作者能力、时间及客观环境的局限,本书还有一些不足之处,在今后的研究中应进一步拓展、深入。

### 一、内部控制缺陷治理制度发展历程的比较对象偏少

本书仅选取了内部控制缺陷研究开展最早、发展最为完善的美国和我国作为内部控制缺陷治理发展史的研究对象,虽然通过对比可以为我国今后内部控制缺陷治理制度的制定进行指导,但在此基础上还应该对其他国家内部控制缺陷治理的发展过程进行总括研究。

在进一步的研究中,应通过多国的对比,更完善地总结内部控制发展及完善规律,帮助我国吸取其他国家的经验、教训,增加内部控制法律法规制定的目的性和规范性,有效避免内部控制缺陷的出现。比如,可对和我国同为大陆法系的日本、德国以及内部控制制度发展也较完善的英国、加拿大等其他有代表性国家的内部控制治理发展史做进一步的研究。

## 二、实证检验数据应更广泛

在实证检验中，本书仅选取了沪市上市公司作为研究对象，而没有对深市上市公司的相关情况进行探究。由于沪深两市上市公司的上市标准及个体特征不同，因此，本书所得出的结论并不一定适合深市上市公司。

在进一步的研究中，还应利用深市公司数据进行内部控制缺陷的相关研究，以找出沪深两市上市公司内部控制缺陷影响因素及内部控制缺陷造成的经济后果的共同点与区别。

## 三、内部控制缺陷的影响范围不够全面

本书仅就内部控制缺陷与资本成本及公司价值的关系进行了描述，未探讨更多方面，如内部控制缺陷与企业关系网络的关系，内部控制缺陷和企业社会责任履行情况的关系等。

近年来，经济发展速度的加快及经济增长方式的改变促使企业由原来单一的个体向网络化转变。产品的多样化使企业需要更精细的原材料供给，而市场的多样化导致企业需要更详细的消费信息，尽管现代规模化大生产造成的成本降低能部分弥补消费者需求差异带来的物料损失，但随着集团企业涉及领域的多样化，其对更专业化、分类更加详尽的信息及技术的需求量还是大大增加了。部分企业通过并购完成了这一需求，控制了上游的供应商及下游的销售商，但更多的企业并没有并购所需的经济能力，其选择成为互相联结的多个经济体中的一个，即关系网络中的一个节点。

关系网络对现代企业而言十分重要，它能给企业带来更先进的技术、更低的交易成本、更可靠的交易伙伴，对企业的资源整合、知识共享和绩效提高都有着正向作用，因此，研究内部控制缺陷与企业关系网络构建是否相关十分必要，如果企业因存在内部控制缺陷而导致其关系网络破裂或存在瑕疵，那么企业会更重视自身内部控制制度的建设与完善，会通过内部控制评价寻找内部控制缺陷，并及时改正，这对于推进企业内部控制改革、提高企业管理水平是很有好处的。在今后的研究过程中，应对内部控制缺陷是否会对企业的关系网络造成负面影响进行进一步的研究与探讨。

此外，内部控制缺陷可能还与很多方面相关联，如社会责任。

在过去的很长一段时间里，企业生产的目的是追求利润最大化，然而，随着社会的进步和经济的持续发展，社会责任也成为企业制定战略规划时应重点考虑的内容。近年来，国内企业问题层出不穷，如"双汇"的瘦肉精事件、"三

鹿"奶粉的三聚氰胺事件等,无一不显示出企业只追求利润最大化的弊端,而现在的雾霾天气,也是企业不注重环境保护、没有社会责任感的后果。企业与政府、社会公众等一起履行社会责任,是未来的趋势,也是现实的必然要求。

社会责任,最早是由 Howard R. Bowen(1953)提出的,其在《商人的社会责任》(Social Responsibilities of the Businessman)中指出,企业在制定相关政策及采取行动时,应充分考虑其要实现的社会目标和价值观。

目前,对于社会责任与内部控制缺陷的关系,鲜有作者研究。已有文献对此两者的关系仅限于少数的几个方面:

金岚枫(2015)对股权集中度、内部控制与社会责任三者之间的关系进行了阐述,他认为股权集中度对企业社会责任的履行具有显著的正向作用,内部控制在此正向关系中起到了显著的中介作用;(2)股权集中度对内部控制与社会责任履行之间的关系存在调节作用,股权集中度较高的公司中内部控制更能促进社会责任履行。王海兵(2015)等指出,财务绩效和内部控制对企业社会责任的承担产生显著正向影响,内部控制能够正向调节财务绩效和企业社会责任之间的关系,内部控制不仅能通过促进财务绩效的增长为企业承担社会责任提供资金保障,还能对企业社会责任承担情况进行监督。

李志斌(2014)、彭珏(2015)、冯丽丽(2015)及田利军(2015)都指出,拥有良好内部控制制度的企业,能更好地履行社会责任。如李志斌(2014)从企业社会责任的视角研究了内部控制的溢出效应,认为内部控制作为公司治理的制度基础和自律系统直接作用于企业社会责任的履行,对提升企业社会责任的履行水平有着正向影响,而且国有控制企业在社会责任履行方面优于非国有控制企业,内部控制对国有控制企业履行社会责任的促进作用强于非国有企业,是重要因素之一。彭珏(2015)等发现,内部控制质量越高,上市公司的社会责任履行水平也越高。市场化程度越高的地区,上市公司社会责任履行水平越高,而且市场化程度越高的地区,内部控制对企业社会责任的促进作用更强。冯丽丽(2015)研究了高质量内部控制对企业社会责任履行的影响。结果表明,高质量内部控制能够有效促进企业社会责任的履行,并且也能有效促进企业对货币资本利益相关者和人力资本利益相关者责任的履行;国有产权性质的公司中,内部控制能有效促进企业对供应商的责任,对其他利益相关者的责任影响不显著;非国有产权性质的公司中,内部控制与企业社会责任的履行影响显著正相关,并且也与对货币资本利益相关者和人力资本利益相关者的责任显著正相关。田利军(2015)等指出,内部控制质量与企业绩效存在显著的正相关关系,提高社会责任品质有助于改善财务绩效。

可以看到,内部控制质量的高低与其履行社会责任情况的好坏有直接关系,内部控制质量越高的企业,其整体运作流程越规范,针对公共利益保障和环境保护的条款越明确,奖惩措施越完善,因此,其社会责任履行情况往往较好。此外,内部控制质量较高的企业往往是成立时间较长、规模较大的企业,其用于履行社会责任的资源相对较多,且更珍视自己的社会形象及声誉,这也成为其社会责任履行情况较好的良性因素之一。相反的,一些内部控制较差的企业,由于其内部管理混乱,各个部门无法统一协调,因此往往只注重部门利益,无法关注企业整体形象及社会公众利益,在履行社会责任方面意识不强。我国学者目前研究内部控制质量与企业社会责任履行情况的较多,但对内部控制缺陷的修复是否会促进企业不断改善其社会责任履行情况并无研究,此外,对内部控制、社会责任与第三方因素的关系也研究较少,无法实现多因素之间的关联研究。因此,在日后的研究中,应重视此方面的研究并不断扩展研究范围,增加研究深度。

## 第四节　本章小结

本章概括了全书得出的主要结论,并就写作过程中发现的问题提出政策性建议。

本章认为,要建立健全我国上市公司的内部控制及评价系统,首先应建立良好的独立董事制度和审计委员会制度。监管当局可以考虑对独立董事实施收入激励与声誉激励相结合的激励方式,并提高独立董事中实务界董事的比例。采用固定收入与变动收入相结合的薪酬制度或股权激励的办法对审计委员会成员进行激励,硬性要求审计委员会成员具备良好的专业知识;在进行审计委员会选举时应采取大股东回避制度;对于公司内部的财务相关人员,应限制其担任审计委员会的重要职务。其次,应重视企业财务数据所揭示的风险,尤其是利润数据、资本结构数据、偿债能力数据及流动资金比率数据等指标。监管当局应出台详细的法律法规指导企业的兼并行为,并对兼并后企业运作的各个环节及内部控制状况进行及时的评估、改进;鼓励我国企业进行对外贸易;对频繁更换事务所的上市公司予以格外注意。最后,应建立完善的内部控制信息披露制度,规范披露内容,制定内部控制有效性标准和内部控制缺陷等级划分标准;尽快出台《内部控制工具指引》,并详细规范内部控制信息披露内容;应加大造假成本;培养专业内部控制评估人才。

此外,本章还探讨了内部控制缺陷与上市公司市场价值及债务资本成本之间的关系。存在内部控制缺陷的公司,由于其管理经营较不存在内部控制缺陷的公司规范性更差,因此,这往往会影响到其日常活动的各个方面,投资者会因此怀疑其财务数据和买卖合同的真实性,导致其公司市场价值较低,债务资本成本较高;并且,由于我国上市公司出具的内部控制报告一般只是格式化的文件,切实披露内部控制问题并提出改进方法的较少,因此,即使其出具内部控制评价报告及内部控制审计报告,也不能显著提高公司公众形象,提升市场价值,但由于债权人相对于中小股东而言,对公司了解程度更高,较容易相信公司披露的内部控制信息,因此出具内部控制评价报告及审计报告可以降低债务资本成本。

本章还对本书存在的不足及缺陷进行了总结,并提出了未来应改进和完善的方向。笔者认为,在今后的研究中,应增加内部控制及评价发展史比较对象,通过多国对比总结,完善内部控制发展,为我国内部控制相关政策的制定提供借鉴。应利用深市公司数据进行内部控制有效性影响因子检验,找出沪深两市内部控制影响因素的相同与差别之处,使其能相互学习,共同进步。还应拓展内部控制的研究范围,将内部控制缺陷的挖掘、治理与企业关系网络及社会责任等方面联系起来,以增加内部控制缺陷研究的深度和广度,使企业更正确地认识内部控制缺陷,更积极地改正内部控制缺陷,规范自身经营管理的流程,使社会公众及利益相关者受益。

# 参考文献

## 一、中文参考文献

[1] 道格拉斯·C.诺斯.制度、制度的变革与经济表现[M].刘守英,译.上海:三联书店上海分店出版社,1994.

[2] 康芒斯.制度经济学[M].于树生,译.北京:商务印书馆,1962.

[3] 李心合.企业内部控制基本规范导读[M].大连:大连出版社,2008.

[4] 冯永新.一个应用于移动自组网络管理的簇生成算法[J].软件学报,2003(1):132-138.

[5] 池国华.基于管理视角的企业内部控制评价系统模式[J].会计研究,2010(10):55-61.

[6] 池国华,张传财,韩洪灵.内部控制缺陷信息披露对个人投资者风险认知的影响:一项实验研究[J].审计研究,2012(2):105-112.

[7] 池国华,杨金.高质量内部控制能够改善公司价值创造效果吗?——基于沪市A股上市公司的实证研究[J].财经问题研究,2013(8):94-101.

[8] 程新生.公司治理、内部控制、组织结构互动关系研究[J].会计研究,2004(4):14-18.

[9] 程小可,郑立东,钟凯.企业内部控制缺陷披露研究综述[J].科学决策,2013(3):79-93.

[10] 程小可,郑立东,姚立杰.内部控制能否抑制真实活动盈余管理?——兼与应计盈余管理之比较[J].中国软科学,2013(3):120-131.

[11] 程小可,杨程程,姚立杰.内部控制、银企关联与融资约束——来自中国上市公司的经验证据[J].审计研究,2013(5):80-86.

[12] 陈关亭,黄小琳,章甜.基于企业风险管理框架的内部控制评价模型及应用[J].审计研究,2013(6):93-101.

[13] 陈汉文,王冲.内部控制管制之变迁——基于诺斯制度变迁理论的描述与分析[J].厦门大学学报(哲学社会科学版),2013(1):29-36.

[14] 陈汉文,张宜霞.企业内部控制的有效性及其评价方法[J].审计研究,2008(3):48-54.

[15] 陈凌云,李宇立.企业内部控制评价:基于管理层和审计师的博弈分析[J].江西财经大学学报,2010(1):27-33.

[16] 陈武朝.在美上市公司内部控制重大缺陷认定、披露及对我国企业的借鉴[J].审计研究,2012(1):103-109.

[17] 陈国辉,黄秋菊.交叉上市公司的内部控制信息披露研究——基于我国A+H股上市公司2011年数据[J].财经问题研究,2013(9):76-81.

[18] 陈亚光.我国上市公司内部控制缺陷信息披露的市场反应——基于沪市A股2009—2010年报的经验数据[J].社会科学辑刊,2013(2):109-114.

[19] 陈宏明,史亚男.上市公司内部控制信息披露的影响因素研究[J].统计与决策,2011(8):148-151.

[20] 程智荣.内部控制确否显著降低资本成本探讨[J].现代财经,2012(6):50-60.

[21] 崔志娟,刘源.上市公司内部控制报告的可靠性评价——基于2008—2010年沪市公司年报重述的分析[J].南开管理评论,2013(1):64-69.

[22] 蔡丛光.内部控制缺陷信息披露的影响因素分析[J].财会研究,2010(4):33-38.

[23] 戴彦.企业内部控制评价体系的构建——基于A省电网公司的案例研究[J].会计研究,2006(1):69-76.

[24] 戴文涛,王茜,谭有超.企业内部控制评价概念框架构建[J].财经问题研究,2013(2):115-122.

[25] 戴春兰,彭泉.中美内部控制评价方法运用比较[J].财会通讯(综合),2011(7上):137-140.

[26] 董卉娜,朱志雄.审计委员会特征对上市公司内部控制缺陷的影响[J].山西财经大学学报,2012(1):114-124.

[27] 董望,陈汉文.内部控制、应计质量与盈余反应——基于中国2009年A股上市公司的经验证据[J].审计研究,2011(4):68-78.

[28] 丁友刚,王永超.上市公司内部控制缺陷认定标准研究[J].会计研究,2013(12):81-87.

[29] 方红星,戴捷敏.公司动机、审计师声誉和自愿性内部控制鉴证报告——基于A股公司2008—2009年年报的经验研究[J].会计研究,2012(2):87-95.

[30] 方红星,孙篙.交叉上市公司内部控制缺陷披露的影响因素与市场反应——基于兖州煤业的案例研究[J].上海立信会计学院学报(双月刊),2010(1):28-36.

[31] 方红星,金玉娜.高质量内部控制能抑制盈余管理吗？——基于自愿性内部控制鉴证报告的经验研究[J].会计研究,2011(8):53-60.

[32] 方红星,金玉娜.公司治理、内部控制与非效率投资:理论分析与经验证据[J].会计研究,2013(7):63-69.

[33] 方红星,施继坤.自愿性内部控制鉴证与权益资本成本——来自沪市A股非金融类上市公司的经验证据[J].经济管理,2011(12):128-134.

[34] 高一斌,王宏.对加快推进内部会计控制建设若干问题的思考[J].会计研究,2005(2):3-10.

[35] 郭葆春.我国审计定价影响因素的实证研究[J].财经理论与实践,2009(1):61-64.

[36] 韩传模,汪士果.基于AHP的企业内部控制模糊综合评价[J].会计研究,2009(4):55-61.

[37] 韩传模,林野萌.基于因子分析的企业内部控制评价体系构建[J].学海,2012(5):36-43.

[38] 韩丽荣,盛金.自愿性披露时期内部控制缺陷影响因素的实证分析——以我国制造业A股上市公司样本为例[J].吉林大学社会科学学报,2013(1):132-140.

[39] 韩丽荣,盛金.内部控制审计制度变迁的制度经济学分析[J].求是学刊,2014(1):70-75.

[40] 韩玲.企业内部控制信息披露影响因素研究[J].统计与决策,2012(23):188-192.

[41] 黄寿昌,李芸达,陈圣飞.内部控制报告自愿披露的市场效应——基于股票交易量及股票收益波动率的实证研究[J].审计研究,2010(4):44-51.

[42] 林斌,饶静.上市公司为什么自愿披露内部控制鉴证报告？——基于信号传递理论的实证研究[J].会计研究,2009(2):45-52.

[43] 林朝华,唐予华.CSA－内部控制系统评价的新观念与新方法[J].上海会计,2003(1):15-18.

[44] 林野萌,韩传模.上市公司内部控制缺陷形成诱因研究——基于沪市上市公司的经验证据[J].现代财经,2013(7):83-95.

[45] 刘亚莉,马晓燕,胡志颖.上市公司内部控制缺陷的披露:基于治理特征的研究[J].审计与经济研究,2011(3):35-43.

[46] 刘秀芬.关于评价标准客观化的思考[J].理论学刊,2000(9):100-103.

[47] 刘林,郝洪.股票全流通改革与投资者保护制度创新设计[J].改革与战略,2006(7):42-45.

[48] 刘笑霞,李明辉,吕伟.会计师事务所规模与审计定价——基于中国本土事务所的经验研究[J].财经理论与实践(双月刊),2012(5):69-75.

[49] 李宇立.自我感知的内部控制缺陷间的关系——基于问卷调查的路径分析[J].审计研究,2011(6):74-81.

[50] 李宇立.内部控制缺陷识别与认定的技术路线——基于管理层视角的分析[J].中南财经政法大学学报,2012(3):113-119.

[51] 李连华,唐国平.内部控制效率:理论框架与测度评价[J].会计研究,2012(5):16－21.

[52] 李晓慧,杨子萱.内部控制质量与债权人保护研究——基于债务契约特征的视角[J].审计与经济研究,2013(2):97-105.

[53] 李晓慧,孟春.有效内部控制的关键环节研究——来自巴林银行、兴业银行和瑞士银行的多案例对比[J].财政研究,2012(2):28-32.

[54] 李荣梅,张胜强.内部控制与企业价值相关性研究——基于沪深证券市场上市公司的数据分析[J].社会科学辑刊,2013(6):126-129.

[55] 李心合.内部控制研究的困惑与思考[J].会计研究,2013(6):54-61.

[56] 李颖琦,陈春华,俞俊利.我国上市公司内部控制评价信息披露:问题与改进——来自2011年内部控制评价报告的证据[J].会计研究,2013(8):62-68.

[57] 雷英,吴建友,孙红.内部控制审计对会计盈余质量的影响——基于沪市A股上市公司的实证分析[J].会计研究,2013(11):75-81.

[58] 南京大学会计与财务研究院课题组.论中国企业内部控制评价制度的现实模式——基于112个企业案例的研究[J].会计研究,2010(6):51-61.

[59] 南京大学会计与财务研究院课题组.探索内部控制制度的哲学基础[J].会计研究,2012(11):57-63.

[60] 宋常,田莹莹,陈茜.内部控制自愿披露、披露成本与融资需求[J].山西财经大学学报,2014(1):91-102.

[61] 索有.自愿性内部控制信息披露与权益资本成本关系研究[J].社会科学辑刊,2014(1):115-121.

[62] 孙光国,杨金凤.高质量的内部控制能提高会计信息透明度吗?[J].财经问题研究,2013(7):77-86.

[63] 孙文娟.内部控制报告与权益资本成本的关系研究[J].财经理论与实践,2011(4):67-72.

[64] 田高良,齐保垒,李留闯.基于财务报告的内部控制缺陷披露影响因素研究[J].南开管理评论,2010(4):134-141.

[65] 齐保垒,田高良,李留闯.上市公司内部控制缺陷与财务报告信息质量[J].管理科学,2010(4):38-47.

[66] 齐保垒,田高良.财务报告内部控制缺陷披露影响因素研究——基于深市上市公司的实证分析[J].山西财经大学学报,2010(4):114-120.

[67] 田高良,齐保垒,李留闯.基于财务报告的内部控制缺陷披露影响因素研究[J].南开管理评论,2010(4):134-141.

[68] 田高良,李留闯,齐保垒.内部控制鉴证报告的信号失灵和甄别——一个本土化的实证研究[J].南开管理评论,2011(7):109-117.

[69] 田高良,齐保垒,程瑶.内部控制缺陷对会计信息价值相关性的影响——针对中国股票市场的经验研究[J].西安交通大学学报(社会科学版),2011(3):27-31.

[70] 田娟,余玉苗.内部控制缺陷识别与认定中存在的问题与对策[J].管理世界,2012(6):180-181.

[71] 佟岩,徐峰.我国上市公司内部控制效率与盈余质量的动态依存关系研究[J].中国软科学,2013(2):111-122.

[72] 王竹泉,隋敏.控制结构+企业文化:内部控制要素新二元论[J].会计研究,2010(3):28-35.

[73] 王惠芳.上市公司内部控制缺陷认定:困境破解及框架构建[J].审计研究,2007(3):71-76.

[74] 王爱群,李敏.基于管理心理学探究企业内部控制的相关问题[J].会计之友,2011(8上):55-56.

[75] 王敏,夏勇.内部控制质量与权益资本成本关系研究述评与展望[J].经济与管理研究,2011(5):49-55.

[76] 王凡林,杨周南.IT治理、内部控制与公司绩效关系研究[J].财政研究,2012(6):63-67.

[77] 魏刚,肖泽忠,Nick Travlos,等.独立董事背景与公司经营绩效[J].经济研究,2011(2):92-105.

[78] 吴秋生,杨瑞平.内部控制评价整合研究[J].会计研究,2011(9):55-61.

[79] 吴水澎,陈汉文,邵贤弟.企业内部控制理论的发展与启示[J].会计研究,2000(5):2-8.

[80] 吴勤,周国强.中国上市公司财务风险预警模型的建立[J].统计与决策,2005(5):64-67.

[81] 吴益兵.内部控制审计、价值相关性与资本成本[J].经济管理,2009(9):64-69.

[82] 许江波.上市公司应计质量与内部控制缺陷——来自2009—2010年深市主板A股上市公司的经验证据[J].经济与管理研究,2013(8):121-128.

[83] 肖华,张国清.内部控制质量、盈余持续性与公司价值[J].会计研究,2013(5):73-80.

[84] 杨世忠.企业会计信息质量的评价与鉴定[J].上海立信会计学院学报,2008(4):18-22.

[85] 杨雄胜.内部控制的性质与目标－来自演化经济学的观点[J].会计研究,2006(11):45-52.

[86] 杨雄胜,李翔,邱冠华.中国内部控制的社会认同度研究[J].会计研究,2007(8):60-67.

[87] 杨有红,陈凌云.2007年沪市公司内部控制自我评价研究——数据分析与政策建议[J].会计研究,2009(6):58-64.

[88] 杨有红,李宇立.内部控制缺陷的识别、认定与报告[J].会计研究,2011(3):76-80.

[89] 杨清香,俞麟,宋丽.内部控制信息披露与市场反应研究——来自中国沪市上市公司的经验证据[J].南开管理评论,2012(1):123-130.

[90] 杨军.财务杠杆、信号博弈与信用风险识别[J].金融研究,2004(2):71-78.

[91] 杨德明,林斌,王彦超.内部控制、审计质量与大股东资金占用[J].审计研究,2009(5):74-81.

[92] 杨玉凤,王火欣,曹琼.内部控制信息披露质量与代理成本相关性研

究——基于沪市 2007 年上市公司的经验数据[J].审计研究,2010(1):82-88.

[93] 杨丹,万丽梅,侯贝贝.内部控制信息透明度与股权代理成本——基于A股主板制造业上市公司的经验证据[J].投资研究,2013(3):98-113.

[94] 袁敏.财务报表重述与财务报告内部控制评价——基于戴尔公司案例的分析[J].会计研究,2012(4):28-35.

[95] 袁凤林,尧华英.外部审计对内部控制信息披露影响的实证研究[J].统计与决策,2011(6):148-150.

[96] 于忠泊,田高良.上市公司内部控制报告信息有效性研究[J].统计与决策,2009(4):145-147.

[97] 于海云.内部控制质量、信用模式与企业价值——基于深市A股上市公司的实证分析[J].财经理论与实践,2011(3):44-50.

[98] 叶陈刚,王海菲.公司内部治理质量与内部控制互动性研究[J].经济与管理研究,2010(8):22-27.

[99] 叶陈刚,刘桂春,姜亚凝.财务报告重述、审计师变更与内部控制缺陷披露——基于深圳主板市场 2010 年的经验证据[J].经济与管理研究,2013(8):108-115.

[100] 叶建芳,李丹蒙,章斌颖.内部控制缺陷及其修正对盈余管理的影响[J].审计研究,2012(6):50-59.

[101] 叶康涛,陆正飞,张志华.独立董事能否抑制大股东的"掏空"?[J].经济研究,2007(4):101-111.

[102] 余海宗,丁璐,谢璇,吴艳玲.内部控制信息披露、市场评价与盈余信息含量[J].审计研究,2013(5):87-95.

[103] 朱荣恩,应唯,吴承刚.关于企业内部会计控制应用效果的问卷调查[J].会计研究,2004(10):18-23.

[104] 朱荣恩,应唯,袁敏.美国财务报告内部控制评价的发展及对我国的启示[J].会计研究,2003(8):48-53.

[105] 朱彩婕,韩小伟.内部控制审计对财务报告审计意见的影响研究——来自 2011 年我国A股上市公司的经验证据[J].北京工商大学学报(社会科学版),2013(9):77-82.

[106] 赵培骞,王德华.上市公司财务指标与股票价格定位的实证分析——以深市中小板上市公司为例[J].东方企业文化,2007(3):44-45.

[107] 周守华,胡为民,林斌,刘春丽.2012 年中国上市公司内部控制研究

[J].会计研究,2013(7):3-12.

[108] 赵息,许宁宁.管理层权力、机会主义动机与内部控制缺陷信息披露[J].审计研究,2013(4):101-109.

[109] 郑军,林钟高,彭琳.高质量的内部控制能增加商业信用融资吗?——基于货币政策变更视角的检验[J].会计研究,2013(7):62-68.

[110] 张继德,纪佃波,孙永波.企业内部控制有效性影响因素的实证研究[J].管理世界,2013(8):179-180.

[111] 张然,王会娟,许超.披露内部控制自我评价与鉴证报告会降低资本成本吗?——来自中国A股上市公司的经验证据[J].审计研究,2012(1):96-102.

[112] 张先治,戴文涛.中国企业内部控制评价系统研究[J].审计研究,2011(1):69-78.

[113] 张先治,戴文涛.公司治理结构对内部控制影响程度的实证分析[J].财经问题研究,2010(7):89-95.

[114] 张旺峰,张兆国,杨清香.内部控制与审计定价研究——基于中国上市公司的经验证据[J].审计研究,2011(5):65-72.

[115] 张兆国,张旺峰,杨清香.目标导向下的内部控制评价体系构建及实证检验[J].南开管理评论,2011(1):148-156.

[116] 张阳,张立民.独立性威胁、审计委员会制约有效性:理论分析与实证研究[J].会计研究,2007(10):87-96.

[117] 张宜霞.财务报告内部控制审计收费的影响因素——基于中国内地在美上市公司的实证研究[J].会计研究,2011(12):70-77.

[118] 张龙平,王军只,张军.内部控制鉴证对会计盈余质量的影响研究——基于沪市A股公司的经验证据[J].审计研究,2011(9):83-90.

[119] 张颖,郑洪涛.我国企业内部控制有效性及其影响因素的调查与分析[J].审计研究,2010(1):75-81.

[120] 张继勋,何亚南.内部控制审计意见类型与个体投资者对无保留财务报表审计意见的信心——一项实验证据[J].审计研究,2013(4):93-100.

[121] 张继勋,周冉,孙鹏.内部控制披露、审计意见、投资者的风险感知和投资决策:一项实验证据[J].会计研究,2007(10):66-73.

[122] 张先美,张春怡,蔡晓珺.上市公司内部控制有效性的影响因素——来自沪市A股上市公司的证据[J].财经问题研究,2013(8):66-73.

[123] 上海证券交易所资本市场研究所年报专题小组.沪市上市公司2011年

内控自我评估报告披露情况分析. http://www.cs.com.cn/sylm/jsbd/201208/t20120805_3440145.html,2012年8月5日

[124] 张维迎.信誉 约束经济秩序无形的手[J].时事报告,2001(11):34-40.

[125] 吴俊.关于社会责任会计的几点思考[J].会计研究,1994(6):12-14.

[126] 卢代富.国外企业社会责任界说述评[J].现代法学,2001(3):137-144.

[127] 李正,向锐.中国企业社会责任信息披露的内容界定——计量方法和现状研究[J].会计研究,2007(7):3-11.

[128] 田利军,陈甜甜.企业内部控制、社会责任与财务绩效[J].重庆大学学报(社会科学版),2015(2):75-82.

[129] 冯丽丽,廖海霞,宋绍清.内部控制对企业社会责任履行影响的实证检验[J].统计与决策,2015(20):175-178.

[130] 彭珏,陈红强.内部控制、市场化进程与企业社会责任[J].现代财经,2015(6):43-54.

[131] 李志斌.内部控制、实际控制人性质与社会责任履行——来自中国上市公司的经验证据[J].经济经纬,2014(5):109-114.

[132] 王海兵,刘莎,韩彬.内部控制、财务绩效对企业社会责任的影响——基于上股上市公司的经验分析[J].税务与经济,2015(6):1-9.

[133] 金岚枫.股权集中度、内部控制与社会责任[J].学习与实践,2015(10):35-43.

[134] 刘连煜.公司治理与公司利会责任[M].北京:中国政法大学出版社,2001:66.

[135] 卢代富.企业社会责任的经济学与法学分析[M].北京:法律出版社,2002:47-104.

[136] 贾生华,陈宏辉.利益相关者管理:新经济时代的管理哲学[J].软科学,2003(1):39-46.

[137] 黎友焕.企业社会责任研究[D].西安:西北大学博士论文,2007.

[138] 王茂林.我国企业社会责任的新内涵与新要求[J].经济研究参考,2013(28):5-9。

二、外文参考文献

[1] Bowen, H. R. Social Responsibilities of the Businessman. New York: Harper. 1953:31.

[2] Druck, P. F. The New Meaning of Corporate Social Responsibility

[J]. Califonia Management Review,1984(26):53-63.
[3] Carroll,A. B. Ethics and Stakeholder Management (3 ed.)[M]. Cincinnati:South—Wcatcrn,1996.
[4] Ashbaugh S. ,Collins,Kinney JR. The Discovery and Reporting of Internal Control Deficiencies Prior to SOX-mandated Audits[J]. Journal of Accounting and Economics,2007(44):166-192.
[5] Ashbaugh S. H. ,Collins D. W. ,Kinney J. W. R. ,LaFond R. The Effect of SOX Internal Control Deficiencies and Their Remediation on Accrual Quality[J]. Accounting Review,2008(1):217-250.
[6] Ashbaugh S. H. ,Collins D. W. ,Kinney W. R. ,LaFond R. The Effect of SOX Internal Control Deficiencies on Firm Risk and Cost of Equity[J]. Journal of Accounting Research,2009(1):1-43.
[7] Altamuro,A. Beatty. How Does Internal Control Regulation Affect Financial Reporting? [J]. Journal of Accounting and Economics,2010(49):58-74.
[8] Ball R.,Shivakumar L. The Role of Accrual in Asymmetrically Timely Gain and Loss Recognition[J]. Journal of Accounting Research,2006(2):207-242.
[9] Beng W. G. Audit Committees, Boards of Directors, and Remediation of Material Weaknesses in Internal Control[J]. Contemporary Accounting Research, 2009(2):549-79.
[10] Beng W. G., Dan Li. Internal Controls and Conditional Conservatism[J]. The Accounting Review,2011(3):975-1005.
[11] Bargeron,Lehn,Zutter. Sarbanes-Oxley and Corporate Risk — taking[J]. Journal of Accounting and Economics,2010(49):34-52.
[12] Bedard,L. Graham. Detection and Severity Classifications of Sarbanes-Oxley Section 404 Internal Control Deficiencies[J]. The Accounting Review,2011(86):825-855.
[13] Bonnie K. Klamm, Marcia Weidenmier Watson. IT Control Weaknesses Undermine the Information Value Chain[J]. Strategic Finance, 2011(2):39-45.
[14] Bonnie K. K., Marcia W. W. SOX 404 Reported Internal Control Weaknesses: A Test of COSO Framework Components and Informa-

tion Technology[J]. Journal of Information Systems, 2009(2):1-23.

[15] Beneish, Billings M. B., Hodder L. D. Internal Control Weaknesses and Information Uncertainty[J]. The Accounting Review, 2008(83):665-703.

[16] Bronson S. N., Carcello J. V., Raghunandan K. Firm Characteristics and Voluntary Management Reports on Internal Control[J]. Auditing, 2006(3):25-39.

[17] Chan, Kam C., Farrell, Barbara, Picheng L. Earnings Management of Firms Reporting Material Internal Control Weaknesses under Section 404 of the Sarbanes-Oxley Act[J]. Auditing, 2008(2):161-179.

[18] Charles P. Cullinan, Hui Du, Wei Jiang. Is Compensating Audit Committee Members with Stock Options Associated with the Likelihood of Internal Control Weaknesses? [J]. International Journal of Auditing, 2010(14):256-273.

[19] Collins D. W., Maydew E. L., Weiss I. S. Changes in the Value—Relevance of Earnings and Book Values over the Past Forty Years[J]. Journal of Accounting and Economics, 1997(24):39-67.

[20] Doyle, W. Ge, McVay. Determinants of Weaknesses in Internal Control over Financial Reporting[J]. Journal of Accounting and Economics, 2007b(44):193-223.

[21] Doyle, W. Ge, McVay. Accruals Quality and Internal Control over Financial Reporting[J]. The Accounting Review, 2007a(82): 1141-1170.

[22] Deumes R., Knechel W. R. Economic Incentives for Voluntary Reporting on Internal Risk Management and Control Systems[J]. Auditing, 2008(1):35-66.

[23] Dechow P. M., Sloan R. G. Executive Incentives and the Horizon Problem: An Empirical Investigation [J]. Journal of Accounting and Economics, 1991(1):51-89.

[24] Dechow P. M., Dichev I. D. The Quality of Accruals and Earnings: The Role of Accrual Estimation Errors[J]. The Accounting Review, 2002(1):35-59.

[25] W. Ge, McVay. The Disclosure of Material Weaknesses in Internal Control after the Sarbanes-Oxley Act[J]. Accounting Horizons, 2005(19):

137-158.

[26] Goh, B. W., D. Li. Internal Controls and Conditional Conservatism[J]. The Accounting Review, 2011(86): 975-1005.

[27] Hai Lu, Gordon Richardson, Steven Salterio. Direct and Indirect Effects of Internal Control Weaknesses on Accrual Quality: Evidence from a Unique Canadian Regulatory Setting[J]. Contemporary Accounting Research, 2011(2): 675-707.

[28] Hoitash, Bedard, Jean C. Corporate Governance and Internal Control over Financial Reporting: A Comparison of Regulatory Regimes[J]. Accounting Review, 2009(3): 839-867.

[29] Hammersley, J. S., L. A. Myers, C. Shakespeare. Market Reactions to the Disclosure of Internal Control Weaknesses and to the Characteristics of Those Weaknesses under Section 302 of the Sarbanes Oxley Act of 2002[J]. Review of Accounting Study, 2008(13): 141-165.

[30] Jeffrey T., Doyle, W. Ge, Sarah McVay. Accruals Quality and Internal Control over Financial Reporting[J]. The Accounting Review, 2007 (5): 1141-1170.

[31] John J. Cheh, Jang-hyung Lee, Il-woon Kim. Determinants of Internal Control Weaknesses[J]. Contemporary Management Research Pages, 2010(2): 159-176.

[32] Jia Wu, Linxiao Liu, Frederick Jones. Firm Value and Earnings Management after Internal Control Weakness Remediation[J]. International Journal of Business Research, 2011(5): 111-122.

[33] Jean C. Bedard, Rani Hoitash, Udi Hoitash, Kimberly Westermann. Material Weakness Remediation and Earnings Quality: A Detailed Examination by Type of Control Deficiency[J]. Auditing, 2012(1): 57-78.

[34] Jong-Hag Choi, Jeong-Bon Kim, Soo Young Kwon, Yoonseok Zang. The Effect of Internal Control Weakness under Section 404 of the Sarbanes-Oxley Act on Audit Fees[J]. Seoul Journal of Business, 2010 (1): 1-43.

[35] Jacob M. Rose, Carolyn Strand Norman, Anna M. Rose. Perceptions of Investment Risk Associated with Material Control Weakness Pervasiveness and Disclosure Detail[J]. The Accounting Review, 2010(5):

1787-1807.

[36] Jacqueline S. Hammersley, Linda A. Myers, C. Shakespeare. Market Reactions to the Disclosure of Internal Control Weaknesses and to the Characteristics of Those Weaknesses nder Section 302 of the Sarbanes Oxley Act of 2002[J]. Rev Acc Stud,2008(13):141-165.

[37] Jain,P. K.,Z. Rezaee. The Sarbanes-Oxley Act of 2002 and Capital-Market Behavior: Early Evidence[J]. Contemporary Accounting Research, 2006(23): 629-654.

[38] K. Johnstone, Chan Li, K. H. Rupley. Changes in Corporate Governance Associated with the Revelation of Internal Control Material Weaknesses and Their Subsequent Remediation[J]. Contemporary Accounting Research,2011(1):331-383.

[39] Kopp,L. S.,Donnell, E. The Influence of a Business—Process Focus on Category Knowledge and Internal Control Evaluation[J]. Accounting, Organization and Society,2005(30):423-434.

[40] Krishnan, Jayanthi. Audit Committee Empirical Analysis[J]. The Accounting Review,2005(2):649-675.

[41] Kim,Y.,M. S. Park. Market Uncertainty and Disclosure of Internal Control Deficiencies under the Sarbanes-Oxley Act[J]. Journal of Accounting and Public Policy,2009(28): 419-445.

[42] Krishnan,D. Rama,Y. Zhang. Costs to Comply with SOX Section 404 [J]. Auditing,2008(27):169-186.

[43] Lu,H.,G. Richardson,S. Salterio. Direct and Indirect Effects of Internal Control Weaknesses on Accrual Quality: Evidence from a Unique Canadian Regulatory Setting[J]. Contemporary Accounting Research, 2011(28):675-707.

[44] LaFond, R., H. You. The Federal Deposit Insurance Corporation Improvement Act,Bank Internal Controls and Financial Reporting Quality[J]. Journal of Accounting and Economics,2010(49):75-83.

[45] McMullen D. A., Raghunandan K., Rama D. V. Internal Control Reports and Financial Reporting Problems[J]. Accounting Horizons, 1996(4):67-75.

[46] Maria Ogneva,K. R. Subramanyam, K. Raghunandan. Internal Con-

trol Weakness and Cost Of Equity: Evidence from SOX Section 404 Disclosures[J]. The Accounting Review,2007(5):1255-1297.

[47] Marianne, MJennings. Five Years out from Sarbanes-Oxley: The Flaws of Governance[J]. Internal Auditing,2007(4):20-24.

[48]Ogneva,M. ,K. R. Subramanyam,K. Raghunandan. Internal Control Weakness and Cost of Equity: Evidence from SOX Section 404 Disclosure[J]. The Accounting Review,2007(82):1255-1297.

[49]Pascal A. Bizarro, Charles D. Boudreaux, Andy Garcia. Are Companies That Report Material Weaknesses in Internal Control More Likely to Restate Their Financial Statements? [J]. Academy of Accounting and Financial Studies Journal, 2011(3):73-93.

[50]R. Elder, Y. Zhang, J. Zhou, N. Zhou. Internal Control Weaknesses and Client Risk Management[J]. Journal of Accounting,2012(5):543-579.

[51]R. Deumes, W. Robert Knechel, Economic Incentives for Voluntary Reporting on Internal Risk Management and Control Systems[J]. Auditing,2008(1):35-66.

[52] S. Lin, M. Pizzini, M. Vargus, M. Vargus. The Role of the Internal Audit Function in the Disclosure of Material Weaknesses[J]. The Accounting Review, 2011(1):287-323.

[53]Scott, N. Bronson, Joseph, V Carcello, K. Raghunandan. Firm Characteristics and Voluntary Management Reports on Internal Control [J]. Auditing,2006(2):25-39.

[54]Samir M. El-Gazzar, K. H. Chung, Rudol ph A. Jacob. Reporting of Internal Control Weaknesses and Debt Rating Changes[J]. International Atlantic Economic Society, 2011(6):421-435.

[55]Singer,Z.,H. You. The Effect of Section 404 of the Sarbanes-Oxley Act on Earnings Quality[J]. Journal of Accounting,2011(26):556-589.

[56] V. Munsif, K. Raghunandan, D. V. Rama, M. Singhvi. Audit Fees after Remediation of Internal Control Weaknesses[J]. Accounting Horizons,2011(1):87-105.

[57] W. Ge S. McVay. The Disclosure of Material Weaknesses in Internal Control after the Sarbanes-Oxley Act[J]. Accounting Horizons, 2005

(3):137-158.
[58] W. R. Kinney, M. L. Shepardson. Do Control Effectiveness Disclosures Require SOX 404(b) Internal Control Audits? A Natural Experiment with Small U.S. Public Companies[J]. Journal of Accounting Research,2011(2):413-447.
[59] Y. Zhang, J. Zhou, N. Zhou. Audit Committee Quality, Auditor Independence, and Internal Control Weaknesses[J]. Journal of Accounting and Public Policy,2007(26):300-327.

# 后 记

文行至此,以我博士论文为基础进行扩充、深化的我的第一本专著就要封笔了。这使我想起刚刚攻读博士学位的时候,那时我的笔法很不熟练,文章中充斥着大量的形容词和华丽的描述语句,而我自己还在为此沾沾自喜,并不知道这些浮夸的东西是学术论文中所不需要的。而今天,我发现,写一篇不那么严谨、规范,稍显生冷的文章却也有难度。读博期间使我养成了惜字如金的习惯,不再痛苦地想如何才能使字数更多一些,而是尽量用简练的语言来表述自己的意思。当然,读博的收获远不止于此,更多的,它培养了我严谨的逻辑思维、克服困难的勇气与淡然的性格。还记得发表第一篇论文时的喜悦,也记得思路被否定时的痛苦,一路艰辛。所幸,我坚持到底。

在这里,我首先要感谢我的导师韩传模老师,是他的鼓励让我顺利完成学业。韩老师不仅教会我学习的方法,更教会我学习的态度。他勤勤恳恳的工作精神、脚踏实地的工作作风、平和谦虚的长者风范和以身作则的处事风格是我今后要一直学习的。在学期间,韩老师多次带我及同门参加学术会议,给我们打开了一扇学术交流的大门。他还邀请英国 Cardiff 大学的肖泽忠教授给我们做讲座,使我们的视野更加国际化。在生活中,老师和师母也对晚辈给予了无微不至的关心,同他们的交谈使我汲取了很多人生的智慧。在博士论文完成期间,韩老师给我很多的修改建议,使我的文章得到长足的进步。在此,我向韩老师和师母致以我最诚挚的祝福及谢忱。

其次,我要感谢李海英博士,她是我的好友,亦是我的良师。我的学习离不开她的帮助,我的论文也包含着她的智慧与付出。李海英博士研究功底扎实,逻辑思维严谨,对人又非常友好热情,遇到她是我的一件幸事。除了导师以外,李海英博士是对我论文指导最多的人,希望她的善良能为她带来更多的幸福。

感谢书中我所有引用、借鉴的学者们,是他们之前大量辛勤的研究工作,才使我得以完成我的论文。

感谢盖地老师、韦琳老师、张俊民老师、田昆儒老师、苑泽明老师、孙青霞老师、吴彦龙老师讲授的精彩博士课程,他们给予我很多有益的启迪。

最后,我要感谢我的家人,是他们的催促让原本贪玩的我能静下心来完成论文,感谢他们在背后默默的付出,感谢他们的宽容与奉献。

路漫漫其修远兮,吾将上下而求索。

林野萌<br>2016年7月8日于天财园